Mysteriet om Nils

Published by Skapago KG, Furth im Wald, Germany.
1st edition published in May 2015

Picture credits:
All photos © Daniela Skalla except:
Chapter 28 fighting pencils © ullrich – Fotolia.com
Chapter 28 reindeer © Dmitry Chulov – Fotolia.com
Chapter 28 dugnad © Oslonatt, published at https://www.flickr.com/photos/oslonatt/16751990798 under a Creative Commons Attri-
    bution-ShareAlike 2.0 Generic License, https://creativecommons.org/licenses/by-sa/2.0/
Chapter 30 young lady on the phone © Driving South – Fotolia.com
Chapter 31 school buidling © vladimirnenezic – Fotolia.com
Chapter 32 wine bottle © MR – Fotolia.com
Chapter 33 matpakke © Cliff, published at https://www.flickr.com/photos/buschhart/6216384063 under a Creative Commons Attribu-
    tion-NoDerivs 2.0 Generic License, https://creativecommons.org/licenses/by-nd/2.0/
Chapter 36 © Arnfinn Nordbø
Chapter 36, 37, 38, 41 magazine background – © Ilya Zaytsev – Fotolia.com
Chapter 38 bar © tonito84 – Fotolia.com
Chapter 38 speech bubble © Lava Lova – Fotolia.com
Chapter 39 handshake © normankrauss – Fotolia.com
Chapter 40 hand with blood © tansy – Fotolia.com

Cover designed by Mónica Gabriel
Cover image: © pipop_b – Fotolia.com

Text credits:
Chapter 33 – Oljeboring i Lofoten – *Source: http://folkeaksjonen.no/sites/default/files/documents/argumentasjonsnotat_LoVeSe.pdf*
    © Folkeaksjonen oljefritt Lofoten, Vesterålen og Senja
Chapter 34 – 10 ting du kan kutte fra CV – *Source: http://cvnerden.no/10-ting-du-kan-kutte-fra-cven/ © René Brunsvik*
Chapter 36 – Min egen vei til aksept – *Source: Arnfinn Nordbø,* **Betre død enn homofil?** *© Arnfinn Nordbø / Det Norske Samlaget 2009*
    ISBN 9788252174489
Chapter 37 – Nordpolen – *Source: Lars Saabye Christensen,* **Halvbroren;** *© Lars Saabye Christensen / J.W.Cappelens Forlag 2010; ISBN*
    9788202219512
Chapter 41 – Pakkis – *Source: Khalid Hussain,* **Pakkis;** *© Khalid Hussain / Tiden Norsk Forlag 2005; ISBN 9788205340565*

ISBN: 978-3-945174-03-6

Mysteriet om Nils

Norskkurs for deg som kan noe norsk fra før (nivå B1–B2)
Lær norsk med en spennende historie

Utgitt av
Werner Skalla

Basert på en idé av
Sonja Anderle

Medforfattet av elever og lærere i Skapago

Nancy August	Jan Blomli	Ernestine Fanjara
Magdalena Fellinger	Adam Finlay	Jan Fleischhauer
Anna Friedrich	Dajana Gajdos	Trang Huynh
Ines Junge	Stephen Larson	Anne Marie Laugier
Pilla Leitner	Michael Maltby	Sébastien Le Martelot
Anna Myrer	Dimitrios Polychronopoulos	
Clemens Pötsch	Krisztian Rozsa	Uliana Rudik
Tyra Meininger Saudland	Joachim Schönberger	Olga Standziak
Alexandr Svezhenets	Daniela Syczek	Tania Sytaruk
Claudia Teper	Marina Zapryanova	

Fotografi og illustrasjoner ved
Daniela Skalla

Redigert av

Richard Fjellaksel	Runar Werningsen Jenssen
Yngve Nordgård	Audun Heggdal Pedersen
Marit Ruud Talseth	

publisert av
Skapago – Internettspråkskole
www.skapago.eu

Innhold

Har du lest den første delen av *Mysteriet om Nils (The Mystery of Nils)?*

 JA

Fint. Da vet du allerede hvem Nils er.

Likevel kommer du nå til å arbeide litt med den første delen igjen. På de neste sidene presenterer vi en litt kortere versjon av historien. Du vil ikke bare lese den, men også arbeide aktivt med den. Jeg vil nemlig at du repeterer det viktigste av den norske grammatikken.

 NEI

Det er ikke noe problem. Du vil forstå historien likevel, for på de neste sidene vil du arbeide med en litt kortere versjon av den. Du vil ikke bare lese den, men også arbeide aktivt med den. Jeg synes at det er viktig for deg å repetere den norske grammatikken.

Hvis du synes at tekstene, oppgavene og forklaringene er for vanskelige for deg, burde du evtentuelt vurdere å begynne med **Mysteriet om Nils – del 1** (**The Mystery of Nils** på engelsk – boka har mange engelske forklaringer, men det finnes også utgaver på andre språk).

Mer informasjon finner du på www.skapago.eu/nils.

et mysterium	hemmelighet, noe man ikke kan forklare
en side	et stykke papir har to sider
å presentere, presenterte [-angtere]	forestille, vise

kort [kårt]	ikke lang
en versjon	variant
å repetere, repeterte	gjenta, gjøre en gang til
en oppgave [åppgave]	øvelse, noe du må gjøre
eventuelt	kanskje
å vurdere, vurderte	tenke om man vil gjøre noe
en utgave	en versjon av en bok

Vanskelig, vanskelig ...

Noen ganger kan man bli ganske frustrert når man lærer et språk. Og før du gleder deg til å begynne med denne boka, må jeg nesten advare deg litt: Den er nokså vanskelig.

Grunnen til det er ikke at vi som har laget boka, vil gjøre det unødvendig komplisert for deg.

Men du har kjøpt denne boka fordi du vil lære noe. Og da må du ta utfordringer. Du vil jo bli bedre, ikke sant? Da må du også tøye dine grenser av og til.

Jeg synes det er kjempebra at du vil lære mer norsk, og jeg håper at denne boka kommer til å hjelpe deg et stort skritt videre. Når du fortviler av og til, må du gjerne sende en e-post til Nils: nils@skapago.eu.

Kanskje hjelper det også at du leser mer om å lære språk på www.skapago.eu/blog.

å advare, advarte	informere om noe farlig
nokså [nåkså]	ganske
en grunn	*her*: årsak
unødvendig	som man ikke trenger
en utfordring [å]	en vanskelig oppgave som kan hjelpe deg å lære noe
å tøye, tøyde	gjøre lengre/større
en grense	*her*: barriere
kjempebra	veldig bra
et skritt, skritt	når du går, setter du én fot foran den andre – det er et skritt
personlig [pær-]	som er for en konkret person
en feil	noe som ikke er riktig

Feil

Du kan ikke tenke deg hvor ofte vi har lest igjennom denne boka, men likevel er vi sikre på at det uansett er noen feil i den. Beklager!

Hvis du finner en feil, kan du være så snill å gi beskjed til Nils? Her er adressen: nils@skapago.eu.
Nils kommer til å takke deg personlig!

Spørsmål?

Hvis du føler at du ikke kommer videre med norsken din mens du jobber med denne boka, send en e-post til Nils: nils@skapago.eu. Han kommer til å svare deg personlig.

Hjelp!

Det kan være vanskelig å lære et språk på egen hånd. På www.skapago.eu/nils finner du flere øvelser, videoer om uttale, lydfilene til mange av tekstene i boka og mye mer – det meste av dette gratis.

Du kan også bestille noen timer med en av våre lærere. De har vært med på å skrive denne boka, og de vet mye om problemer som du eventuelt har med å lære norsk. De underviser gjennom Skype og videokonferanse, så du kan ta et kurs hvor som helst i verden.

Du kan avtale en gratis prøvetime på www.skapago.eu.

en øvelse	det å øve, opp-gave
en lydfil	et audioklipp
gratis	som ikke koster noe
å undervise, underviste	gi opplæring i
(en) verden	planeten vi bor på

Ernas drøm

Dette er begynnelsen på historien om Nils: Erna ligger i senga og drømmer. Les drøm-men, og prøv å besvare spørsmålene etterpå. Det finnes ikke noe «riktig» svar siden du ikke vet hvordan historien kommer til å slutte. Men bruk din fantasi, og prøv å gjette!

En mann kommer langs veien.
En turist? Nei.
Erna kjenner mannen. Han smiler.
Det er mannen fra stasjonen.
Hun smiler også.

Mannen går forbi.
Hun roper etter ham. Men han hører ikke.
Han forsvinner.

Adressen. Hun må skrive adressen!
Hvor er adressen?

Nå ser hun tre personer:
En gutt – han spiser sjokolade.
Ei dame – hun gir ei bok til en mann.
Erna tenker:
Nei, ikke spis sjokoladen!
Ikke gi ham boka!

Erna våkner. Hun må le.
Men hun tenker:
Hva med adressen?

å besvare, besvarte	gi svar på
langs	parallelt med
forbi [fårbi]	å gå forbi = å passe-re, å gå videre
en adresse	gate, postnummer og sted

Spørsmål om teksten

Hvem – tror du – er mannen som Erna ser?
Hvilken adresse vil hun skrive ned?
Hvem er personene hun ser i drømmen?
Når hun våkner, tenker hun fortsatt på adressen. Hva – tror du – er problemet med denne adressen?

1–4

Du jobber nå med et veldig kort sammendrag av kapitlene 1–4 fra **Mysteriet om Nils – del 1**. Teksten består av en øvelse, slik at du ikke bare vet hva som har skjedd med Nils, men også øver deg i norsken din.

Sett inn ord som passer:
heller – laget – skuffet – litt – er – slutter – ikke

Erna har … en bursdagsgave til Susanne. Det … en nisse.
   Men Susanne liker … nissen. Hun er …, for hun vil … ha en smartte-lefon. Hun leker … med nissen – som heter Nils – men … fort igjen.

Han kan sitte ved siden av døra.

5

Pronomen

La oss repetere litt grammatikk.
Ord som står for en annen person (eller ting), heter *pronomen*.

Et personlig pronomen står for en person (ganske logisk, ikke sant?). Det er:
jeg, **du**, **han**, **hun**, **den***, **det***, **vi**, **dere**, **de**

han, hun, den, det
Han står for menn, **hun** for damer, **det** står for alt som er i intetkjønn. **Den** står for ting (ikke personer) som er i hankjønn eller hunkjønn. Ok?

      Per er en gutt. Han er 16 år gammel.
      Susanne er ei jente. Hun er åtte år gammel.
      Huset er i Oslo. Det er 80 år gammelt.
      Telefonen ligger her. Den er to år gammel.

Subjekt og objekt
Husker du hva et subjekt er, og hva et objekt er? Et subjekt er en person (eller ting) som gjør noe. Alle norske setninger må ha et subjekt.
For eksempel:
      Peter spiser.
      Peter = subjektet

et sammen-drag	en kort tekst som forklarer hva en annen tekst handler om
et kapittel, kapitler	avsnitt i en bok
å bestå, besto, har bestått av	å være laget av
å øve, øvde	å trene på
en fasit	riktig svar på opp-gaver
logisk/ulogisk	som man kan forkla-re / ikke forklare
å kalle, kalte	å få et navn

---

*Ja, jeg vet hva du vil si: **Den** og **det** står ikke for en person, men for en ting. Likevel kaller vi dem for *personlige pronomen*. Grammatikk kan være litt ulogisk av og til!

Mange (men ikke alle) setninger har også et *objekt*. Et objekt er en person (eller ting) som er involvert i det som skjer i setningen, men ikke aktivt (slik som subjektet). For eksempel:

Peter spiser fisk.

Fisk er et objekt. Fisken gjør jo ikke noe, tvert imot. Det er Peter som er aktiv i setningen, og fisken som er passiv. **Fisk** er altså objektet.

å involvere, involverte	å få noen med, aktivere
passiv	som ikke gjør noe
praktisk	enkelt å bruke
en måned	28–31 dager

Når vi vil bruke et pronomen som objekt, må vi bruke objektsformen:

subjekt	objekt
jeg	meg
du	deg
han	ham (han)
hun	henne
den	den
det	det
vi	oss
dere	dere
de	dem
	seg

For eksempel:

Jeg ringer deg.
Du ringer meg.

Han elsker henne.

Dette er ganske praktisk. Se her:

Han elsker henne.
Hun elsker ham.

Hun elsker ham.

Det er to forskjellige ting, ikke sant?
Godt at vi har objektsformen!

seg

Vi bruker **seg** når subjektet og objektet er den samme personen.
Hvordan er det mulig? tenker du kanskje.
Se her:
Per har en liten sønn, Anders.
Anders er bare to måneder gammel.

Per vasker Anders. → Han vasker ham.

Etterpå vasker Per seg selv, altså:

Per vasker Per. → Han vasker seg.

Han ser seg.   Han ser ham.

Nå fortsetter vi med historien om Nils.

Sett pronomenene i parentes i riktig form. Både subjekts- og objektsformen kan være riktig.

en parentes   dette er parentes: ( )

Dagen etter bursdagen er Susanne i stua med familien:
   Mora heter Lise, faren heter Lars, og broren til Susanne heter Per.
   Erna er ikke der. (Hun) bor ikke sammen med (de).
   «Susanne, hvor er Nils?» spør Lise.
   «(Jeg) vet ikke.»
   «Vil (du) ikke lete etter (han)?»
   «Nei, egentlig ikke. (Jeg) er ikke glad i (han).»
   «Det er synd. (Jeg) liker Nils.»
   «(Du) kan gjerne ha Nils. (Jeg) vil heller ha en smarttelefon.»
   «Susanne, (du) må ikke være frekk. En smarttelefon er veldig dyr. Erna har ikke penger til (den). (Det) er hyggelig av (hun) å gi (du) en nisse. Men (han) kan være på kjøkkenet sammen med (jeg).»
   Susanne henter Nils og gir (han) til mora.
   «Bra. Nå vil (jeg) se på TV med (dere). Per, vil (du) se på TV med (vi)?»

6

I denne teksten er det åtte feil. Det kan være grammatikk- og rettskrivingsfeil. Finner du dem?

Klokka er seks. Familien spise frokost.
   «Mamma! Nils beveger seg!» roper Susanne.
   Nils er skremt. Han sitter helt rolig nå.
   «Susanne, når tuller du.»
   «Nei, jeg ser det!»
   «Susanne, nå er det nok. Jeg vil ikke hører en dum historie», sir faren.
   En dum historie? Nils er sjokkert.
   Han lever ikke? Vorfor tenker Lars, Lise og Per det? Det er bare i Susannes fantasi, tror dem.
   Men det stemmer ikke. Sellfølgelig lever han.
   Endelig er familien ferdig med frokosten. Nå kan han slapper av og bevege seg igjen.

7

Erstatt ordene i parentes med et ord som betyr (omtrent) det samme.

å erstatte, er-
stattet med — ta ut og sette inn
noe annet

Etter frokost går Susanne og Per til skolen. Lise og Lars går på (arbeid).
Nå kan Nils gjøre hva han (ønsker). Men da hører han plutselig et skrik:

«Stopp! Er du gal? Hva driver du med?»

Nils er (skremt). Han ser mot døra. En liten, brun bamse står ved
siden av kjøkkenbenken.

«Hei», sier Nils (svært) usikkert. «Hvem er du?»

Bamsen smiler.

«(Beklager). Jeg er veldig direkte, men jeg vil ikke skremme deg. Jeg
(er) Emil.»

«Hyggelig å (møte) deg. Jeg heter Nils.»

«Hvor (er) du fra, Nils?»

«Jeg vet ikke.»

«Du vet ikke? Det må du finne ut. Er du veldig ung?»

«Ja, det tror jeg.»

«Ok, da vet du ikke mye. Jeg (forstår). Kom til stua. Jeg vil forklare
deg noe.»

«Er du gal? Hva driver du med?»

8–9

Samsvarsbøyning

Dette er et komplisert ord! Det er ikke nødvendig at du husker det.

Samsvarsbøyning betyr: Når vi snakker om personer (eller ting), må vi bruke riktig form når det gjelder kjønn, bestemt/ubestemt form og entall/flertall. Dette er særlig viktig for ord som vi kaller *substantiv*, *adjektiv* og *artikkel*.

- Et substantiv beskriver en person eller en ting: **tog**, **kjærlighet**, **hund** og **nordmann** er substantiv.
- En *artikkel* hører til substantivet og forteller oss om kjønn og bestemt/ubestemt form. For eksempel: **et** tog → **et** = ubestemt artikkel, intetkjønn
- Et adjektiv beskriver hvordan en person (eller ting) er. For eksempel: **rød**, **stor**, **gammel** ...

La oss begynne med substantiv. Du vet at det er tre kjønn, og artikkelen forteller oss hvilket kjønn de er. Se på den ubestemte formen først:

> en hund
> ei dør
> et tog

Vi må lære kjønnet for alle substantiv (dessverre!). Husk at substantivene i hunkjønn også kan stå i hankjønn. Jeg kan altså f.eks. også si **en dør**. Men det går ikke motsatt – jeg kan altså ikke si ~~ei hund~~.

Hvis vi snakker om en bestemt hund/dør/tog, bruker vi *bestemt form*:

> hunden
> døra (*eller* døren)
> toget (Husk at vi sier **[toge]**, selv om vi skriver **toget**. Dette gjelder alle intetkjønnsord i bestemt form!)

Hvis vi har to (eller flere) personer/ting, bruker vi flertall:

> mange hunder/dører/tog ...

Du ser at alle substantivene får endelsen **-er**, med unntak av **tog**. Korte intetkjønnsord (altså ord med bare én stavelse) får ikke endelsen **-er**. Men vi sier f.eks. **mange stykker** fordi **stykke** har to stavelser.

I ubestemt form flertall har vi ingen artikkel, men i bestemt form flertall har vi endelsen **-ene** for alle kjønn:

> hundene/dørene/togene

nødvendig	som man må ha/ gjøre
å gjelde, gjaldt, har gjeldt	være aktuelt for
å beskrive, beskrev, har beskrevet	forklare hvordan noe er
en nordmann	person fra Norge

Husk samsvarsbøyning!

motsatt	som er helt annerledes; f.eks. er svart det motsatte av hvit
en endelse	ende av et ord som kan forandres
et unntak	noe som ikke følger regelen
en stavelse	del av et ord som har én vokal

13

Nå blir det litt mer komplisert!

Når vi har et adjektiv, må adjektivet ha den samme formen som substantivet. Det betyr: Hvis f.eks. substantivet er i intetkjønn / ubestemt form entall, må også adjektivet være i intetkjønn / ubestemt form entall. Heldigvis har adjektiv bare tre endelser:

- ingen endelse: han-/hunkjønn, ubestemt, entall
- **-t**: intetkjønn, ubestemt, entall
- **-e**: bestemt form og flertall

Det finnes også uregelmessige adjektiv: Adjektiv som slutter på **-ig**, og mange som slutter på **-sk** eller **-t**, kan ikke få en **-t**-endelse (f.eks. **viktig**, **skandinavisk**). I tillegg finnes det noen adjektiv som ikke forandrer seg i det hele tatt. Dette er gjerne internasjonale adjektiv, f.eks. **moderne**.

Når vi bruker bestemt form av et substantiv, blir artikkelen en endelse (f.eks. **hunden**). Men når vi legger til et adjektiv, f.eks. **stor**, er det ikke nok å bruke den bestemte formen store. Vi må også bruke adjektivartikkelen **den**: **den store hunden**. Vi kan ikke si: ~~store hunden~~.

uregelmessig	som ikke følger regelen
ikke i det hele tatt	absolutt ikke
internasjonal	fra forskjellige land
å løse, løste	*her*: å gjøre
følgende	det som kommer
et uttrykk	to eller flere ord som man gjerne benytter sammen
alvorlig [alvårli]	veldig seriøs

Du ser alle formene her:

en (stor) kopp	(den store) koppen	(store) kopper	(de store) koppene
ei (stor) dør	(den store) døra	(store) dører	(de store) dørene
et (stort) hus	(det store) huset	(store) hus	(de store) husene
et (stort) vindu	(det store) vinduet	(store) vinduer	(de store) vinduene

Før vi går videre i historien om Nils, skal du løse den følgende øvelsen.

Sett uttrykkene i bestemt form.
Eksempel: en fransk lærer → den franske læreren
a) en hyggelig mann
b) et kort liv
c) en rød genser
d) et alvorlig problem
e) varme dager
f) ei stor bok
g) tjukke skjerf
h) en viktig ting
i) en varm kopp
j) dårlige grønnsaker
k) et godt brød
l) grønne jakker
m) en ung lærer
n) ei gammel jakke

Nå fortsetter vi med historien om Nils.

Velg riktig artikkel (ubestemt eller bestemt) der det er nødvendig. Tilpass adjektivene.

å velge, valgte, har valgt	bestemme seg for
å tilpasse, tilpasset	forandre slik at det passer

«Du vet jo allerede (viktig, ting): Folk må ikke skjønne at du lever. Det betyr: Du må ikke bevege deg når noen kan se deg. Du må heller ikke si noe.»

«Men Emil, vi lever jo. Hvorfor må vi skjule det for (mennesker)?»

«Det kan være farlig for dem. Ikke for barn, men for voksne. Mange (barn) tenker at vi lever. Men voksne tenker ikke det. De blir overrasket eller sjokkert når de ser noe rart – ja, de kan til og med dø av skrekk. Derfor sier vi ikke at vi lever, og vi viser det ikke. Det er (viktig, avtale) mellom alle (bamser, nisser og dukker). Men nå må vi finne ut: Hvor kommer du fra? Hva husker du?»

«Jeg husker (bursdag).»

«(Bursdag)? Susannes bursdag?»

«Ja. Susannes, ja.»

«Aha. Da vet jeg det. Du kommer fra Erna. Du er (bursdagsgave) fra Erna til Susanne.»

«Hvordan vet du det?»

«Jeg vet det gjennom Lise. Hun snakker om deg av og til. Da snakker hun om (nisse), og (nisse) er (gave) fra Erna, sier hun.»

«Og de tenker: Det er rart at vi lever?»

15

10

Eiendomspronomen/eiendomsord/possessiver*

Vi bruker eiendomsord for å si hvem som eier (dvs. har) en ting/person. F.eks.:

min bil → Det er jeg som eier (har) denne bilen.

Eiendomsordene er litt vanskelige.

1) Vi må bøye dem etter kjønn og tall (altså f.eks. **min hund**, men **mitt hus** og **mine hunder**).

2) Vi kan bruke dem i bestemt eller ubestemt form, men disse formene betyr det samme! Er det ikke morsomt?

Vi kan si:

	min hund
eller	hunden min

Min hund er litt mer formelt eller elegant, men du kan også skrive **hunden min**. Det du ikke kan gjøre, er å si ~~hund min~~ eller ~~min hunden~~. Det er altså mulig å bruke:

eiendomsord + ubestemt substantiv

bestemt substantiv + eiendomsord

sin/si/sitt/sine

Per har et hus. Pål liker Pers hus. → Pål liker huset hans.

Per har et hus. Per liker dette huset. → Per liker huset sitt.

Vi bruker **sin/si/sitt/sine** (istedenfor **hans/hennes/deres**) hvis eiendomsordet skal vise tilbake til subjektet i setningen.

en lingvist	person som forsker på språk
uenig	som mener noe annet
et avsnitt	del av en tekst
å eie, eide	ha
et tall	1, 2, 3 ... er tall
morsom [-åm]	som kan få en til å le
formell	offisiell
elegant	veldig pen, fin
istedenfor [-får]	for å erstatte

---

* **Eiendomspronomen/eiendomsord/possessiver** betyr det samme. Før sa man **eiendomspronomen** på norsk, og mange sier dette fortsatt. Men Språkrådet bestemte i 2005 at ordene jeg skriver om her, skal hete **eiendomsord** eller **possessiver**. Det er fordi lingvistene er litt uenige om hva disse ordene egentlig er: Noen sier de er pronomen, andre sier at de er noe annet.*

Dette er et godt eksempel på at grammatikk ikke er som matematikk: Det finnes forskjellige perspektiver på grammatikk. Du leser altså **eiendomspronomen** i litt eldre bøker og **eiendomsord** eller **possessiver** i nyere bøker. Beklager! I denne boken vil jeg altså også si **eiendomsord**. For deg er det bare viktig at du forstår konseptet, altså at du forstår det disse ordene gjør og betyr. Dette prøver jeg å forklare på denne sida.

* Disse lingvistene mener at eiendomsord er i en familie sammen med artikler og derfor er *determinativer*. Men ikke fortvil: Hvis du ikke er en grammatikknerd, så er dette ikke så viktig for deg. Slapp av.

min/din/hans/hennes/sin/dets/dens/vår/deres/deres kopp

dør

mitt/ditt/hans/hennes/sitt/dets/dens/vårt/deres/deres hus

mine/dine/hans/hennes/sine/dets/dens/vårt/deres/deres dører

eller:

koppen min/din ...

døra mi/di...

huset mitt/ditt ...

dørene mine/dine ...

Sett inn riktig form for eiendomsord.

Det er natt. Nils sover i senga (han). Plutselig våkner han. Men han har veldig vondt i magen. Og han er kvalm. Han må finne Emil.

Han går inn i stua. Der ligger noen på sofaen og sover. «Emil!» roper Nils.

«Nils! Hva gjør du midt på natta?»

«Jeg føler meg kvalm. Og så har jeg forferdelig vondt i magen.»

«Har du vondt i brystet også?»

«Nei.»

«Ta av deg skjorta.»

Nils gjør det. Da begynner Emil å trykke på magen.

«Gjør det vondt?»

«Ja, men ikke mer enn før.»

Emil legger øret på brystet (han).

«Nei, det er ikke noe galt her, tror jeg.»

Han kjenner på magen igjen.

«Men det er noe rart her. Jeg tror du har noe i magen. Kanskje et lite stykke papir.»

«Men hvorfor skriver noen i magen (jeg)?»

«Jeg vet ikke, men papirlappen gjør sikkert veldig vondt.»

«Så hva skal jeg gjøre?»

«Snu deg et par ganger. Da blir det sikkert bedre snart.»

Nils setter seg ned på sofaen og snur seg. Én gang, to ganger, tre ganger, fire ganger. Han føler seg fortsatt kvalm, men smertene er bedre. Kanskje blir han snart frisk igjen?

«Emil! Jeg er syk.»

Verb

Hver norsk setning har ett eller flere *verb*. Verbet sier oss hva noen gjør, eller hva som skjer. Verbene har mange forskjellige former:

- *Infinitiv* finner du i ordboka, og man setter gjerne **å** foran den: **å gjøre**.
- *Presens* bruker vi når vi forteller hva som skjer nå: **Hun gjør dette nå.**
- *Preteritum* bruker vi når noe er over eller avsluttet: **Hun gjorde dette i går.**
- *Presens perfektum* (eller bare *perfektum*) bruker vi når noe er over, men når det finnes et resultat: **Hun har gjort dette – det er altså ferdig.**

Verbene kan være *uregelmessige* (sterke), dvs. at vi ikke vet hvilken form de har i preteritum og presens perfektum, f.eks. **gjøre (gjorde, har gjort), gå (gikk, har gått), sitte (satt, har sittet)**.
    Det finnes mange sterke verb, og du må dessverre lære dem utenat.

Hun **lager** dessert.

ei ordbok	bok som oversetter ord fra ett språk til et annet
å avslutte, avsluttet	bli ferdig med
et resultat	det som følger av noe
utenat	som man kan så godt at man ikke behøver å lese det
regelmessig	som følger regelen
å ende, endte	å slutte

Svake verb er verb som har en regelmessig endelse i preteritum. Det finnes fire grupper:

1. å våkne → våkn**et** (mange verb som ender på to konsonanter eller **-d/t**)
2. å spise → spis**te** (mange verb som ender på én konsonant)
3. å leve → lev**de** (mange verb som ender på **-ve**, **-eie**)
4. å bo → bo**dde** (mange verb som ender på en vokal)

Det kan være vanskelig å vite hvilken gruppe et verb hører til. Derfor burde du lære preteritumsformen for alle verb (ikke bare for de sterke verbene). Heldigvis er det lett å komme fra preteritum til presens perfektum når verbet er svakt:

1. våknet → har våkn**et**   vi forandrer ingenting)
2. spiste → har spist ⎫
3. levde → har lev**d** ⎬ vi tar bort en **e**
4. bodde → har bo**dd** ⎭

Hun **har laget** dessert.

Hvorfor **har laget**? Altså *presens perfektum*? Fordi vi kan se resultatet!

Sett verbene i parentes i preteritum.

Erna er i en butikk og handler mat. Da hun kommer ut av butikken, ser hun en ung mann. Han kommer rett bort til henne og spør henne: «Unnskyld, jeg leter etter jernbanestasjonen. Hvor er den?»

Erna er forvirret. En turist spør etter jernbanestasjonen. Det er egentlig ikke noe uvanlig med det. Men hun har følelsen av å være i en gammel film igjen. En ung mann spør etter veien. Slik (er) det den gang også. Nøyaktig her. For så mange år siden.

«Vet du ikke hvor den er?» spør den høflige unge mannen.

Erna våkner av dagdrømmen. «Jo, det vet jeg.» Hun forklarer det til ham.

«Tusen takk!» Den unge mannen smiler og går. Han smiler ... nøyaktig som en annen ung mann (smiler), og på nøyaktig det samme stedet, for mange, mange år siden ... Den gang (bor) Erna ikke her ennå, men hun (drar) ofte til byen. Da (møter) hun den unge mannen – han (står) her på dette fortauet og (spør) etter veien ...

Alt etterpå er så trist. Hun kan aldri glemme det, men hun kan heller ikke snakke om det. Hun føler at hun må snakke om det. Men det er så vanskelig. Så utrolig vanskelig.

Minnene kommer tilbake, som en stor bølge. Erna kan ikke gå hjem nå. Nei, hun må ordne tankene først.

«Vet du ikke hvor den er?»

19

13

Velg riktig tid for verbene i parentes (preteritum eller presens perfektum).

Erna sitter på en rolig kafé. Hun (drikke) nettopp to kopper kaffe, og kaffen (være) sterk. Nå føler hun seg litt bedre.

Hun tenker på den unge mannen. Og så tenker hun på Susannes bursdag. Det (være) en dum idé å gi henne nissen. Og det (være) en dum idé med papirlappen også. Hvorfor (legge) hun lappen i nissen? Susanne vil aldri finne denne lappen!

Men Erna vil absolutt gjøre noe med denne saken. Hun (snakke) aldri om den. Hun (vente) alltid.

Det vil si – én person vet det. Hun må vite det. De (snakke) aldri om det, men det med hytta (være) jo Heges idé. Hun (stille) aldri spørsmål. Men hun vet sikkert alt. Kanskje bør hun besøke Hege? Hun klarer det sikkert med Heges hjelp. Men Hege bor i Tromsø nå.

Papirlappen (være) en typisk Erna-idé: Man kan ikke både holde noe hemmelig og samtidig fortelle om det. Enten må hun snakke om teksten på lappen med familien eller holde den skjult for resten av livet.

Nå (leve) hun med denne hemmeligheten i så lang tid. Og hun er gammel. 84 år. Hun føler seg frisk, men det er på tide å fortelle sannheten til familien.

Eller er det allerede for sent?

Erna betaler og går ut av kaféen. Det (snør) i mange timer, og det er vanskelig å gå. Hun må være forsiktig.

Og så tenker hun på Susannes bursdag.

14

Sett inn ordene som passer:
mye – med – på – ganske – jobb – natten – hjemme – følt – verken – slår

… har vært tung. Nils har … seg veldig syk. Men nå er han … bedre.

Det er … sent. Nils hører … Lars eller barna, de har gått på skolen og på … Bare Lise er … Hun kommer inn i rommet og ser … Nils.

Med et fast grep tar Lise ham, går inn i stua, setter seg på sofaen sammen … Nils og … på TV-en.

Velg riktig form (entall/flertall, ubestemt/bestemt) for adjektivene som står i parentes.

Det som Nils ser på TV, er (fantastisk). Kameraet står på et (høy) fjell. Man ser ned på en (lang) fjord og noen (liten) øyer. Midt på ei (lang) øy ligger en ganske (stor) by. Nils er begeistret. Landet på TV-skjermen er (fantastisk). Han ønsker å besøke et (slik) land. Men hvor er dette (fin) landet? Han må finne Emil. Emil vet så mye – han har sikkert en (god) idé.

«Emil! Endelig fant jeg deg!» roper Nils.

«Hva er det, Nils?»

«Jeg må fortelle deg noe. Jeg ser en film som er helt (fantastisk). Den handler om et veldig (fin) land som jeg har lyst til å se! Du må hjelpe meg. Jeg vet ikke hvor det ligger.»

Emil tar en (kort) titt på skjermen – og så må han le. «Men Nils, dette landet – det er jo Norge! Byen som du ser, heter Tromsø. Vi bor i dette landet.»

«Jaså? Men når jeg ser ut av vinduet her, er det bare ei (trang) gate – ingen (lang) fjorder, (liten) øyer, (rød) hus ...» – «Ja, selvfølgelig, Nils. Vi er jo midt i Oslo. Det er ikke særlig (typisk) for Norge.»

«Ja, men Emil, jeg må se dette. Jeg vil dra til den (lang) fjorden, det (høy) fjellet og de (liten) øyene som vi ser her.»

«Tja, Nils, da må du reise en del. Dette som du ser her i filmen, er Nord-Norge. Du kan jo ta fly til Tromsø, eller Hurtigruten, hvis du vil.»

Hva er denne Hurtigruten?»

«Det er en båt som går hver dag. Det tar to dager med Hurtigruten fra Trondheim til Tromsø. Toget fra Oslo tar noen timer. Du kan prøve det. Men vi har et problem.»

«Ja?»

«Du er en nisse, Nils. Du kan ikke bare kjøpe en billett og ta toget. Vi må finne på noe.»

«Hva er denne Hurtigruten?»

Setninger

En norsk setning består minst av et subjekt og et verb*:

> Han synger.

Subjektet kan være ganske langt:

> Den gamle mannen synger.
> Den gamle mannen fra Oslo synger.

Hvis vi ikke kjenner subjektet, sier vi **det** eller **man/noen**:

> Det regner.
> Man ser en lang fjord.
> Noen synger.

(en) praksis	*her*: realitet
en konstruk-sjon	*her*: kombinasjon
å synge, sang, har sunget	lage musikk med stemmen
en grunn	årsak
en struktur	form

Setninger kan inneholde mange andre «ting», f.eks. objekt, informasjon om tid/sted/grunn ... Det er ikke så viktig at du kjenner alle disse tingene (de heter *setningsledd*), men det er viktig at du kjenner strukturen som en setning må ha:

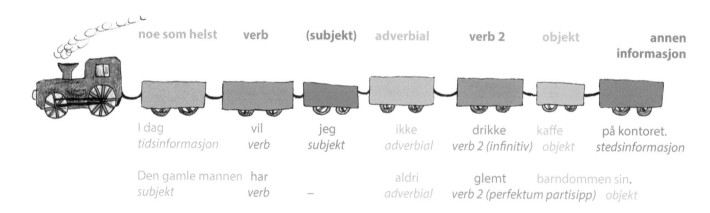

noe som helst	verb	(subjekt)	adverbial	verb 2	objekt	annen informasjon
I dag	vil	jeg	ikke	drikke	kaffe	på kontoret.
tidsinformasjon	*verb*	*subjekt*	*adverbial*	*verb 2 (infinitiv)*	*objekt*	*stedsinformasjon*
Den gamle mannen	har	–	aldri	glemt	barndommen sin.	
subjekt	*verb*		*adverbial*	*verb 2 (perfektum partisipp)*	*objekt*	

---

* Hvis du er en grammatikknerd, så vil du sikkert vite at det må være **verbal** her og ikke **verb**. Et verb er et ord, mens et verbal er et setnings-ledd (= del av en setning). Men siden et verbal alltid består av ett (og noen ganger flere) verb, er det i praksis det samme her.

Dette er forskjellig for **subjekt** og **substantiv**. Et subjekt kan være et substantiv (f.eks. **læreren**), men også et pronomen (f.eks. **han**) eller en konstruksjon av flere ord (f.eks. **den gamle mannen**). Derfor sier jeg altså **subjekt**, men beholder **verb** istedenfor **verbal**.

En setning som kan stå alene, er en *helsetning*. Vi har også setninger som ikke kan stå alene. Se på dette eksemplet:

Per vet at jeg ikke drikker kaffe.

At jeg ikke drikker kaffe er en setning, men den må være en del av en annen setning for å gi mening. Slike setninger heter *leddsetninger*. De begynner vanligvis med en subjunksjon (**at, som, hvis, når, da, selv om** ...). Disse setningene har en annen struktur. Du ser at subjektet kommer først, og så kommer adverbialet. Et adverbial er en informasjonsbit som gir en annen «farge» til setningen, f.eks. **ikke, gjerne, ofte** ...

Husk at en leddsetning alltid er en del av en helsetning. Vi har altså aldri ~~leddsetning + helsetning~~, men alltid **leddsetning i helsetningen**. I eksemplet betyr det:

at jeg ikke drikker kaffe → leddsetning

Per vet at jeg ikke drikker kaffe. → helsetning

I denne helsetningen er leddsetningen et objekt:

en mening	noe man kan forstå
informasjonsbit	et stykke informasjon
en farge	f.eks. grønn/blå/rød ...
såkalt	som man kaller

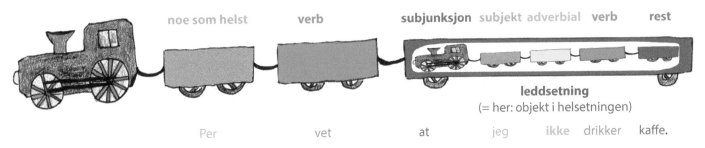

noe som helst — verb — subjunksjon — subjekt — adverbial — verb — rest

leddsetning
(= her: objekt i helsetningen)

Per — vet — at — jeg — ikke — drikker — kaffe.

En leddsetning kan ha andre funksjoner, for eksempel:

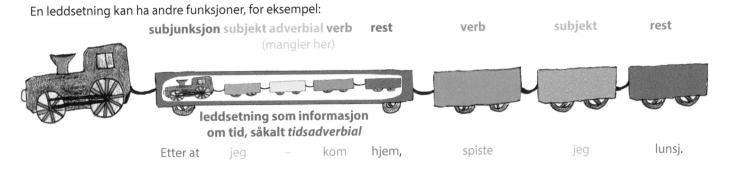

subjunksjon — subjekt — adverbial — verb — **rest**
(mangler her)

verb — subjekt — rest

leddsetning som informasjon om tid, såkalt *tidsadverbial*

Etter at — jeg — – — kom — hjem, — spiste — jeg — lunsj.

Eller:

– – – **s u b j e k t** – – – – – – – – – –
subjekt — adverbial — verb
(mangler her)

verb — subjekt — rest
(står først i setningen)

leddsetning som del av subjektet

Mannen — som — – — synger, — kommer — – — fra Oslo.

Verbene i parentes hører til setningen som står etter dem. Sett dem inn der de passer. De står allerede i riktig rekkefølge.

Erna er stolt. Hun har ringt Hege. Nå vet Hege alt. (har gjettet, har snakket) Hun alltid noe, men nå de om det. (gråt, forsto) Erna i telefonen, men Hege henne veldig godt. Hege har invitert Erna til Tromsø med en gang. Etterpå ringer Erna sin datter Lise. (sitter, hører) Emil ikke langt fra telefonen og hele samtalen. (sover, går, å snakke) Om kvelden, når hele familien allerede, han inn på kjøkkenet for med Nils.

(vet, kan, komme) «Nils! Jeg hvordan du deg til Tromsø.»

«Aha? Har du fått en idé?»

«Nei, ikke direkte. Men tenk deg, Erna har ringt. (har snakket, skal, reise) Hun med Lise, og hun til Tromsø om ei uke. (er, å bli) Det sikkert en god idé med henne. Da er det heller ikke så farlig. (finner, være, tar) Dersom hun deg på reisen, kan du sikker på at hun deg med tilbake igjen.»

«Det høres bra ut. Men Emil, hva gjør jeg hvis jeg har et spørsmål på reisen? Jeg kommer til å være helt alene!»

(sitter, tenker) Emil og et lite øyeblikk. (går, åpner) Men så står han opp, ut av kjøkkenet og veldig, veldig forsiktig døra til Pers rom. Han går inn i det mørke rommet. (kommer) Etter en stund han ut igjen med to små grå apparater i hånda. Han gir ett av dem til Nils.

«Hva er dette, Emil?»

«Dette er en mobiltelefon. (trykker, tar, kan, snakke) Når du på denne knappen, jeg telefonen med en gang, og så du med meg uansett hvor du er.»

«Ja, men Emil, dette er jo Pers mobiltelefoner. (kan, ta) Vi ikke bare dem.»

«Jo, det kan vi. Han har hele skapet fullt av mobiltelefoner. (må, ha) Han jo stadig den nyeste telefonen. Så han savner sikkert ikke disse to gamle telefonene.»

(kan, snakke) «Det betyr at jeg alltid med deg når jeg vil? Det er jo helt fantastisk.»

en rekke-følge	struktur (hva som kommer først, og hva som kommer etterpå)
en samtale	det at to eller flere personer snakker sammen

«Du kan snakke med meg uansett hvor du er.»

20

Noen setninger i denne teksten er markert i rød farge. Disse setningene har ikke riktig rekkefølge. Finn den riktige strukturen.

å markere, markerte	gjøre synlig, f.eks. ved å sette strek under eller ved å gi en bestemt farge

Før reiser til Tromsø Erna, hun vil besøke Lise. Hun ringer på døra hos Lise.

«Hei, mamma. Takk for sist.»

«Hei, Lise. Går det bra med deg?»

Erna og Lise går inn i stua. Erna ser Susanne som ved bordet allerede sitter.

På kjøkkenet Lars står og en kasserolle fra komfyren tar.

Erna setter seg.

Lars kommer inn med maten. Den smaker veldig godt.

«Takk for maten», sier Erna. Hun ser seg litt rundt i stua. Alt er som før. Susanne står opp og går ut av rommet. Erna vil Lise om Nils spørre mens Susanne hører henne ikke.

«Lise, er Susanne fortsatt ikke glad i nissen?» hvisker hun.

«For å si det sånn – ikke særlig», sier Lise. «Nissen er her hos meg på kjøkkenet. Han – nei, hvor er han egentlig?» Lise virker overrasket. Hun begynner å lete etter nissen. Men kan hun finne Nils ikke.

Kommer etter en stund hun tilbake og lavt sier: «Det er veldig flaut, mamma, men jeg må bare si at jeg har mistet Nils. Jeg kan ikke finne ham.»

«Hei, Lise. Går det bra med deg?»

21

et alternativ noe man kan velge isteden

«Mistet ham?» Erna er skuffet.

Men så må hun også tenke på (en tåpelig papirlappen/den tåpelig papirlapp/den tåpelige papirlappen) som er skjult i nissen. Det var jo helt urealistisk at noen skulle finne den, men nå er det altså virkelig umulig.

Egentlig har denne papirlappidéen vært dum fra begynnelsen av.

Hun må tenke på da hun skrev (den første lappen/den første lapp/en første lappen), som hun skjulte i ei bok. Så ba hun Lise om å levere denne (bok/ei bok/boka) tilbake på biblioteket. Selvfølgelig åpnet hun ikke boka og fant aldri lappen. Det samme skjedde da hun la en lapp i et påskeegg som hun ga til Per. Hun husker så godt hvordan Per spiste opp egget uten å legge merke til at det var (en lille papirlapp/en liten papirlapp/liten papirlapp) i det.

Hun må le. Resten av (en familie/familien/familier/familiene) ser litt forvirret på henne.

Men sammenlignet med nissen var det jo nesten smart å legge en beskjed i et påskeegg eller ei bok.

Da tar hun en beslutning. Hun kommer ikke til å skrive (idiotisk papirlappen/idiotiske papirlapper/idiotiske papirlappen) som ingen kan finne. Hun må legge kortene på bordet. Nå eller aldri. Hun puster dypt inn.

«Jeg må si noe til dere. Som min (familie/familien) må dere vite dette.»

Lars, Susanne og Lise virker fortsatt flaue. De tenker at det har noe med nissen å gjøre.

«Vi vet at vi er håpløse, mamma. Men vi finner sikkert Nils igjen.»

«Nei, det er bare ...»

«Ja, du har rett», avbryter Lise. «Det finnes ingen unnskyldning. Jeg vet at du har brukt så mye (et arbeid/arbeidet/arbeid) på denne nissen. Jeg forstår ikke hvordan det kunne skje.»

«Men jeg mener at ...»

Da åpner døra seg. Per kommer inn, smiler og kommer mot Erna.

«Bestemor! For (den hyggelig overraskelse/en hyggelige overraskelse/en hyggelig overraskelse)!»

«Bestemor! For en hyggelig overraskelse!»

Erna føler at sjansen forsvinner. Hun var så sikker på at hun kom til å klare å si det. Men det går bare ikke. Hun smiler litt mot Per. Så går hun ut av (en leilighet/leilighet/leiligheten) uten å si et ord. Mens hun lukker døra, hører hun Lise rope: «Men mamma! Nå overdriver du.»

Hun går ut på gata og gråter av fortvilelse.

22

Sett verbene i parentes i preteritum.

Det (være) så lett. Nils er fornøyd. Mens Erna og familien (spise), (klatre) han inn i Ernas håndveske, som (stå) i garderoben. Han (bli) litt redd først – (kunne) Erna finne ham før hun (dra) hjem? Men hun (åpne) ikke håndvesken etter middagen. Hun (ta) den bare og (gå) ut. Da de (komme) ut på gata, (høre) han at Erna (begynne) å gråte. Han (synes) synd på henne.

Etter togturen hjem (legge) Erna håndvesken i gangen hjemme hos seg. Så (gå) hun og (legge) seg. Da Nils (høre) at hun (sove), (klatre) han ut av håndvesken og (skjule) seg i kofferten. Så (sovne) han også.

Hvor skal hun legge billetten?
Å ja, i kofferten.

23

Sett inn et ord som passer.

Det er kveld. Toget ... sakte ut av Oslo S. Erna bestemmer ... for å sove litt.

Hun tar ... seg klærne og legger seg i senga si. Det ... bare kort tid før hun sovner. Da klatrer Nils ut ... kofferten – han ... se ut av vinduet. Men han er skuffet: Toget er ... en tunnel. Det ... ganske mørkt ute. Så klatrer ... tilbake, og snart sovner han også.

«Hvor er senga mi?»

24

I denne teksten er det seks grammatikkfeil. Finner du dem, og kan du rette dem?

å rette, rettet   korrigere

Erna har sovet veldig god. Hun tar bort gardinen fra det lite vinduet sitt og ser ut. Sola skinner. Det må være varm ute. En fantastisk dag! Hun står opp, pusser tennene og vasker henne. Så banker det på døra igjen. Konduktøren gir henne frokosten sin.

Hun er akkurat ferdig med frokosten da toget stopper. Erna og Nils er på Trondheim.

25

Velg det riktige ordet.

Da Erna går ut av toget, (legger-ligger-tar) hun merke (til-på-om) at det
er kaldere (som-enn-like) i Oslo. På parkeringsplassen utenfor stasjonen
(spør-svarer-sier) hun en eldre mann om veien. Det tar ikke (lang-langt-
lenge) tid før hun ser skipet. Det er svart, hvitt og rødt, og det står «Hur-
tigruten» på det. Erna gleder seg (til-på-om) turen med Hurtigruten.
Hun går om bord. I resepsjonen viser hun billetten (hennes-si-sin) og
får en lugarnøkkel. Lugaren er liten, men koselig. (Det-Han-Den) er litt
større enn kupéen på toget.

Hun ser på klokka. Ti (etter-over-om) ni. Hun har ennå mye tid, for
båten går ikke (får-før-for) kl. 12. Rekker hun en liten tur (inn-inne-i) til
byen? Hun må ikke komme for sent – båten venter ikke. Men så bestem-
mer hun seg (til-for-på) å ta en titt på byen. Hun rekker mye i løpet (fra-
til-av) tre timer, tenker hun.

TYPISK NORSK:
HURTIGRUTEN

På 1800-tallet kunne en reise til Nord-Norge ta flere uker – særlig om vinteren. Men i 1893
ble det opprettet en ukentlig skipsforbindelse mellom Trondheim og Hammerfest/Tromsø.
Hurtigruten ble snart utvidet til Bergen i sør og Kirkenes i nord, med daglige avganger
og 35 havner hvor båtene stoppet. I dag har stort sett fly og lastebiler overtatt Hurtigrutens
oppgaver, men på korte distanser og for å frakte varer til og fra Nord-Norge har den fortsatt
en viss betydning. Utover det er den meget populær blant turister, og Hurtigruten er sikkert
en av de beste måtene å oppleve den fantastiske norske kysten på. Men en reise med Hur-
tigruten er dessverre ikke billig (som så mye annet i Norge) ...

26

Bindeord

... er ord som vi bruker for å forbinde setninger og deler av setninger. De er veldig viktige, for de gjør en tekst mer logisk og lettere å forstå. Klassiske bindeord er **og, for, men, da, når** osv.

Husk at **og, for** og **men** forbinder to helsetninger. Nesten alle andre er subjunksjoner, dvs. at det begynner en leddsetning etter dem.

å forbinde	å knytte sammen
å mangle, man-glet	ikke være der selv om det er nødvendig

Sett inn de ordene som mangler, slik at teksten blir logisk.
da – endelig – for – imidlertid – men (2x) – så (3x)

... er klokka 12, og Hurtigruten er klar for avgang. Langsomt beveger den store båten seg fra kaia og ut fjorden. Erna er begeistret.

Nils er ... ikke begeistret. Han har sittet ved lugarvinduet hele formiddagen. Men båten lå ved kaia, ... han så bare det stygge kaiområdet. ... Erna kom tilbake, måtte han selvfølgelig klatre inn i kofferten, ... han ser ingenting nå som båten går fra Trondheim. Nå er han alene igjen, ... Erna spiser lunsj.

Nils har en idé. Han vet at det er farlig, ... idéen er likevel fristende: Burde han kanskje prøve å komme seg ut av lugaren? Hva er det verste som kan skje? Hva skal han gjøre hvis noen ser ham?

Skipet er stort. Det er sikkert mange muligheter for å skjule seg.

Han åpner døra forsiktig. Gangen er helt tom. Han kan ikke se noen. Nils nøler litt – ... ... tar han sjansen.

Så tar han sjansen.

Mange feil?

Har øvelsene i introduksjonen vært vanskelige?

Da burde du kanskje kjøpe **The Mystery of Nils – part 1** (ISBN 978-3-945174-00-5). Boka er for nybegynnere og har forklaringer på engelsk, men det finnes også utgaver på andre språk. For mer informasjon, se www.skapago.eu/nils.

Du tenker kanskje at vi bare vil selge våre bøker, og jeg må innrømme at dette på en måte er reklame ... men mest av alt vil vi at du lærer bra norsk!

Hvis du ikke har så mange feil, fortsetter du nå med kapittel 27!

en introduksjon	første del (i ei bok)
en nybegynner	en person som ikke har lært mye ennå
å innrømme, innrømte	å si ærlig

Kristians første år som student i Trondheim er over. Han har blitt kjent med mange nye venner, har lært mye på universitetet og har prøvd to nye hobbyer: Han begynte med tennis i oktober i fjor, og så begynte han med yoga i januar, rett etter juleferien. I løpet av høstsemesteret hadde han nemlig fått problemer med ryggen. Det var sikkert fordi han satt på lesesalen i mange timer. Derfor bestemte han seg for yogakurset i juleferien.

Men nå er det godt med sommerferie. Han ble ganske lei av eksamenene etter hvert. Han har alltid vært interessert i tekniske fag – derfor valgte han sivilingeniørstudiene etter videregående skole. Men etter mange netter med lærebøker og etter å ha kjent på eksamensangst har han blitt litt usikker: Har dette valget vært riktig?

For noen dager siden ringte han kjæresten sin, Karina. Karina kommer fra samme by som Kristian, Tromsø, og bor der fortsatt. De ble sammen rett før han flyttet til Trondheim. Gjennom skoleåret som har vært, har de savnet hverandre veldig. Karina arbeider som lærervikar. Kristians to yngre søstre går i klassen som Karina underviser i norsk. Han synes det er litt morsomt, men så tilfeldig er det ikke siden Tromsø er en relativt liten by.

et høstse- mester	*ved et universitet*: tida fra august til desember
en rygg	baksiden av overkroppen
en lesesal	rom hvor studenter kan lese
å være lei	å få nok av / for mye av
en eksamen	skriftlig eller muntlig prøve *(ofte ved en skole)*
interessert i	når man vil vite mer om noe, er man interessert i noe
et teknisk fag	f.eks. fysikk, mekanikk, elektronikk
et sivil- ingeniør- studium	studier for tekniske fag
(en) eksa- mensangst	når du er veldig redd for eksamen, har du eksamensangst
et skoleår	perioden man går i en klasse, fra august til juni
hverandre	de savnet hverandre = Kristian savnet Karina, og Karina savnet Kristian
en lærervi- kar	en lærer som ikke har fast stilling
tilfeldig	ikke planlagt
relativt	ganske

Før han dro hjem på ferie, hadde han snakket lenge om studievalget med Karina. Hun sa at man føler det når man har gjort et riktig valg. Men hva føler han egentlig? Karina er alltid så sikker på det hun gjør. Hun har aldri tvilt på at det var riktig å bli lærer, men han er mye mer usikker. I hvert fall gleder han seg til å se Karina igjen.

Med disse tankene går han på dekk på hurtigruteskipet og nyter utsikten. Han ville egentlig ta fly hjem til Tromsø, hvor han skal tilbringe sommerferien hos familien sin. Men han hadde så mye bagasje. Derfor bestemte han seg for Hurtigruten. Han er fornøyd – sommerværet har endelig kommet, og det er deilig å oppleve den fantastiske naturen mens man er på et skip.

Etter noen timer går han inn igjen. Det er ikke fordi han kjeder seg, men han vil gjerne kjøpe seg en kaffe i kafeteriaen. Han er også litt sulten.

Med kaffen og en bolle i hånda går han til salongen og finner seg en ledig plass. Herlig.

Så ser han plutselig at noen har glemt noe på sofaen ved siden av ham. Det ser ut som ei dukke. Det er sikkert et barn som har glemt dukka. Han husker hvor trist han var da han en gang mistet bamsen sin som barn – og hvor lykkelig han var da han fant den igjen. Derfor bestemmer han seg for å ta dukka ned til resepsjonen. Kanskje har barnet allerede begynt å lete og spurt i resepsjonen?

Når han ser nærmere på dukka, ser han at det er ei veldig spesiell dukke: en nisse.

en ferie	tid da man har fri
et valg	noe man velger
å tvile, tvilte på	å være usikker på
et dekk	etasje på en båt
å tilbringe, tilbrakte, har tilbrakt	å være; han tilbringer ferien i Tromsø = han skal være i Tromsø i ferien
en bagasje	de tingene man tar med på ferie
å oppleve, opplevde [åppleve]	*her*: å se
en kafeteria	restaurant med enkel mat
en bolle [å]	rund bakst
en salong	rom hvor man kan sitte og slappe av
herlig [æ]	fantastisk
lykkelig	veldig fornøyd

Spørsmål til teksten
Hvorfor er Kristian usikker på om han har valgt det riktige studiet?
Hva jobber Karina med?
Hvem er Karina?
Hva slags forhold er det mellom Karina og Kristians søstre?
Er Kristian glad over å ha tatt Hurtigruten hjem til Tromsø?
Hvorfor tar Kristian dukka ned til resepsjonen?

Høyskole, universitet

En dag på universitetet sammen med Kristian

Før Kristian dro hjem med Hurtigruten, studerte han i Trondheim. Følg Kristian gjennom en vanlig dag. Sett inn de riktige ordene, og si til slutt hva Kristian har glemt.

kantina – Høyskolen – studentliv – forelesningen – biblioteket – fagene – lesesalen – pensumlisten – hybelen – eksamen – klassen

Kristian står opp tidlig. Han må rekke bussen og spise en ordentlig frokost før det fordi ... begynner kl. 8.00 allerede. Kristian synes ikke det er for tidlig, men siden det er langt fra studentbyen til Universitetet, tar det mer enn tre kvarter å komme seg dit. Det er litt lettere for dem som studerer på ... – de har bare ti minutter å gå – men Kristian er student ved NTNU.

I ryggsekken har Kristian noen bøker han vil levere på ... . Bøkene var ikke særlig nyttige, men de står på ... . Samtidig vil han hente noen andre bøker som han har bestilt for å kunne skrive en oppgave.

Forelesningen er kjedelig. Før Kristian begynte med studiene, hadde han gledet seg til nesten alle ..., men nå er han litt mer skeptisk: Mye er ganske teoretisk.

Etter to forelesninger er det lunsjpause, og Kristian snakker med ei jente fra ... sin, Merethe. De går til ... sammen. Maten i kantina er ganske dyr, som det meste i Norge, men den smaker ikke så verst. Merethe forteller Kristian at hvis han vil gå opp til ..., må han registrere seg på nettsiden til universitetet så fort som mulig.

Etter lunsj sitter Kristian på lesesalen, men han sliter med å konsentrere seg etter å ha lest fire kapitler i læreboka. Han bestemmer seg for å kjøpe en kaffe i kantina. På veien tilbake til ... stopper han ved biblioteket. Han må stå i kø i fem minutter. Han leverer bøkene og går ut igjen. På lesesalen sitter han i to timer til, men så mener han at han har fortjent en pause. Han ringer Merethe og spør henne om hun vil gå ut med ham. Det vil hun. Trondheim har et rikt ..., og det er ikke vanskelig å finne et utested som stenger sent, selv om det er onsdag. Merethe og Kristian sitter og snakker lenge om hva de vil gjøre etter studiene. De forteller også om kjærestene sine, som de savner veldig siden de ikke bor i Trondheim.

Selv om Trondheim ikke er helt Nord-Norge ennå, så er det likevel veldig lyst om natta i juni. Det er deilig å gå hjem når byen er så stille. Kristian låser opp døra, går inn i den lille ... sin og stenger døra igjen.

Hva har Kristian glemt?

å følge, fulgte, har fulgt	å gå etter
vanlig	normal
en kantine	kafeteria på et universitet eller i en bedrift
en forelesning	foredrag på et universitet
en pensumliste	oversikt over bøker en student må lese
en hybel	en liten og enkel leilighet for studenter
ordentlig [å]	god, skikkelig
et kvarter	15 minutter
NTNU	Norges teknisk-naturvitenskapelige universitet
en ryggsekk	sekk (pose) man bærer på ryggen
nyttig	som man kan bruke på en bra måte
skeptisk	kritisk, tvilende
teoretisk	ikke praktisk
en nettside	en side på Internett
å slite, slet, har slitt med	å ha problemer med
å konsentrere, konsentrerte (seg om)	å fokusere på
å fortjene, fortjente	å gjøre nok til å ha krav på
rik	som har mye penger; *her*: hvor det skjer mye
et utested	en restaurant, en bar, en klubb osv.
å låse, låste	å stenge med nøkkel

Genitiv

Hvordan sier vi at noe hører til en person? Du kjenner sikkert to muligheter:

> bilen til Kristian – Kristians bil

Men hvordan gjør vi det hvis vi har et adjektiv? Tenk for eksempel at Kristians bil er **stor**. Da må vi si:

> den store bilen til Kristian

eller   Kristians store bil

Se nøye på kombinasjonene. Den første kombinasjonen kjenner du allerede, eller? **Den store bilen** – dette er en vanlig bestemt form. Du legger bare til **til Kristian**. Men den andre kombinasjonen er litt vanskeligere. Du legger til **-s**-endelsen til **Kristian**, men så har du bestemt form av adjektivet og ubestemt form av substantivet! Rart, ikke sant? Men slik er det bare. Noen ganger er språk ikke særlig logiske.

Dette gjelder for alle adjektiv, til og med for tall som **første**, **andre** osv.:

> Kristians første år som student ...

Istedenfor navnet til en person kan vi også bruke et eiendomsord (altså f.eks. **min/din/vår** ...):

> mitt første år
> hans store bil
> våre gode biler

Prinsippet er nøyaktig det samme. Husk at eiendomsord står i ubestemt form (selv om adjektivet etter står i bestemt form).

Men nå må jeg dessverre forvirre deg litt. Når vi bruker adjektivet **egen** i denne situasjonen, bøyer vi det i *ubestemt* form:

> Kristians egen bil
> mitt eget hus

nøye	nøyaktig, med fokus på detaljer
et navn	det du heter, er ditt navn
et prinsipp	en fast regel
en situasjon	i denne situasjonen = her
å bøye, bøyde	å forandre et ord etter grammatiske regler

Preteritum perfektum*

Når vi forteller om ting som skjedde, bruker vi *preteritum*. Når vi forteller om ting som skjedde enda tidligere, bruker vi *preteritum perfektum*.
Høres det rart ut? Se på et eksempel.

I desember fikk Kristian problemer med ryggen. I januar begynte han med yoga. Nå er det juni.

> → Han hadde fått problemer med ryggen (i desember) og begynte derfor med yoga (i januar).

Ser du hvordan vi lager preteritum perfektum? Det er enkelt. Egentlig ser det ut som presens perfektum, men vi bruker **hadde** istedenfor **har**.

I noen situasjoner kan du også lese **var** istedenfor **hadde**:
> Før jeg gikk til legen, var jeg blitt syk.
> = Før jeg gikk til legen, hadde jeg blitt syk.

Det er litt komplisert å forklare når vi kan bruke **var**. Men du kan alltid bruke **hadde**. Derfor anbefaler jeg at du bruker det.

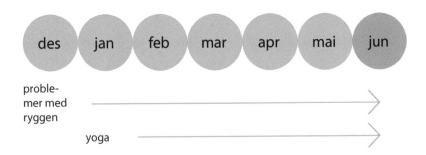

Han hadde fått problemer med ryggen (i desember) og begynte derfor med yoga (i januar).

---

* Tidligere sa man **pluskvamperfektum**. **Preteritum perfektum** og **pluskvamperfektum** er altså det samme. I Norge har man kanskje av og til lyst til å gi nye navn til ting for å fornye seg. Dessverre!

Tre ganger *siden*

Ordet **siden** kan bety ganske mye.

1

Du kjenner sikkert kombinasjonen **for ... siden**:

>For noen dager siden ringte han kjæresten sin.

Dette forteller oss når noe skjedde.
Ikke glem det lille ordet **for**! Vi trenger **for** når vi vil si hvor mye tid som har gått. Vi trenger ikke **for** når vi sier tidspunktet. For eksempel – tenk deg at klokka er åtte og du ankom klokka sju:

>Du har ventet siden kl. sju.
>Du kom for en time siden.

Siden kan også stå alene:

>Jeg var i Italia i august. Siden har jeg ikke hatt ferie.

Vi mener **siden august**, men vi kan droppe **august**, for det er klart.

et tidspunkt [o]	en tid, f.eks. kl. 17.35
å ankomme, ankom, har ankommet [å]	å komme frem, f.eks. toget ankommer kl. 17.35
å droppe, droppet [å]	å la være, å ta ut, å ikke bruke

2

>Noen har glemt noe ved siden av ham.

Ved siden av betyr **til høyre / til venstre for**, og vi bruker det når det ikke er viktig om det er til høyre eller til venstre.

3

>Så tilfeldig er det ikke siden Tromsø er en relativt liten by.

Her betyr **siden** det samme som **fordi**, men **siden** er litt mer elegant. Vi kan også skrive:

>Så tilfeldig er det ikke fordi Tromsø er en relativt liten by.

År og årstider

Når vi snakker om når noe skjer, kan vi bruke følgende uttrykk:
    i år = det aktuelle året
    til neste år = året som kommer
    i fjor = året før
    i fjor høst = om høsten året før

en årstid	vår, sommer, høst eller vinter
aktuell	som skjer nå
total	fullstendig

Når vi snakker om årstider, sier vi:
    om våren = hver vår *eller* regelmessig om våren
    i vår = den aktuelle våren
    – kan være den som har vært, eller den som kommer:
    I vår var det ganske varmt. → våren som var
    I vår skal Hilde gifte seg. → våren som kommer

    til våren = våren som kommer
    Til våren skal Hilde gifte seg.

    neste vår = til våren neste år
    tidlig/sent på våren (Husk denne **på**. Den er totalt ulogisk. Beklager.)

← i fjor
    i fjor høst

til neste år →
neste vår

i år

| jan | feb | mar | apr | mai | jun | jul | aug | sep | okt | nov | des |

til våren

sent på våren

i vår

om våren = våren 2015, 2016, 2017 ...

Konjunksjoner og subjunksjoner

En *subjunksjon* er et ord som forbinder en leddsetning med resten av helsetningen.
En *konjunksjon* er et ord som forbinder to helsetninger.*
Hvorfor forteller jeg dette til deg?

Vel, du må huske at leddsetninger og helsetninger har forskjellig rekkefølge. Det er altså veldig viktig å vite hva som er en konjunksjon, og hva som er en subjunksjon. Se på det følgende eksemplet:

| Han | arbeider | ikke | mye | **fordi** | han | ofte | er | syk. |

| Han | arbeider | ikke | mye | **for** | han | er | ofte | syk. |

Disse to setningene betyr det samme, men siden **fordi** er en subjunksjon, er alt etter **fordi** en leddsetning, og **ofte** (som adverbial) står foran verbet. Derimot er **for** en konjunksjon, og det betyr at alt etter **for** er en ny helsetning, med verbet på andre plass.

derimot	i motsetning til dette
en betydning	det noe betyr
en motsetning	kontrast; f.eks. er hvit motsetningen til svart

---

* Før 2005 mente man faktisk at konjunksjoner og subjunksjoner var omtrent det samme, og for å skille dem kalte man dem for **sideordnende konjunksjoner** (= **konjunksjoner** i dag) og **underordnende konjunksjoner** (= **subjunksjoner** i dag). Igjen, det spiller selvfølgelig absolutt ingen rolle hva slags navn de har – du kan for så vidt også kalle dem **epler** og **pærer** hvis du vil. Du må bare forstå konseptet. Dette er veldig viktig.

Typiske eksempler

		intelligent	klok, smart, som vet mye

og, eller, men, for, så → konjunksjoner

at, hvis, om, fordi, siden, før, selv om, mens, når, da, så → subjunksjoner

en onkel — broren til faren/mora eller mannen til tanta

Du ser at **så** står i listen to ganger. **Så** kan ha mange betydninger:
*   Han er syk, så han kan ikke arbeide i dag. → konjunksjon
*   Han må arbeide så han snart blir ferdig. (så = slik at) → subjunksjon
*   Han er så syk at han ikke kan arbeide. → adverb som beskriver adjektivet **syk**
*   Først må han bli frisk, så kan han arbeide igjen. → tidsadverb
*   Jeg så ham ikke. → preteritum av **å se**
*   Så, du synes det er vanskelig? → interjeksjon (interjeksjoner* er ord som vi ikke bruker i en setning, altså f.eks. **ja**, **nei**, **aha** ...)

Så er ikke det eneste ordet her som kan ha forskjellige betydninger. Veldig ofte er de da preposisjoner i den andre betydningen. Se noen eksempler:

For

Det er ikke så vanskelig, for jeg er så intelligent. (*konjunksjon*)

For meg er det ikke så vanskelig. (*preposisjon*)

Om

Jeg vet ikke om han kommer. (*subjunksjon*)

Om to timer begynner skolen. (*preposisjon*)

Siden

Siden han ikke kommer, skal jeg gå hjem nå. (*subjunksjon*)

Siden kl. 14 har jeg sittet og ventet på ham. (*preposisjon*)

Før

Før han kommer, skal jeg ringe onkel Fred. (*subjunksjon*)

Før kl. 15 kommer han sikkert ikke. (*preposisjon*)

---

* ... og i motsetning til så mange andre grammatikkuttrykk kom Språkrådet ikke med et annet uttrykk for interjeksjoner i 2005. Interjeksjoner heter fortsatt interjeksjoner. Hurra°!

° **Hurra** er også en interjeksjon, både før og etter 2005.

1 Sett inn adjektivet i parentes i riktig form:

a Kristians (ny) ... kjæreste heter Karina.
b De ønsket seg et (egen) ... lite hus på landet.
c Studentene hadde hørt det med sine (egen) ... ører.
d Martin vil sikkert vise frem sitt (ny, dyr) ... hus.
e Er du ikke interessert i vårt (viktig) ... arbeid?
f De vil fortsette å bruke sitt (egen) ... språk.
g Dette er min (ny) ... bil. Jeg har kjøpt den for mine (egen) ... penger, så det er faktisk min (egen) ... bil.
h Mitt (stor) ... problem er norsk grammatikk.
i Du må hilse på Pablo, min (god) ... venn fra Spania.
j Beklager, dette var min (egen, dum) ... feil.

Omformuler setningene a, d og e i øvelsen over slik at du bruker bestemt form av substantivene.
Eksempel: mitt store problem → det store problemet mitt

2 Sett inn de følgende verbene i riktig form. Fortell historien i nåtida – du trenger altså kun *presens* og *presens perfektum*.

å bære	å be	å drive	å få	å finne
å foretrekke	å forstå	å gå	å gjøre	å komme
å kunne	å lure	å måtte	å se	å sette
å si	å sitte (2x)	å skrive	å skulle (2x)	å slå
å spørre	å ta	å treffe	å være	å ville (2x)
å vite				

Lise ... på TV. Hun har nettopp ... en interessant TV-serie. Hun har ... på TV-en og har ... seg ned. Hun ... i den koselige lenestolen sin, men da ... hun plutselig en idé: Hun ... lage seg en kopp te. Men før hun ... det, ... hun en tekstmelding til venninna si: De ... nemlig gå på kino senere.

Da hun ... til kjøkkenet, ... hun ikke se hvor teposen er. Hun ... lete etter den først. På kjøkkenet ... hun Susanne. Hun ... foran datamaskinen. Lise ... på hva Susanne ... med. Hun ... henne. Susanne ... at hun chatter med noen på Facebook. Lise ... ikke helt hva hun ... si. Hun har aldri ... hva man gjør på Facebook. Hun ... å ringe venner. Da hun ... ferdig med å lage te, ... hun den varme koppen og ... den forsiktig til stua. Før hun ... , har hun ... Susanne om å gi beskjed når Lise ... hjelpe henne.

Sett nå teksten i fortid. Det betyr: Alt som er i *presens*, må være i *preteritum*, og alt som er i *presens perfektum*, må være i *preteritum perfektum*.

3 Tenk deg at det er august 2014 nå. Erstatt uttrykkene i parentes med uttrykk som *i fjor, i år, i fjor høst* ...
(I 2014) hadde jeg egentlig lyst til å reise med Hurtigruten, men kona mi syntes hun hadde behov for litt varme. Jeg er egentlig ikke så glad i varme, og vi var jo i Spania

å omformulere, omformulerte [åm-]	si på en annen måte
ei nåtid	presens
kun	bare
å lure, lurte på	å ville vite
en lenestol	en veldig komfortabel stol
en tepose	liten papirpose man henger i en kopp for å lage te
ei fortid	preteritum/presens perfektum/preteritum perfektum
et behov	noe man trenger

(i juli 2013), så jeg behøver ikke å dra dit (denne sommeren) igjen. Men vi ble enige om å dra til Italia isteden. Ei venninne hadde fortalt kona mi at hun var der (i april 2014), og at hun likte det veldig. Jeg er spent. Da vi var i Spania (i 2013), likte jeg ikke så godt å ligge på stranda og sole meg hele dagen. Men i Italia blir det mer kultur. Derfor ble vi også enige om at vi skal dra dit (i oktober 2014) – da er det ikke så varmt.

4 Kan du erstatte uttrykkene i parentes med uttrykk med *siden*?

Klokka er 14.30. (Kl. 14.20) ankom jeg med lokaltoget. Jeg har en avtale med en venn her i byen.

Vi gikk på høyskolen sammen (da vi var fem år yngre), men (etter dette) har vi ikke sett hverandre. Vi skal møtes på en liten kafé som ligger (til høyre for) jernbanestasjonen. Men nå må jeg ringe vennen min (fordi) jeg ikke kan finne kaféen. Han sier: «Hvor er du? Jeg har ventet på deg (i en halv time).»

5 Forbind setningene med konjunksjonen eller subjunksjonen i parentes.

Eksempel: (siden) Jeg er syk. Derfor kan jeg ikke arbeide.→ Siden jeg er syk, kan jeg ikke arbeide.

(men) Per vil gjerne reise til Paris. Han har dessverre ikke råd til det.
(fordi) Det er dårlig vær. Vi har ikke lyst til å gå på fjelltur.
(mens) Kristian venter på bussen. Han leser avisa.
(hvis) Du går til butikken. Du må ikke glemme å kjøpe melk og smør.
(før) Jeg drar til bursdagsfesten. Jeg må kjøpe en gave.
(eller) Du kan ta Hurtigruten for å reise til Tromsø. Du kan også ta fly.
(selv om) Det er alltid mye snø om vinteren. Vi har aldri gått på ski.
(da) Jeg kom endelig hjem. Du hadde allerede lagt deg.
(siden) Alle er på ferie. Jeg har ikke så veldig mye å gjøre på jobben.
(når) Vennene mine kommer på besøk. De får alltid vafler og kaffe.
(så) Jeg har besøk av bestemora mi. Jeg kan dessverre ikke være med på hytteturen.
(så) Lise har løpt til jernbanestasjonen. Hun rekker toget.
(så) Barna må ta på seg tjukke jakker. De fryser ikke.
(at) Anne er faktisk veldig glad i ham. Han merket det veldig fort.
(for) Han stod ikke opp da klokka ringte. Martin kom for sent til norsktimen.
(om) Huset har hele tida vært rødt. Du husker det vel ikke.
(og) I går lå vi på stranda hele dagen. I dag skal vi gjøre akkurat det samme.

ei strand, mange strender	sand ved havet
å sole, solte seg	å ligge i sola for å bli brun
et lokaltog	tog som også stopper på små steder
en ski	med ski kan man gå på snø
en vaffel	bakst man steker
å løpe, løpte	å springe, å gå veldig fort
å merke, merket	*her*: å skjønne

Nils er vettskremt. Han har aldri vært så redd. For en idiotisk idé å forlate lugaren midt på dagen, med hundrevis av mennesker på båten!

Først hadde det jo gått bra. Han hadde klart å komme seg helt opp til utsiktssalongen og satt seg i sofaen. Han hadde vært så begeistret over den enestående utsikten at han ikke engang hadde tenkt på alle menneskene omkring ham. Ingen hadde lagt merke til ham, og han hadde sittet helt stille. Men så skjedde det: En ung mann satte seg ned ved siden av ham. Han virket hyggelig, og pussig nok så det ut som om han hadde mer interesse for Nils enn for utsikten. Og da, plutselig, tok denne unge mannen Nils under armen og gikk ned i resepsjonen med ham. Han spurte om noen hadde savnet ham. Dama i resepsjonen sa nei. Men likevel ville hun beholde Nils for å se om noen savnet ham senere. Derfor sitter han nå i resepsjonen, som er døgnåpen. Det betyr at Nils ikke kommer til å være alene i et eneste sekund før skipet kommer til Kirkenes. En katastrofe! Hvordan skal han gå av i Tromsø? Kan han finne Erna igjen? Hvordan skal han komme tilbake hjem etter reisen? Han hadde jo tenkt å reise sammen med Erna hele tida. Godt at han fortsatt har mobiltelefonen under skjorta! Men nå kan han ikke engang bruke den, med så mange mennesker rundt seg.

Timene går sakte. Veldig sakte. Heldigvis blir han ikke sulten eller tørst og må aldri på do. Det må være kjipt for mennesker, tenker han. Han kjeder seg uendelig mye. I resepsjonen finnes det ingen vinduer, og det eneste som skjer, er at turister kommer og stiller spørsmål.

Slik går de neste to dagene. Folk kommer og går til resepsjonen, men det oppstår ikke situasjoner som kan hjelpe Nils med å komme seg derifra. Men så endelig; etter to lange og kjedelige dager hører han gjennom høyttaleren at skipet ankommer til Tromsø om 20 minutter. Nå blir det

vettskremt	veldig redd
å forlate, forlot, har forlatt	å gå fra
hundrevis	flere hundre
enestående	som er så fin at man tror det bare finnes én
omkring	rundt
pussig	rar
en interesse	oppmerksomhet
å beholde, beholdt [å]	å ikke gi fra seg
et sekund	ett minutt består av 60 sekunder
en katastrofe	noe veldig dårlig
tørst	når du vil drikke
kjip	dum, negativ, ubehagelig (*muntlig*)
uendelig	som ikke slutter
å oppstå	å begynne
derifra	fra dette punktet

spennende. Kommer han til å klare å snike seg ut av resepsjonen? Båten skal være i Tromsø i fire timer. Da er det sikkert mange sjanser til å komme seg ut uten å bli sett. Eller?

Passasjerene kommer ned trappene. Han ser et kjent ansikt blant dem: den unge mannen som fant ham for to dager siden. Nå virker det som om han nøler litt, men plutselig kommer han til resepsjonen.

«Har noen spurt etter nissen?» sier han.

«Nei, dessverre ikke», svarer dama i resepsjonen.

«Det er synd. Jeg mistet en bamse en gang da jeg var liten. Det var helt forferdelig for meg. Jeg husker det godt.»

«Ja, men ingen savner vel denne nissen. Han har vært her i to dager nå. Ingen har spurt etter ham.»

«Så synd.»

Nils tenker at den unge mannen kommer til å gå nå. Men han står der fortsatt. Så spør han:

«Det høres kanskje litt rart ut, men jeg synes det er synd at denne nissen ikke hører til noen plass. Hvis du ikke har noe imot det, vil jeg gjerne ta den med meg. Jeg har to søsken som sikkert vil sette pris på den.»

Å nei, tenker Nils! Det er det verste som kan skje. Den unge mannen kommer til å ta ham med hjem, og dermed vil han sitte på et rom hvor det er barn som ser ham hele dagen, og han kommer aldri tilbake til Erna ...

Han ser nå også Erna blant passasjerene. Han ser forsiktig på henne. Men Erna legger selvfølgelig ikke merke til ham. Hun vet jo ikke at han har reist med henne. Nils håper bare at dama i resepsjonen ikke kommer til å gi ham til den unge mannen.

Dama smiler mot den unge mannen. «Jeg synes ikke det er rart, tvert imot. Du må gjerne ta ham med hjem!»

blant   *her*: i en gruppe mennesker

dermed   med dette

Spørsmål til teksten

Hvorfor sitter Nils i resepsjonen?

Hva er problemet med å gå av i Tromsø?

Hvor lenge er Nils i resepsjonen?

Hva vil den unge mannen gjøre med ham?

Bokmål, nynorsk og dialekter

Den norske språkstriden – 700 års kamp om bokstaver

I den følgende oversikten er det to informasjonsbiter som er totalt feil. Finner du dem?

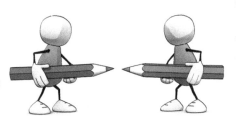

1348
Pesten kommer til Norge. Nesten halvparten av befolkningen dør, blant dem mange munker og prester. På denne tida er det få utenfor kirken som kan lese og skrive. Nesten ingen kan skrive på norsk lenger.

1380
Norge blir en del av Danmark, og det danske språket blir det offisielle skriftspråket i Norge. Dette fungerer fint, for norsk og dansk er veldig like språk.

1814
Unionen med Danmark er over, og mange nordmenn spør: hva med språket? Henrik Wergeland, en forfatter fra Kristiansand, mener: «La oss beholde det danske skriftspråket, men la oss fornorske det litt.» Denne varianten av språket heter først **riksmål** og senere **bokmål**. Ivar Aasen, en lærer fra Vestlandet, er ikke enig: «Norge er en selvstendig nasjon og trenger et eget skriftspråk». Han reiser rundt i Norge og lytter til hvordan folk snakker. Han vil lage et eget språk på grunnlag av dialektene.

1848
Ivar Aasen publiserer boka **Det norske Folkesprogs Grammatikk**. Den beskriver det nye språket han har laget. Dette språket kaller man først **landsmål** og senere **nynorsk**.

1885
Stortinget beslutter at **landsmål** og **riksmål** skal være likestilt. Fra nå av finnes det to offisielle skriftspråk i Norge, og borgerne kan stort sett velge hvilken form de vil bruke.

en språkstrid	«krig» om språk
en kamp	krig, konflikt
en bokstav	del av et ord, f.eks. a, b, c
en pest	sykdom mange mennesker døde av i Europa for 400–700 år siden
en halvpart	50 %
en befolkning [å]	menneskene som bor i et land / i en by
en munk [o]	mann som lever i et kloster
en prest	«ansatt» i kirken
en kirke	stort hus som i kristendommen brukes til gudstjeneste; her: kirken som institusjon, dvs. prester og munker
offisiell [å]	som staten bruker
et skriftspråk	språket slik man skriver det
å fungere, fungerte	å funksjonere
en forfatter	en person som skriver bøker
å fornorske	å gjøre mer norsk
Vestlandet	vestlig del av Norge
en nasjon	et land
et grunnlag	basis
å publisere, publiserte	gi ut (en bok, tidsskrift osv.)
Stortinget	det norske parlamentet
å beslutte, besluttet	å avgjøre
å likestille, likestilte	å gi like rettigheter til
en borger [å]	en person som er medlem av en nasjon

1896

Ivar Aasen dør i Oslo etter å ha falt over en ny utgave av **Ordbog over det norske Folkesprog** i leiligheten sin.

1917

En rettskrivingsreform har som mål å gjøre **landsmål** og **riksmål** likere. Før kunne man f.eks. bare skrive **solen** på riksmål og **soli** på landsmål, men nå kan man også skrive **sola** både på riksmål og på landsmål.

1929

Riksmål heter nå offisielt **bokmål**, og **landsmål** heter nå **nynorsk**.

1938

En ny språkreform gjør at de nye formene som ble innført i 1917, blir påbudt. Denne reformen er svært upopulær hos både bokmåls- og nynorskbrukere. Det blir tydelig at myndighetene ønsker å legge språkene sammen til et nytt språk – **samnorsk**.

1951

Riksmålsforbundet organiserer **Foreldreaksjonen mot samnorsk**. Foreldre retter skolebøker tilbake til gamle bokmåls- og nynorskformer.

1962

Meteorologen Sigurd Smebye får sparken da han bruker riksmålsformen **sne** istedenfor bokmålsformen **snø** mens han leser opp værmeldingen på NRK.

1972

Norsk språkråd blir opprettet. Den nye institusjonen skal ikke aktivt medvirke til at bokmål og nynorsk nærmer seg hverandre til et slags samnorsk. Dette er et resultat av språkstriden som begynte med innføringen av samnorsk i 1938.

1981

Norsk språkråd gir opp samnorskprosjektet. Mange gamle riksmåls- og nynorskformer kommer tilbake.

1989

Alle norske skoler bruker bare nynorsk i undervisningen. Befolkningen kan fortsatt velge om de vil bruke bokmål eller nynorsk.

I dag
- Setningen «kvinnen hevet hånda» kan man skrive på 18 forskjellige måter på bokmål og 2 forskjellige måter på nynorsk, som alle er riktige.
- Hvis du er student på et norsk universitet, kan du velge om du vil skrive eksamen på bokmål eller på nynorsk.
- Mer enn 85 % av befolkningen bruker bokmål.

å falle, falt, har falt	å bevege seg fort ned
en rettskrivingsreform	reform hvor man forandrer reglene for å skrive
lik	som er nøyaktig slik som
å innføre, innførte	å introdusere
påbudt	som man må bruke
(u)populær	som folk (ikke) liker
tydelig	klar
en myndighet	en offentlig institusjon
å organisere, organiserte	å tilrettelegge
å få sparken	å miste jobben
værmeldingen	informasjon om været, f.eks. på TV eller radio
å opprette, opprettet [å]	å organisere, å stifte (en organisasjon)
en institusjon	en organisasjon
å medvirke, medvirket	å hjelpe/arbeide med
en undervisning	kurs, skole
ei kvinne	ei dame
å heve, hevet	å løfte
en måte	slik man gjør noe

Samisk og kvensk

Som de aller fleste andre land i verden er Norge ikke et land med bare ett språk. I Trøndelag og Nord-Norge bor det mange samer. Tradisjonelt drev de stort sett med oppdrett av rein, men i dag har de helt «vanlige» yrker. Samene snakker **samisk**, et språk som overhodet ikke har noe til felles med norsk.

Dessverre ble samene systematisk diskriminert, og helt frem til 1967 var det forbudt å snakke samisk på norske skoler. I dag blir det samiske språket undervist i mange steder, men mange samer føler seg fremdeles diskriminert i dag. Et eksempel: I 2011 startet en stor diskusjon om Tromsø by burde bruke samisk som alternativt forvaltningsspråk, og diskusjonen ble preget av mange aggressive og rasistiske ytringer som overrasket mange som opplever Norge som et åpent, tolerant og integrerende land.

Kvensk har sine røtter i finsk. Dette språket blir fremdeles snakket av noen folk i den nordligste delen av landet.

en same	person fra Nord-Norge, Nord-Sverige eller Nord-Finland som har samisk som morsmål
tradisjonell	slik det har vært lenge
et oppdrett	stell av dyr (i landbruk)
en rein / et reinsdyr	*dyr som lever i Norden*
overhodet [åverhode]	i det hele tatt
systematisk	nøye gjennomtenkt, med fokus på detaljer, uten å glemme noe
å diskriminere, diskriminerte	å gi færre rettigheter til
forbudt	ikke lov
å starte, startet	å begynne, å etablere
en diskusjon	en samtale hvor folk har forskjellige argumenter
et forvaltningsspråk	språket staten bruker
å prege, preget	å forme
aggressiv	voldsom
rasistisk	som ikke behandler alle mennesker likt
en ytring	noe man sier/skriver
tolerant [å]	som aksepterer andre, også når de har f.eks. en annen religion, andre meninger osv.
integrerende	som ikke vil utelukke noen
en rot, røtter	«basis» til en plante; *her*: grunnlag
nordlig	i nord

Norsk, svensk og dansk

Norsk, svensk og dansk er så like språk at man nesten kan snakke om flere variasjoner av det samme språket. Kan du se forskjellen?

- Det finns egentligen inga språkliga skäl att inte se norska, svenska och danska som dialekter. Språkgränserna är politiska.
- Det finnes egentlig ingen språklige grunner til å ikke se norsk, svensk og dansk som dialekter. Språkgrensene er politiske.
- Der findes egentlig ingen sproglige grunde til ikke at se norsk, svensk og dansk som dialekter. Sproggrænserne er politiske.

Mange svensker og dansker kommer til Norge uten å lære seg norsk – de blander bare inn norske ord i språket sitt. Blandingen av svensk og norsk som oppstår når svensker snakker norsk, kaller man for **svorsk**.

For å oppsummere – mange nordmenn sier: «Det finnes bare ett skandinavisk språk, men svenskene kan ikke skrive det, og danskene kan ikke snakke det.»

en forskjell (mellom)	det som er annerledes
språklig	som gjelder språket
å blande, blandet	å mikse
svorsk	blanding av svensk og norsk
å oppsummere, oppsummerte	å komme til en konklusjon

Nynorsk

Ingen panikk. Jeg vil ikke at du lærer deg nynorsk. Men siden du kommer til å lese nynorsk veldig ofte i Norge, og siden mange norske dialekter er nærmere nynorsk enn bokmål, synes jeg det er fint om du *forstår* litt nynorsk. Derfor leser du nå de viktigste forskjellene mellom bokmål og nynorsk. Du behøver ikke å gå igjennom alt nå, og du kan også bruke dette som referanse senere.

en panikk	angst; det å være veldig redd
en referanse	et sted hvor man kan lete etter noe hvis man trenger det
å kaste, kastet	f.eks. å kaste en sten

Nynorske ord skriver man gjerne på en litt annen måte enn bokmålsord.

nynorsk	bokmål
å – då, frå	**a** – da, fra
a – gammal	**e** – gammel
ei – ein, eit	**e** – en, et
sj – sjølv, sjuk	**s** – selv, syk
au, øy – draum, køyre	**ø** – drøm, kjøre
au – auga	**øy** – øye

Til og med **Norge** skriver man på en annen måte. Det blir til **Noreg** på nynorsk.

Substantiv
Nynorsk har flere grammatikalske endelser enn bokmål. Når det gjelder substantiv, så har f. eks. hankjønnsord andre flertallsendelser enn hunkjønns- og intetkjønnsord. I tillegg har de forskjellige artikler. Det blir:

ein draum – draumen – draumar – draumane (en drøm)

ei skei – skeia – skeier – skeiene (ei skje)

eit vindauge – vindauget – vindauge – vindauga (et vindu)

Nynorske hunkjønnsord kan aldri være i hankjønn.

Verb
Det finnes mange forskjellige verbendelser, og det blir for mye å skrive om alle. Det er viktig å huske at det finnes sterke og svake verb. De sterke verbene får aldri endelse i presens, mens de svake enten har **-er** eller **-ar**. Legg merke til at preteritums- og perfektumsformene mangler **-t**-endelsen i mange ord.

å drikke – eg drikk – eg drakk – eg har drukke

å kome – eg kjem – eg kom – eg har kome (å komme)

å kaste – eg kastar – eg kasta – eg har kasta

Som du ser, skriver man ikke **jeg**, men **eg** på nynorsk. Her får du en oversikt over de andre personlige pronomenene:

eg	jeg
du	du
han	han
ho	hun
det	det
me/vi	vi
de/dokker	dere
dei	de

Spørreord

Spørreordene begynner ikke med **hv-** som på bokmål, men med **k(v)-**.

kven	hvem
kva	hva
kvar	hvor
kor	hvor
korleis	hvordan
kvifor	hvorfor
når (kva tid)	når

At **hv-** blir erstattet med **kv-**, er en regel som du også finner i andre ord:
kvit, kvile (hvit, hvile).

Noen viktige ord som er veldig forskjellige fra bokmål:

nynorsk	bokmål
att	igjen
berre	bare
et døme	et eksempel
ikkje	ikke
mykje	mye
noko	noe
nokre	noen
ei veke	ei uke
å verte	å bli
å vere, har vore	å være, har vært

1 Oversett den følgende teksten fra nynorsk til bokmål.

Det var ein gong ein mann som heile livet hadde hatt ein draum om å reisa med Hurtigruten. No hadde han vorte gamal, sjuk og fattig. Han trudde at det no var for seint, og tørka bort ei tåre frå augekroken. «Kvifor drog eg ikkje tidlegare? Eg har kasta bort så mange sjansar.» Men dottera hans visste om ynsket hans. Og då mannen vart 90 år, fekk han ei veke på Hurtigruten i gåve frå ho og sonen hennar. Aldri hadde mannen vore meir lukkeleg enn då han stod framme i baugen på skipet då det segla inn i Geirangerfjorden. Han tørka nok ein gong bort nokre tårer, men denne gongen var det berre gledetårer.

Hvis du trenger litt hjelp, kan du bruke **Nynorsk-** og **Bokmålsordboka:**
http://nob-ordbok.uio.no. (Den burde du kjenne og bruke uansett.)

2 Regn ut hva som skjedde når.
Eksempel: Hilde var hjemme kl. 18.45.
a) Anne og Hilde møttes på kafé kl. 17.00.
b) Det tok Anne tjue minutter å gå fra jernbanestasjonen til kaféen.
c) Ti minutter før Anne var på kaféen, hadde Hilde bestilt en cappuccino.
d) Etter at de hadde snakket sammen i en time, betalte de og dro hjem igjen.
e) Hilde hadde vært hos tannlegen én time og førti minutter før Anne ankom med toget.
f) Før hun kunne dra hjem, måtte Anne vente på stasjonen i femten minutter.
g) Ti minutter etter at Annes tog hadde dratt, var Hilde hjemme igjen.
h) De hadde snakket i telefon tre timer før Hilde var hos tannlegen.

3 Skriv setningene på nytt slik at de betyr omtrent det samme. Ikke bruk de understrekede ordene.
Eksempel: Han røyker ikke ofte. → Han røyker sjelden.
a) Bare du ikke mister billettene!
b) Denne oppgaven er ganske bra.
c) Jeg skal pusse tennene, og etterpå skal jeg gå på jobb.
d) For en vakker dag!
e) Han er fremdeles forkjølet.
f) Jeg har det ganske travelt.
g) Kan du gi meg saltet?
h) Har du råd til å kjøpe denne bilen?
i) Fra kl. 15 til kl. 16 spiser jeg middag.
j) Det gjør vondt i magen.
k) Kan du gjenta det du har sagt?
l) På Vestlandet er det få dager med sol.
m) Det bor flere mennesker i Trondheim enn i Stavanger.
n) Det holder med ei lett jakke når du reiser til Italia.

å oversette, oversatte, har oversatt [å]	å skrive en tekst på et annet språk; f.eks. oversette fra engelsk til norsk
fattig	som ikke har mye penger
å tørke, tørket	å gjøre tørr
å understreke, understrekte	å sette strek under
å røyke, røykte	en sigarett røyker man
vakker	pen, fin
forkjølet	når du hoster, har vondt i halsen og er tett i nesen, er du forkjølet
(et) salt	hvitt stoff man har i maten (natriumklorid)

4 Hva kan man gjøre med de følgende tingene? Ofte er det veldig mange muligheter. Bruk din fantasi!

Eks.: sofa – I en sofa kan man sitte eller ligge.

lugar

kaffe

skjorte

vindu

kjøkken

mobiltelefon

skole

bord

koffert

bamse

gaffel

jobb

regning

skap

spørsmål

I 2004 ble **dugnad** valgt til Norges nasjonalord – men egentlig er ikke dugnad noe som bare finnes i Norge. **Dugnad** er frivillig arbeid utført av en gruppe mennesker, for eksempel et idrettslag som pusser opp garderoben, eller beboere i et borettslag som rydder i hagen foran huset.

Dagene på Hurtigruten har gått utrolig fort for Erna. Den første dagen satt Erna egentlig bare ved vinduet og så ut på havet og den fantastiske kysten. Den andre dagen ble været litt bedre igjen, så hun var mye ute. Nå er hun om bord den tredje dagen, og hun ankommer til Tromsø kl. 14.30. Allerede en halvtime før ankomsten kan hun se Ishavskatedralen. Erna er spent på hvordan det blir i Tromsø. Kan Hege hjelpe henne igjen – etter så mange år? Og kommer hun til å klare det hun har tenkt å gjøre i Tromsø?

Hun kunne ha gjort det så mye tidligere, men hun hadde alltid håpet at Lise eller barnebarna ville bli oppmerksom på en av papirlappene og undersøkte saken selv – og samtidig, ja, samtidig var hun selvfølgelig redd for at de skulle finne dem. Nå som hun står på båten og den kalde, nordlige vinden blåser i ansiktet hennes, med litt avstand til hverdagslivet, skjønner hun igjen hva slags dilemma hun befinner seg i. Hege hadde selvfølgelig rett da hun sa at disse papirlappene var det dummeste hun kunne tenke seg, men Hege er ikke i hennes situasjon. Menneskene er så gode til å gi råd til andre, men aldri til seg selv.

Det første hun gjør da hun ankommer, er å finne et sted å bo. Det koster mye å bo på hotell, men hun vil ikke bo hos Hege. Hun vil ikke være til bry. Alt kommer til å bli tungt nok. Kanskje finner hun et billig pensjonat i sentrum. Hun går til turistinformasjonen og spør. De kan virkelig anbefale et koselig pensjonat.

Da hun er der, ringer hun på døra og venter. Etter en evighet åpnes døra. Ei gammel dame står der.

«Ja, vær så god?»

«Hei, jeg lurer på om du har et ledig rom?»

om bord	på skipet
Ishavskatedralen	*stor kirke i Tromsø*
oppmerksom [å]	som følger med
å bli oppmerksom på	å legge merke til, å bli klar over at det finnes
å undersøke, undersøkte	å granske
en sak	en ting, et forhold
en avstand	distansen mellom to ting
et hverdagsliv	det vanlige livet
et dilemma	et problem man ikke klarer å løse
å befinne, befant, har befunnet seg i	å være i
et pensjonat	et sted hvor man kan overnatte, billigere enn et hotell
en evighet	uendelig lang tid

«For én person?»

«Ja.»

«Hvor lenge vil du bli?»

«Jeg vet ikke ennå.»

«Jeg har et rom med bad og TV. Det koster 480 kr per natt. Er det greit?»

«Ja, jeg tar det rommet.»

«Da skal jeg vise deg rommet. Kan jeg hjelpe deg med bagasjen?»

«Nei, det går helt fint.»

«Har du bil? Den kan parkeres bak huset. Frokost serveres fra kl. 6.30 til kl. 10.30.»

Erna forklarer at hun ikke har bil, men at hun gleder seg til frokosten. Så følger hun den eldre dama gjennom en lang og mørk korridor. Pensjonatet er større enn hun hadde trodd. Dama låser opp et rom. Det ser veldig bra ut, tenker Erna. Det står ei stor seng midt i rommet. Et lite bad med dusj, toalett og vask ligger til venstre for en svart TV. Gjennom vinduet kan Erna se havet.

Nå kjenner hun plutselig hvor sliten hun er. Hun har ikke sovet mye. Her er det jo lyst om natta om sommeren, og det er så mye å se. Derfor ble hun ikke trøtt, men nå føler hun at hun må sove. Hun legger seg og sovner med en gang.

å parkere, parkerte (en bil)	å la en bil stå
å servere, serverte	å gi mat/drikke til (på restaurant)
en korridor	en gang
sliten	som vil hvile, som vil slappe av
trøtt	som vil sove

Spørsmål til teksten

Hva har Erna gjort under reisen med Hurtigruten?

Hvorfor mener hun nå at det å skrive papirlapper var en dum idé?

Hvorfor mener Erna at det er lett for Hege å gi henne råd?

Beskriv pensjonatet hvor Erna bor.

Geografi og økonomi

Rett eller galt?

1. Finnmark, Norges nordligste fylke, er større enn Danmark, men har bare omtrent så mange innbyggere som Tromsø kommune.
2. Halvparten av den norske befolkningen bor i Oslo og Akershus.
3. Bergen er byen med mest nedbør i Europa.
4. Det finnes ingen jernbane i Norge nord for Bodø.
5. Fisk er den viktigste eksportartikkelen for Norge, også viktigere enn olje.
6. I dag spiller tjenesteytende næringer en større rolle enn industrien.
7. Omtrent 15 % av nordmenn jobber i landbruk.
8. Mer enn halvparten av befolkningen bor ved kysten.
9. I Trondheim er det midnattssol to måneder per år og mørketid to måneder per år.
10. Om vinteren er det stort sett kaldere i Tromsø enn på Hamar.
11. Den norske kirken er en statskirke.
12. Selv om bare omtrent 10 % av befolkningen er medlem av Den norske kirken, går omtrent 90 % i kirken minst én gang per måned.
13. I Norge kan to personer av samme kjønn gifte seg.
14. Fra Nordkapp til Lindesnes er det omtrent like langt som fra Lindesnes til Roma.
15. Et fylke er en del av en kommune.
16. Lærdalstunnelen, som går mellom Aurland og Lærdal i Sogn og Fjordane, er verdens lengste bilveitunnel.
17. Det tar 20 timer å kjøre fra Kristiansand til Kirkenes.
18. Norges areal er litt større enn Italias, men Italia har tolv ganger så mange innbyggere.
19. Norges kystlinje er omtrent 21000 km lang når man regner med alle fjordene.
20. Hver fjerde innbygger i Oslo er ikke norsk.
21. I Norge er det verneplikt både for menn og for kvinner.

en nedbør	snø, regn osv.
en eksportartikkel	noe man selger til et annet land
en olje	bensin består av olje
tjenesteytende	som selger tjenester, f.eks. advokater, frisører ...
en næring	industri, bransje
en industri	bransje som produserer varer (i fabrikk)
et landbruk	jordbruk; en bonde driver med landbruk
ei midnattsol	når sola også skinner om natta
ei mørketid	tida når sola ikke skinner i det hele tatt (om vinteren)
en statskirke	offisiell kirke i et land
et areal	område, land
en verneplikt	obligatorisk tjeneste i militæret

Hvilken norsk by er dette?

Les tekstene og finn ut hvilken norsk by det er (Bergen, Trondheim, Stavanger, Tromsø, Oslo).

1

Gamlebyen er kjent på grunn av sine flotte hvite hus, og rett ved torget i sentrum ligger det store cruiseskip ved kaia. I de siste årene har byen opplevd en voldsom vekst, som ikke minst skyldes dens betydning for en av Norges fremste næringer. Rundt året 872 var det et stort slag i nærheten som endte med at de norske kongedømmene ble samlet til ett rike.

2

Takket være de mange studentene har denne byen fått et rykte som den beste utelivsbyen i hele landet. Til tross for at den ikke er blant de største byene i landet, innehar den en sentral funksjon for landsdelen den ligger i. Sentrumet ligger på ei øy, men byen har etter hvert spredd seg til fastlandet og andre øyer. Fra Storsteinen har man en fantastisk utsikt over byen og fjorden. På grunn av byens beliggenhet har den vært utgangspunkt for mange ekspedisjoner til arktiske områder.

3

Helt siden middelalderen har denne byen hatt en viktig funksjon i Norge. Under dansketida ble navnet endret til Christiania, men i 1924 fikk den tilbake sitt gamle navn. Som i mange andre norske byer finnes det en festning ved havneområdet. Når man står på den velkjente hoppbakken og ser ut over byen, legger man merke til at byen er veldig grønn til tross for at den er veldig stor.

4

Denne byen var Norges største gjennom mange år og brant ned flere ganger. Den siste store bybrannen var i 1916. Siden den tida har det ikke lenger vært lov til å bygge trehus i byområdet. Fordi Hurtigruten legger til kai her, finnes det mange turister som rusler rundt i det kjente havneområdet og nyter den flotte utsikten fra fjelltoppene som omgir byen. I middelalderen og frem til det 18. århundret var byen knutepunktet for den hanseatiske handelsvirksomheten i hele Norge.

5

Norges største sjokoladeprodusent hører hjemme i denne byen. Både sjokoladen og byen har fått navn etter Nidelva, som renner gjennom byen. Byens navn har imidlertid blitt endret i løpet av historien. I 1993 ble verdens første sykkelheis installert i byen. Dette er riktignok en særegen attraksjon, men byen er vel mest kjent for sin store katedral. Den anses som nasjonalhelligdom siden Sankt Olav er gravlagt her. Han mistet livet i slaget på Stiklestad, et stykke unna byen, der han kjempet for innføringen av kristendommen i Norge.

Østlandet	østlig del av Norge	**en beliggen-het**	plassen hvor man finner noe	**(en) handel**	det å selge og kjøpe som yrke
en forbin-delse	kontakt	**et utgangs-punkt**	plassen hvor noe begynner	**en handels-virksomhet**	det å drive handel
sør	det motsatte av nord	**en ekspedi-sjon**	komplisert reise	**å renne, rant, har rent**	å flyte, strømme
et torg	plass midt i en by	**Arktis**	den nordligste delen av verden	**en sykkel-heis**	«maskin» for å heve sykler
voldsom [vålsåm]	aggressiv; *her*: stor og rask	**middelalde-ren**	tida mellom 500 og 1500	**å installere, installerte**	å etablere
en vekst	det å bli større	**å endre, endret**	å forandre	**riktignok**	dette er riktignok en særegen attraksjon, men ... = selv om dette er en særegen attraksjon ...
å skyldes, skyldtes	å ha til grunn	**en festning**	bygning fra middel-alderen som er vel-dig godt beskyttet		
fremste	*her*: mest viktige				
et slag	en kamp, en krig	**velkjent**	som mange kjenner	**særegen**	spesiell
å ende, endte	å slutte	**en hopp-bakke**	sted hvor man hop-per på ski	**en attrak-sjon**	noe turister vil se
et konge-dømme	land en konge har	**å brenne, brant, har brent**	å stå i flammer	**å anse, anså, har ansett (som)**	å regne som
å samle, samlet	bringe sammen, knytte sammen			**en nasjonal-helligdom**	noe som er veldig viktig for hele na-sjonen
et rike	land (som en konge har)	**å være lov**	å være mulig ifølge lover og forskrifter; ikke være forbudt	**å gravlegge, gravla, har gravlagt**	en død person grav-legger man
et rykte	noe man har hørt, men ikke vet sikkert	**å bygge, bygget**	å «lage» et hus, en vei ...	**Stiklestad**	*by i nærheten av Trondheim*
en utelivsby	en by hvor man har mange mulighe-ter for å gå ut om kvelden	**å rusle, ruslet**	å gå sakte	**unna**	bort fra
		en fjelltopp	spissen på et fjell	**å kjempe, kjempet for**	å slåss for
å inneha, innehadde	*her*: å ha	**et knute-punkt**	hvor mange veier/ sjøveier/jernbaner ... møtes	**en innføring**	det å innføre (etable-re) noe
sentral	som ligger i sentrum	**hanseatisk**	som gjelder Hansa-en, en gammel handelsforening	**kristendom-men**	religionen stiftet av Jesus Kristus
et sentrum	midten (av en by)				
å spre, spredde	å vokse fra midten utover				
et fastland	det som ikke er på ei øy				

Hvor vil de dra på ferie?

James, Carla, François og Evgenij vil dra på norgesferie. I den følgende teksten anbefaler Siv at de drar til Vestlandet. Hvilken del av landet anbefaler du for dem? Skriv en lignende tekst.

Jeg anbefaler å reise til Vestlandet fordi landskapet er utrolig vakkert. Det finnes høye fjell, dype fjorder og mange øyer. Det er kontrasten mellom fjell og hav som gjør denne landsdelen til en veldig populær destinasjon for turister. De fleste stav- kirker finnes i denne landsdelen. Skal dere reise om våren, er det en god idé å dra til Hardangerfjorden. Denne regionen blir kalt for Norges frukthage fordi det finnes mange eple- og kirsebærtrær der. Så kan dere reise videre til Bergen, en av Norges fineste byer. Et stykke nord for Bergen ligger Sognefjorden, Norges lengste fjord. Der er det mye å oppdage. Jostedalsbreen, som er Norges største bre, ligger rett i nærheten, og man kan gå noen fine turer og la seg imponere av de store ismassene. Når man har kommet så langt, kan man også ta en tur til Jotunheimen. Det er et fjellområde ikke langt unna, som jeg synes er det vakreste som finnes i hele landet. Der burde dere vandre i den vakre naturen og nyte utsikten fra fjelltoppene. Så kan dere overnatte på ei hytte som tilhører Den norske turistforening (DNT). Slike hytter finnes i hele Norge, og alle kan sove der. Etter en anstrengende tur anbefaler jeg å dra til kysten for å hvile litt. Stadlandet er et fint sted å være. Hvite sandstrender i et majestetisk landskap gjør det lett å slappe av. Dere burde i hvert fall prøve å fiske fordi fersk fisk rett fra fjorden er det beste som finnes.

lignende	som ligner på, som er omtrent som
et landskap	natur
en kontrast	noe som er helt annerledes
en destinasjon	mål for en reise
en stavkirke	typisk norsk kirke av tre
en frukthage	hage med trær for å dyrke frukt, f.eks. epler, pærer ...
et kirsebærtre	kirsebær = små søte, røde frukter
å oppdage, oppdaget [å]	å finne (for første gang, uten å ha vært sikker på at det overhodet eksis- terte)
Jostedalsbre- en	bre på Vestlandet
en bre	fjell som er dekket av is året rundt
å imponere, imponerte	å gjøre et dypt inntrykk på
en ismasse	mye is
Jotunheimen	fjellområde på Vest- landet
å vandre, vandret	å gå (på fjellet)
å overnatte, overnattet [å]	å tilbringe natta
å tilhøre, tilhørte	å være en del av
en turistfore- ning	«klubb» for turister
anstrengende	slitsom
majestetisk	veldig stor og impo- nerende
fersk	ikke lenge siden det ble skapt / laget / var ferdig; f.eks. fersk frukt

Bli-passiv

Mange ganger har jeg forklart at en norsk setning alltid må ha et subjekt.
Men av og til er det vanskelig. Da vet vi nemlig ikke hvem som gjør noe, eller det er ikke så viktig. Du har allerede lært at vi kan bruke **man** (for personer) eller **det** (for ting) i slike situasjoner:

> Det regner i dag.
> Man kan ikke ta tog til Tromsø.

Noen ganger synes vi det høres litt rart ut å bruke **man** eller **det**. Da har vi et alternativ som heter *passiv*:

> Dørene blir lukket. = Man lukker dørene.

... og i andre tider:

> Dørene ble lukket. (preteritum)
> Dørene har blitt lukket. (perfektum)
> Dørene hadde blitt lukket. (preteritum perfektum)
> Dørene vil bli lukket. (fremtid)

Enkelt, ikke sant? Husk at formen for **lukket** (dette er presens-perfektum-formen av verbet – men det har du vel skjønt med én gang ...) er den samme i alle tidene. Vi forandrer bare på formen av **å bli** for å uttrykke når det skjer/skjedde ...

Hva er subjektet her? Vel, egentlig er det ikke noe subjekt her, ikke sant? Vi sier jo ikke hvem som lukker dørene. Det er jo nettopp grunnen til at vi bruker passiv!
Men jeg forklarte deg at hver norsk setning må ha et subjekt, så hvor er det? Det eneste som kan være subjektet her, er **dørene**.

Nå er du kanskje litt forvirret. I setningen **man lukker dørene** er **man** subjektet og **dørene** objektet. Helt klart.

Men i setningen **dørene blir lukket** blir plutselig **dørene** subjektet, selv om setningene betyr det samme. Hvordan kan det være mulig?

Vel, det er en morsom sak med passiv, nemlig at passiv gjør et objekt til et subjekt.

Og hva gjør dørene i denne setningen? De blir lukket. Altså – egentlig gjør de ikke så mye. Tenk deg at de på en måte *aksepterer at en annen person gjør noe med dem*. Ja, det høres litt filosofisk ut ... Se på et annet eksempel:

Aktiv:	**Passiv:**
Man serverer frokost.	Frokost blir servert.
Man parkerer bilen bak huset.	Bilen blir parkert bak huset.
subjekt – verb – objekt (rest)	subjekt – verb – (rest)

Hvordan skal man si det når man må/skal/kan/bør eller vil servere frokost? Det er veldig enkelt:

| Man må servere frokost. | Frokost må bli servert. |

---

ei fremtid	tida som kommer
å uttrykke, uttrykte	å si
å akseptere, aksepterte	å godkjenne
filosofisk	som har med filosofi å gjøre

Legg merke til at **bli** står i infinitiv. Men det vet du allerede, ikke sant? Siden **må** er hovedverbet i setningen, kan ikke **bli** stå i en annen form enn infinitiv. Etter **må, skal, kan, bør** og **vil** (modalverb) bruker man alltid infinitiv.

Hvis du er veeeeeeeldig interessert i grammatikk, så har du nå kanskje skjønt én ting: Vi kan bare bruke passiv når vi har et objekt i originalsetningen (dvs. i aktivformen). Se her:

> Det regner.
> subjekt – verb

Her kan vi ikke bruke passiv. Vi kan jo ikke si ~~blir regnet~~.

> Man synger.

Det samme her: Vi kan ikke si ~~blir sunget~~, for det er ingen objekt her.

Men: Man synger en sang.
> → En sang blir sunget.

Her går det, for vi har et objekt (**en sang**) som vi kan gjøre til subjekt.

Når bruker vi passiv, spør du kanskje? Stort sett bruker vi den i skriftlig norsk og i litt mer formelle sammenhenger. I vanlig dagligtale hører du den ikke så ofte. Vi bruker passiv som sagt når vi ikke vet hvem som gjør noe, eller når det ikke er viktig. F.eks. vet vi at det er T-baneføreren som lukker dørene. Men det spiller ingen rolle. Tenk at de sier ved hver stasjon i Oslo: **T-baneføreren lukker dørene**. Ganske kjedelig, ikke sant?

   Så siden det ikke er så viktig hvem som lukker dørene, kan man bare si: **Dørene blir lukket**.

skriftlig	som man skriver
en sammen-heng	kontekst; noe som hører sammen på en eller annen måte
en dagligtale	muntlig, vanlig språk
en T-banefører	personen som kjører T-banen

Mannen vanner blomstene.

S-passiv

Hvis du har tatt T-banen i Oslo før, har du sikkert lagt merke til at de ikke sier **dørene blir lukket**. Det finnes nemlig også en annen måte å si det på. Se her:

      Dørene blir lukket. = Dørene lukkes.
      Dørene skal bli lukket. = Dørene skal lukkes.
      Frokosten blir servert. = Frokosten serveres.
      Bilen kan bli parkert bak huset. = Bilen kan parkeres bak huset.

Du ser hvordan vi danner denne passivformen – veldig lett: Istedenfor **-r**-endelsen bruker vi en **-s**-endelse, som vi legger til infinitiven. Dette gjelder også formen vi bruker etter modalverb. Vi kan bare bruke s-passiv om ting som skjer nå (dvs. i presens) eller i fremtiden. Vi kan ikke bruke den når vi f.eks. vil si at T-baneføreren lukket dørene i går. S-passiv i fortid fungerer bare når vi kombinerer den med et modalverb:

      Dørene skulle lukkes. = Dørene skulle bli lukket.
      Dørene måtte lukkes. = Dørene måtte bli lukket.

Vi kan sette **skal, må** (og alle andre modalverb) i preteritum, men ikke **lukkes**.

Når bruker vi s-passiv?

Vi bruker s-passiv etter modalverb og når vi snakker om regler, anvisninger eller oppskrifter, altså f.eks.:

      Vinduet kan åpnes.
Vi har et modalverb, **kan**, altså sier vi ikke ~~Vinduet kan bli åpnet~~.

      Gulrøttene skjæres i små biter.
Dette er en oppskrift, altså ikke ~~Gulrøttene blir skåret~~.

      Adverb bøyes ikke på norsk.
Dette er en regel, altså ikke ~~Adverb blir ikke bøyd~~.

Når vi ikke kan bruke s-passiv, altså i fortid, bruker vi selvfølgelig bli-passiv uansett:

      Gulrøttene ble skåret i små biter.

En ting til! Noen verb slutter på **-s** i presens, f.eks. **synes, snakkes, høres** ...
Dette har ingenting med passiv å gjøre.

å danne, dannet	å lage
å kombinere, kombinerte	å sette to (eller flere) ting sammen
en anvisning	tekst som forklarer hva man må gjøre
en bit	et stykke

Blomstene blir vannet.
Blomstene vannes.

Legge – ligge

Disse to ordene ser ganske like ut, men det er viktig at du skiller mellom de to.
> Du legger bøkene på bordet
> Bøkene ligger på bordet.

Når vi bruker **legge**, sier vi at noe skjer. Du tar bøkene i hånda og plasserer dem på bordet. Når vi bruker **ligge**, sier vi at noe er. Ingenting skjer, bøkene er på bordet. **Legge** beskriver altså en bevegelse, mens **ligge** beskriver en tilstand.

> Erna legger seg i senga. → Her skjer det noe.
> Erna ligger i senga. → Her skjer det ikke noe.

Det kan være særlig vanskelig å skille mellom disse to ordene i preteritum.
> legge → la
> ligge → lå

Men her får du et tips om hvordan du kan huske dem:
> Først la jeg meg, så lå jeg (i senga).

Du må legge deg før du kan ligge. Bokstaven **a** i **la** kommer før **å** i **lå** i det norske alfabetet.

å plassere, plasserte	å legge/sette
en tilstand	situasjon
et tips	et råd, litt hjelp
et alfabet	a, b, c, …

Sovne – sove

Sovne og **sove** fungerer på samme måte som **legge** og **ligge**.
> Erna legger seg og sovner med en gang. → Her skjer det noe.
> Erna ligger og sover. → Her skjer det ikke noe.

Når natta er over og Erna står opp, kan vi si det slik:
> Erna våkner tidlig.
> Erna er våken.

Gratis ord

Ingenting i livet er gratis, tenker du kanskje. Men da tar du feil!
På norsk (som på mange andre språk) er det ofte slik at vi kan lage forskjellige ord av det samme ordet. For eksempel kan vi lage et substantiv av et verb.

Verbalsubstantiv

Verbalsubstantiv er et fint ord, ikke sant? Slapp av, du behøver ikke å huske det. F.eks. vil vi si at det er gøy å svømme. Da kan vi også si:

> Svømming er gøy.

Dette fungerer med mange verb. Vi tar bort **-e**-endelsen i infinitiv og legger til **-ing**. Ferdig.

Svømming er et substantiv. Alle substantiv som slutter på **-ing**, er **hunkjønn** (bestemt form er altså **svømminga** eller **svømmingen**).

Noen verb kan også bare miste **-e**-endelsen, og så er de et substantiv (disse substantivene er alltid intetkjønn):

> å arbeide → et arbeid

Og, til slutt, noen verb kan få endelsen **-else** for å bli til et substantiv, og disse substantivene er da alltid hankjønn:

> å ende → en endelse
> å overraske → en overraskelse

Andre substantiv

Vi bruker også følgende endelser når vi lager substantiv av adjektiv:

-het (alltid hankjønn)
> sikker → (en) sikkerhet

-dom (alltid hankjønn)
> ung → (en) ungdom

Substantiv av substantiv
Vi kan også forandre substantiv. Da betyr de noe annet. Vi kan gå fra konkret til abstrakt ved hjelp av endelsen **-skap**:

> en venn → et vennskap

*NB! Det nye substantivet er ikke alltid intetkjønn. Se for eksempel også: **en (!) egenskap***

å svømme, svømte	å bevege seg i vannet
en sikkerhet	trygghet
en ungdom	det å være ung
konkret	som man kan se/ berøre
abstrakt	som ikke er konkret
en egenskap	kvalitet; noe som kjennetegner en ting/person

Adjektiv

Når vi lager et adjektiv av et verb eller substantiv, er den typiske endelsen **-lig**.
å kjede (seg)→ kjedelig
en ende → endelig

Av og til har vi også endelsen **-bar**:
å koste → kostbar

Det motsatte
Adjektiv som betyr det motsatte, kan vi ofte danne ved hjelp av **u-**:
sikker → usikker (= ikke sikker)
klar → uklar (=ikke klar)

Ved verb bruker vi heller **mis-**:
å forstå → å misforstå (= ikke forstå)

kostbar	dyr
å misforstå, misforsto, har misforstått	å forstå feil
å knytte, knyttet	å forbinde, bringe sammen
imellom	mellom to ting
dessuten	utover det

Bindebokstav

Når vi knytter sammen to ord, legger vi gjerne en **e** eller en **s** imellom. For eksempel:
barn + barn = barnebarn
hverdag + liv = hverdagsliv

Men dette gjør vi ikke alltid. For eksempel:
turist + informasjon = turistinformasjon

Nå lurer du sikkert på når vi har **e**, når vi har **s**, og når vi ikke har noen bindebokstav. Dessverre er dette ikke så lett. Hvis du er usikker, må du nesten sjekke i ei ordbok. Hvis du er glad i regler, så kan du huske følgende: Etter substantivendelser (som f.eks. **-dom, -else, -het, -nad, -skap, -sjon** og **-tet**) har vi ofte **s**, dessuten etter verbalsubstantiv på **-ing**.
kjærlighet + brev = kjærlighetsbrev

Etter korte ord som slutter på en konsonant, har vi ofte (men ikke alltid) **e**.
gutt + rom = gutterom

1 Passiv

a) Sett setningene i både bli- og s-passiv. Dropp subjektet.

Han drikker gjerne et glass vin til maten.

Man henter bagasjen ved utgangen.

Derfor selger hun den gamle bilen.

Mange mennesker gjemmer pengene under senga.

Om vinteren leser man de fleste bøkene.

Ei dame viser Erna hotellrommet.

Erna bærer kofferten opp til rommet.

b) Sett følgende setninger i s-passiv hvor det er mulig/naturlig, og i bli-passiv hvor s-passiv ikke er mulig/naturlig.

Man kan se Ishavskatedralen allerede en halv time før ankomst.

Jeg la bøkene på bordet.

Barnet måtte rydde rommet sitt.

Erna har sydd inn en papirlapp i ryggen til Nils.

Siden buksa er for lita, må jeg bytte den i butikken.

Fra fjellet nyter vi den flotte utsikten mot havet.

Du bakte en kake til bursdagsfesten.

Vi spiste frokost på en liten kafé.

Jeg har ennå ikke åpnet brevet fra banken.

Han måtte vaske kjøkkengulvet etter maten.

Noen har stjålet lommeboka hennes.

Nils satte koppene på kjøkkenbenken.

Jeg kjenner den kalde vinden i ansiktet.

Du burde passe på traffikken når du krysser gata.

en utgang	dør hvor man går ut
naturlig	som er slik man finner det i naturen
å bake, bakte	man baker brød eller kaker
å passe, passet	å være på riktig plass
ren	vasket/pusset
et selskap	*her*: et firma

2 Gratis ord

Dann og sett inn et nytt ord som passer. Husk å bruke de riktige formene. Bruk eventuelt ordbok hvis du ikke vet hva det riktige ordet er.

Jeg forstod ikke hva du sa. Jeg har dårlig ... (å høre).

Hvorfor gjorde du det? Det var ren ... (gal).

Jeg må gå til legen fordi jeg ikke har noen ... (å føle) i den høyre armen.

Det kommer til å ordne seg. Alt du trenger, er litt ... (å håpe).

Vet du om et selskap som driver med ... (å flytte)?

Stine er syk. Du burde skrive et brev og ønske henne god ... (bedre)

I våre dager har nesten alle en ... (å bære) datamaskin.

Har du noe ... (å kunne) om ... (å lage mat)?

Nei, men jeg har litt ... (å kjenne) til ... (å bake brød)

Sist uke gikk vi på... (å smake øl) med noen venner.

... (å mate) av dyr er noe de fleste barn er veldig glad i.

«Stor ... (å åpne) av ny butikk på lørdag», leser Erna i avisa.

Takk for ... (å bestille), du får ... (å bekrefte) og de gjeldende ... (å bestemme) tilsendt per e-post.

Vi må stå opp ... (en tid), for toget går allerede kl. 7.00.
I sin ... (et barn) bodde Karin i Spania, men flyttet tilbake til Norge på grunn av en ... (syk).
Norge er verdenskjent for sitt imponerende ... (et land).
Politikerne hadde en ... (et liv) diskusjon om utdanningsbudsjettet.

3 Bruk u- eller mis- for å uttrykke det motsatte.
f. eks.: heldig → uheldig
På veien mellom Oslo og Hamar har det skjedd ... (ei lykke)
Jeg er veldig ... (fornøyd) med denne oppgaven.
Du ... (forstå) meg, det var ikke det jeg mente.
Det er ... (mulig) å ringe deg siden mobilen min har blitt stjålet.
Denne suppen er totalt ... (lykket), den er helt ... (spiselig).

4 Forklar hva de følgende uttrykkene betyr, og hvilket verb de kommer fra. Bruk evtentuelt ordbok.
skriftlig, skrift, leder, ledelse, lek, tjeneste, søknad, søker

5 Sett inn riktig form av verbene *legge – ligge – sove – sovne*.
I går måtte Erna ... seg tidlig fordi hun ville stå opp allerede kl. 5.30 dagen etter. Men hun hadde så mye arbeid at hun ikke ... seg før kl. 23.00. Da hun endelig ... i senga, var hun ikke trøtt i det hele tatt. Først da hun hadde lest litt i ei interessant bok, ... hun ganske fort. Så ... hun veldig bra til vekkerklokka ringte kl. 5.30.

en politiker	en person som driver med politikk
heldig	lykkelig
uheldig	ikke lykkelig
en lykke	det å være glad, fornøyd

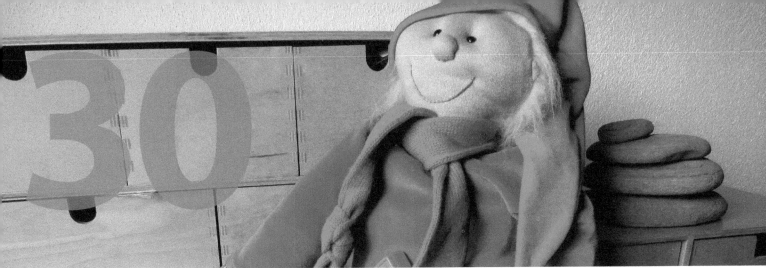

For Nils har det gått dårlig. Han hadde håpet å komme tilbake til Erna igjen, men nå sitter han i ryggsekken til den unge mannen, som bærer ham gjennom Tromsø. Nils kan se ut gjennom en liten åpning. Det tar ikke lang tid før de er hjemme. De er foran en blokk midt i byen. Nils er litt overrasket – han vet at det finnes høyblokker i Oslo, men i en nokså liten by som Tromsø synes han det ser rart ut med en stor blokk midt mellom små eneboliger. Den unge mannen åpner ytterdøra, kikker i ei postkasse, tar ut en avis og trykker så på en knapp ved siden av heis-døra. Når heisen ikke kommer, går han opp trappa til femte etasje. Han tar ut en nøkkel fra lomma og åpner døra.

«Kristian! Å, så deilig at du har kommet hjem! Du må få en klem. Beklager at jeg ikke kunne hente deg.»

Ei omtrent 50 år gammel dame, åpenbart mora til Kristian, har åpnet døra. Lenger inne i leiligheten står det en mann – sannsynligvis faren – og to jenter som ser veldig like ut. Nils skjønner først senere at de er tvillinger.

«Hei, alle sammen! Takk for den varme velkomsten. Det gjør ikke noe at dere ikke kunne hente meg.»

Kristian hilser på alle og setter ned bagasjen. Så tar han av seg skoene og går inn på kjøkkenet.

Leiligheten er ikke stor for en familie på fem personer. Nils undrer seg om familien ikke har råd til en større leilighet, kanskje et rekkehus eller en enebolig. Det finnes bare en trang gang, et veldig lite bad og tre

en blokk [å]	*her*: stort, høyt hus
å finnes, fin-nes, fantes, har funnes	å eksistere
en enebolig	et hus hvor det bare bor én familie
ei ytterdør	dør som fører ut av huset
å kikke, kikket	å se (fort)
en postkas-se [å]	boks for brev
en heis	«maskin» for å heve mennesker/ting fra én etasje til en annen
ei lomme	«pose» i en bukse
sannsynlig-vis	ganske sikkert
en tvilling	bror/søster som er nøyaktig like gammel
en velkomst	hilsen man får når man ankommer
å undre, undret	å lure på
et rekkehus	hus som står ved siden av hverandre, og som er helt like

71

meget små soverom til venstre samt ei stue og et kjøkken til høyre. Det ser ut som tvillingene deler et soverom. Nils ser ut fra ryggsekken og spør seg om han kan komme seg ut av leiligheten når de andre ikke ser på ham. Men først må han ut av ryggsekken. Hvor lenge må han vente på at han blir tatt ut? Og hvis han kommer seg ut, hvor skal han gå?

Nå sitter alle på kjøkkenet og spiser. Nils hører Kristian fortelle om studiene. Så diskuterer familien planer for sommerferien. Barna ønsker seg en reise til Syden, men faren nøler. Nils tenker at de sikkert har dårlig råd fordi de bare har en liten leilighet og ikke penger til en lengre sommerferie. Men egentlig må Nils konsentrere seg om noe helt annet. Hvordan kan han komme seg ut? Han prøver å åpne ryggsekken, men det går ikke. Han må vente litt til.

Endelig kommer Kristian ut av kjøkkenet igjen. Han tar ryggsekken med seg inn på rommet sitt og setter den ned på senga. Men så pakker han først ut kofferten sin. Det tar utrolig lang tid til han har lagt klærne i klesskapet, lagt skittentøyet til vask, lagt bøkene i hylla ... og dermed er kofferten tom, og han åpner ryggsekken og tar ut Nils.

«Hanne! Martha! Jeg har en liten gave til dere!»

Jentene kommer med en gang.

«Hva er det? Hva er det?» roper de.

«Det er en liten nisse. Jeg fant ham på Hurtigruten. Ingen ville ha ham, så jeg spurte i resepsjonen om jeg fikk ta ham med. Så dere må gjerne ha ham.»

«Å, han er så søt! Tusen takk, Kristian!»

Nils blir nesten litt kvalm, så fort løper jentene fra Kristians rom og tilbake til sitt eget soverom. De begynner å leke med ham med en gang. Nils er først ganske nervøs, men etter hvert synes han det er deilig. Det er egentlig det han lever for – å leke med barn, eller rettere sagt at barn leker med ham. Ja, etter en stund glemmer han til og med at han egentlig vil prøve å komme seg ut av huset.

Det er Hanne som minner ham om hvor fort tida går.

«Se på klokka, Martha», sier hun. «Nesten halv ni. Vi må sikkert legge oss snart.»

«Ja, men det er jo midnattssol. Vi får jo være lenger oppe om sommeren.»

Men da kommer mora inn på rommet.

«Hanne, Martha! Nå er det på tide å slutte å leke. I morgen er det siste skoledag for dere.»

«Ja, men mamma, i første og andre time har vi jo fri i morgen. Vi begynner ikke før i tredje time.»

meget	veldig
samt	og, i tillegg
å dele, delte	*her*: å ha sammen
en plan	en idé, et prosjekt
å diskutere, diskuterte	snakke om
Syden	Spania, Italia, Hellas ...
(et) skittentøy	klær som må vaskes
søt	alt som er av sukker, er søt; *personer*: veldig snill eller pen
å ha fri	ikke måtte arbeide

«Det er sant, men klokka er allerede halv ni. Det har vært en mye lengre kveld for dere enn vanlig. Dere vil jo ikke være slitne når ferien begynner, ikke sant?»

«Nei, det vil vi ikke. Men mamma, kan vi ta med nissen på skolen i morgen?»

Nils lytter nøye. På skolen? Det blir spennende, synes han. Han vet faktisk ikke mye om skolen, men han tror at man må sitte stille der hele dagen, og at man lærer mange interessante ting. I hvert fall sa Emil det for en stund siden.

«Ja, hvorfor ikke?» sier mora. «Bare ta ham med, men vær forsiktige med ham.»

Nils gleder seg. Han skal altså på skolen i morgen! Men det er godt at han ikke vet hva som kommer til å skje med ham neste dag. Hadde han visst det, hadde han ikke sovet et eneste sekund.

Spørsmål til teksten
Hvor bor Kristian?
Beskriv Kristians familie.
Beskriv leiligheten.
Hvorfor tenker Nils at familien har dårlig råd?
Hva gjør Kristian med Nils?
Hvordan føler Nils seg?
Hva vil barna gjøre med Nils?

Bolig og økonomi

Her ser du en annonse for et rom i et kollektiv. Les annonsen og skriv en tilsvarende annonse for din egen leilighet / ditt eget rom.

Ledig rom i stilig loftsleilighet

Vi søker en ryddig og rolig person til å bo sammen med oss! I leiligheten bor det nå fire hyggelige jenter i midten av 20-årene som alle jobber (én pendler). Kort avstand til offentlig kommunikasjon. Kollektivet vårt er en velmøblert loftsleilighet som ligger veldig sentralt i Trondheim. Vi har en solrik balkong. Stua er stor og har plass til mange besøkende. Vi har nyoppusset flislagt bad med badekar, vaskemaskin og tørketrommel. Gulvvarme finnes i gangen, på kjøkkenet og på badet. På kjøkkenet er det fryser, oppvaskmaskin og alle mulige slags kjøkkenmaskiner. Du får et stort rom med vindu ut mot bakgården. Rommet er ikke møblert.

Depositum er husleieforskuddsinnbetaling for de to siste månedene.

Ledig fra: umiddelbart (langtidsleie).

Info om boligen
Rom i kollektiv – 14 m²
6 roms, 3. etasje

Prisinformasjon
Månedsleie: 6500 inkl. varmtvann og fyring. Strøm og Internett kommer i tillegg.
Depositum: 13 000

Fasiliteter
- møbler (i stua og på kjøkkenet, men ikke på soverommet ditt)
- hvitevarer
- Internett/bredbånd
- balkong

For visning, ta kontakt med:
Kari Nordmann, tlf. 12 34 56 78
E-post: kari@nordmann.no

en bolig	en leilighet / et hus	(en) gulvvarme	varme som er integrert i gulvet
en annonse	kort tekst hvor man f.eks. leter etter bolig, jobb ...	(et) møbel	skap, stoler, bord ...
et kollektiv [å]	flere mennesker som deler en leilighet	et depositum	penger man betaler når man flytter inn, og som man får tilbake hvis man ikke har ødelagt noe når man flytter ut
tilsvarende	som er lik		
stilig	elegant, flott		
en loftsleilighet [å]	leilighet rett under taket	en husleieforskudds-innbetaling	det å betale husleien før den egentlige datoen
ryddig	hvor det ikke er rot; ordentlig	umiddelbar	straks, nå
hyggelig	snill	(ei) langtidsleie	når man leier i en lengre periode, f.eks. 2–3 år
å pendle, pendlet	å dra langt til/fra jobb		
(en) kommunikasjon	*her*: buss/trikk	info	informasjon
velmøblert	med gode møbler	inkl.	inkludert
en balkong	veranda, men i 2. etasje eller høyere	(en) fyring	varme
		(en) strøm, strømmen	elektrisk energi
nyoppusset	som nettopp har blitt renovert	en fasilitet	*her*: ting som er med i leiligheten, inkludert i husleia
en flis	plate av sten		
å flislegge	legge fliser	en hvitevare	kjøleskap, vaskemaskin, komfyr
et badekar	«beholder» hvor man kan sitte og bade	et bredbånd	rask Internett-forbindelse
en tørketrommel	maskin for å tørke klær etter vask	å ta kontakt med	å ringe / skrive e-post til

Kjøpe bolig eller leie?

I Norge er det svært vanlig å kjøpe bolig selv om man ikke har tenkt å bli i boligen særlig lenge. Øyvind og Hilde har litt forskjellige argumenter for og mot kjøp av bolig. Er du enig med dem?

> - Når jeg leier, kaster jeg pengene ut av vinduet.
> - Jeg kan ikke forandre noe som helst i leiligheten hvis jeg har lyst til det.
> - Det er lett å regne ut hvor mye leiligheten koster i renter og avdrag. Derimot kan man risikere at husleien når som helst økes.
> - Du betaler mindre formuesskatt når du eier din egen bolig.
> - En leilighet er en trygg investering, særlig gjennom et borettslag. Da vet du for eksempel nøyaktig hvor mye fellesgjeld som er igjen.

Øyvind

> - Du kan tape mye hvis du må selge boligen om noen år, særlig når beliggenheten ikke er så god.
> - Du må betale dokumentavgift og meglerhonorar. Derfor lønner det seg ikke å kjøpe hvis man flytter ut igjen etter kort tid.
> - Når renta øker, har du et problem.
> - Du er selv ansvarlig for vedlikehold, og det kan bli ganske dyrt hvis du for eksempel må bytte vinduer eller reparere taket.
> - Hvis du får problemer med naboene, kan du ikke bare flytte ut når som helst.
> - Det er vanskelig å ta opp et lån når du ikke har så god inntekt.

Hilde

et argument	grunn; tanke eller faktum som bekrefter en idé
ei rente	penger man får hvis man låner til noen; f.eks. låner du 100 kr og får 105 kr tilbake – da har du fått 5 kr i rente
å risikere, risikerte	å akseptere en risiko
å øke, økte	å bli større
en formues–skatt	skatt man betaler for å eie noe, f.eks. penger, hus osv.
en investe-ring	det å investere; spare penger og håpe at man får mer tilbake senere
et borettslag	organisasjon som eier leiligheter
en felles-gjeld	samlet gjeld et borettslag har
en doku-mentavgift	gebyr man betaler ved salg av bolig
et me-glerhonorar	penger man betaler til megleren (personen som har formidlet boligkjøpet)
å lønne, lønte seg	å være finansielt interessant
ansvarlig	som må ta seg av noe(n)
et vedlike-hold	det å opprettholde, reparere
å reparere, reparerte	å sette i stand noe som er ødelagt
et tak	øverste del av et rom/hus
en inntekt	penger man tjener

Viktige uttrykk for deg som vil bo i Norge

Hvilken setning beskriver hvilket ord? Ikke se på definisjonene til høyre.

enebolig
megler
bokollektiv
offentlig kommunikasjon
depositum
hvitevarer
borettslag
rekkehus
bygård
sokkelleilighet
dokumentavgift

1. en sammenslutning av mennesker som bor sammen i en leilighet eller et hus uten at de nødvendigvis kjente hverandre før de flyttet inn
2. et fastsatt beløp som må betales til utleieren før man flytter inn i en leilighet eller et hus. Beløpet settes på en bankkonto, og man får det tilbake når man flytter ut igjen, dersom man ikke har ødelagt noe i leiligheten mens man bodde der
3. organisasjon som eier leiligheter. Du kan kjøpe en andel av organisasjonen og får dermed lov til å bo i en av leilighetene. Utgiftene blir fordelt mellom alle i organisasjonen
4. et større hus med flere leiligheter som leies ut
5. et hus som har plass til én familie. Det kan variere i størrelse
6. et beløp som må betales til staten ved kjøp av leilighet eller hus
7. flere like hus som ligger helt inntil hverandre
8. leilighet i en enebolig som ligger i kjelleren
9. en person som jobber med kjøp og salg av hus og leiligheter
10. elektriske redskaper som vaskemaskin, tørketrommel, kjøleskap og komfyr
11. kollektivtransport som buss, trikk, t-bane og båt

en megler	en person som formidler salg av boliger
en bygård	stort hus med mange boliger i en by
en sokkelleilighet [å]	leilighet i en enebolig som ligger i kjelleren
en sammenslutning	forening
en organisasjon	forening, institusjon
en andel	en del
en utgift	noe man betaler
å fordele, fordelte	å dele ut (blant flere mennesker)
fastsatt	definert
et beløp	en sum penger
en utleier	person som eier en leilighet, og som leier den ut til en annen
en bankkonto	«elektronisk pengebok» i en bank
å variere, varierte	å bli mindre og større
en størrelse	hvor stort noe er
en stat	nasjon; *her*: nasjonale myndigheter
inntil	ved siden av, helt til
et salg	det å selge
et redskap	et verktøy
(en) kollektivtransport	T-bane, trikk, buss ...

Det ligger til familien

Telefonen ringer.
Les samtalen mellom Maria og Julia og besvar spørsmålene etterpå.

Maria: Hei, Julia! Jeg beklager, men jeg rekker ikke å gå på musikkquiz med deg kl. 19. Vertsforeldrene mine kommer ikke hjem presis likevel. Mammaen er fortsatt opptatt på kontoret, og pappaen er på firmatur med bedriften sin.

Julia: Å, stakkars deg, du blir alltid tvunget til å jobbe om kvelden. De tar seg ikke mye tid til å være sammen med barna sine i vertsfamilien din?

Maria: Stemmer. Derfor har de jo meg. Besteforeldrene er heller ikke i nærheten fordi de bor på gamlehjemmet. Noen ganger per måned tar jeg med barna og besøker dem, og vi snakker med pensjonistene, og barna lærer noe av å høre de gamle fortelle.

Julia: Det er jo rørende. De fleste barn er ikke vant til å være sammen med folk i forskjellige aldre siden storfamilier ikke er så vanlige lenger. Synes du at vertsforeldrene dine skyver fra seg de gamle og de unge fordi de velter ansvaret over på deg?

Maria: Ja, ærlig talt er jeg litt skuffet og synes synd på barna. De blir oppdratt av mennesker utenfor familien, på samme måte som besteforeldrene blir pleiet av fremmede. Det føles som foreldrene ikke ønsker å bruke tid og krefter på omsorg for sine eldre fordi det sliter på nervene og viser menneskenes svakhet og avhengighet av hverandre.

vertsfor–eldre	foreldre i familien hvor au pair bor
å tvinge, tvang, har tvunget noen til	å kreve noe av noen (uten å gi ham/henne et valg)
et gamle-hjem	et sykekjem, aldershjem
rørende	søt, snill; som får en til å gråte
å være vant til	anse som normalt
en alder	hvis du er 30 år gammel, så er 30 din alder
å skyve, skjøv, har skjøvet	bevege, dytte
å velte, veltet	falle til en side
et ansvar	det å måtte ta seg av noe(n)
ærlig	som sier sannheten
å tale, talte	å snakke
å oppdra [å]	å lære opp; å ta ansvar (for et barn)
å pleie, pleide	å hjelpe gamle/syke mennesker med ting de ikke kan gjøre alene
en frem-med	en person man ikke kjenner
en kraft, krefter	styrke
en omsorg [åmsårg]	det å sørge for
en nerve [æ]	«forbindelse» i kroppen for å føle smerter osv.
en svak-het	det å være svak
en avhen-gighet	det å ikke klare seg alene

Julia: Hm, ja, de tar kanskje ikke sine sosiale plikter så alvorlig, men man må også tjene penger og trenger pass for dem som ikke kan greie hverdagen alene. Jeg synes at det å bli dratt mellom yrkeslivet og familien er vanskelig. Det moderne samfunnet krever jo mye av et individ – man skal være en god ektefelle, forelder, et godt forbilde for barna, medarbeider, venn, nabo, kollega …

Maria: I Afrika finnes det et gammelt ordtak: «Det trengs ei hel bygd for å oppdra et barn.» Og slik er jeg vant til at det er. De gamle, de middelaldrende og barna – alle passer på hverandre og tar ansvar for fellesskapet.

Julia: Da kan jeg forestille meg at du legger vekt på mye kontakt med familien din mens du er i Norge som au pair?

Maria: Ja, jeg ringer hjem minst én gang i uka. De sørget for meg da jeg vokste opp, og det er jeg veldig takknemlig for!

Spørsmål til teksten

Hva slags jobber har Julia og Maria?
Hvor kommer Maria fra, tror du?
Hva slags inntrykk får du av familien som Maria bor sammen med?
Hvorfor er Maria skuffet?
På hvilken måte krever det moderne samfunnet mye etter Julias mening?
Hva slags forskjell ser Maria mellom familielivet i hjemlandet sitt og i Norge?
Har du gjort lignende erfaringer som Maria?

Omformuler følgende setninger. Ikke bruk de understrekede ordene.

Du blir alltid tvunget til å jobbe om kvelden.
Det føles som foreldrene ikke ønsker å bruke tid og krefter på omsorg for sine eldre.
Det moderne samfunnet krever jo mye av et individ.
Du legger vekt på mye kontakt med familien din.
Jeg synes at det å bli dratt mellom yrkeslivet og familien er vanskelig.
De sørget for meg da jeg vokste opp.

sosial	som gjelder andre mennesker
en plikt	noe man må gjøre
å greie, greide	å klare
en hverdag	en vanlig dag
et yrkesliv	arbeidsliv
et samfunn	gruppe av mennesker, gjerne f.eks. i et land
å kreve, krevde	å forvente (av noen)
et individ	en person
en ektefelle	mann eller kone
et forbilde	et idol
en medarbeider	en person man jobber sammen med
et ordtak	fast uttrykk, sitat
hel	fullstendig
ei bygd	sted hvor det ikke bor mange mennesker (f.eks. 500 eller 1000)
et fellesskap	det å leve sammen med andre
å forestille, forestilte seg	å tenke seg
en vekt	det man veier, f.eks. 65 kg
å legge vekt på	å synes at noe er viktig
en au pair	ung jente (sjelden gutt) som lever med en familie i utlandet i ca. ett år
å sørge for, sørget	å ta seg av
å vokse, vokste	å bli større
takknemlig	som vil takke

Preteritum perfektum
i hypotetiske setninger

Du har allerede hørt om preteritum perfektum (f.eks. **jeg hadde jobbet**) og vet sikkert hvordan det brukes. Hvis ikke, gå tilbake til kapittel 27.

Med preteritum perfektum kan du også uttrykke at noe er (eller var) mulig – men bare teoretisk.

       Hadde han visst det, hadde han ikke sovet et eneste sekund.

       → Han visste det ikke, derfor sov han.

eller: Han vet det ikke, derfor sover han.

Denne setningen kan vise enten til fortid eller til nåtid. Vi må bestemme meningen ut fra situasjonen. Det kan være litt vanskelig, og derfor lærer du mer om det i kapittel 34.

Første, andre, tredje ...

Barna sier:

       Han har matte i første time.

ikke: ~~i den første timen~~

       Vi bor i tredje etasje.

ikke: ~~i den tredje etasjen~~

Når vi bruker ordenstall (**første, andre** ...) med et substantiv, kan vi kombinere *bestemt form av ordenstallet* + *ubestemt form av substantivet*. Vi trenger ingen adjektiv–artikkel (**den, det, de**).

1.
2.
3.
4.
5.
6.
...

hypotetisk	som bare er mulig, ikke virkelig
indirekte	ikke direkte
dvs.	det vil si
ei fremtid	tida som kommer
eventuell	mulig
matte	matematikk
et ordenstall [å]	første, andre, tredje ...

Hva (som) / hvem (som)

Se på disse setningene:

Hvem liker deg?	hvem = subjekt
Hvem liker du?	hvem = objekt
Hva er viktig for deg?	hva = subjekt
Hva gjør du?	hva = objekt

Ok? Ikke så vanskelig. Men nå blir det litt mer komplisert. Vi sier disse setningene igjen, men nå sier vi dem som indirekte spørsmål, dvs. vi begynner f.eks. med **jeg vet ikke ...** eller **jeg lurer på ...** eller **jeg vil gjerne vite ...**

Jeg vet ikke hvem som liker deg.
Jeg vet ikke hvem du liker.
Jeg vet ikke hva som er viktig for deg.
Jeg vet ikke hva du gjør.

Én ting er tydelig – nå som jeg har omformulert spørsmålene til indirekte spørsmål, har vi leddsetninger som begynner med **hvem/hva**. Men hvorfor skriver jeg plutselig **som** i setningene nr. 1 og nr. 3? Det er fordi **hvem/hva** ikke kan være subjekt i en leddsetning. Rart, ikke sant? Derfor er altså ~~jeg vet ikke hvem liker deg~~ ikke riktig. Øv litt på det, slik at du ikke glemmer det, ok?

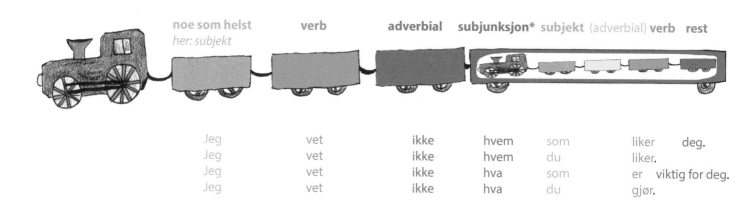

	noe som helst *her: subjekt*	verb	adverbial	subjunksjon*	subjekt	(adverbial)	verb	rest
	Jeg	vet	ikke	hvem	som		liker	deg.
	Jeg	vet	ikke	hvem	du		liker.	
	Jeg	vet	ikke	hva	som		er	viktig for deg.
	Jeg	vet	ikke	hva	du		gjør.	

* Dette er egentlig ikke helt riktig. Hvis du er lingvist, kan du tilbringe hele ettermiddagen med å lure på om egentlig ikke **som** er subjunksjonen i leddsetningen, og om **hvem/hva** og **som** sammen innehar subjunksjonsfunksjonen. Men det hadde du egentlig ikke lyst til å vite, eller?

Hvis/når/da/om

- Vi bruker **hvis** når vi ikke er sikker på om noe skjer eller ikke.
  Hvis du må selge boligen, kan du tape mye.
  (Men kanskje kan du beholde den.)
  Hvis du får problemer med naboene, kan du ikke flytte ut.
  (Men kanskje får du ikke problemer med naboene.)

- Vi bruker **når** når noe skjedde regelmessig i fortida, eller når det er sikkert at noe
  kommer til å skje i framtida.
  Når jeg kom hjem fra skolen, måtte jeg spise et eple.
  (Det skjedde hver dag.)
  Når ferien begynner, vil dere ikke være slitne.
  (Det er sikkert at ferien kommer til å begynne før eller senere.)

- Vi bruker **da** når noe skjedde bare én gang i fortida eller i nåtida.
  Da jeg var liten, bodde vi i et gammelt hus.
  (Du var liten bare én gang, ikke flere ganger.)

  Se på forskjellen mellom **da** og **når**:
  (Den gang) da jeg var liten, fantes det ikke Internett.
  (Hver gang) når jeg kom hjem fra skolen, sa mamma at jeg måtte vaske meg.

- Du kan eventuelt også bruke **om** istedenfor **hvis**, men i dag gjør man det sjelden:
  Om du må selge boligen, kan du tape mye.
  = Hvis du må selge boligen, kan du tape mye.

  Men vi bruker **om** istedenfor **hvis** når vi skriver et indirekte spørsmål:
  Jeg vet ikke om det vil regne i morgen.
  = Vil det regne i morgen? – Jeg vet ikke.

  Her kan vi ikke bruke **hvis**.
  Du lærer mer om ordet **om** i kapittel 37.

81

Lengre – lenger

Mange nordmenn har problemer med dette. Så hvis du kan det – wow, gratulerer!

- **Langt** viser alltid til en avstand, altså til rommet.
- **Lenge** viser alltid til tid.
- **Lenger** viser både til avstand og til tid.

Vi venter **lenge**.
Vi venter **lenger** (enn i går).

← **adverb** →

Vi går **langt**.
Vi går **lenger** (enn i går).

en **lang** vei
en **lengre** vei

← **adjektiv** →

en **lang** vei
en **lengre** vei

1 lenger – lengre

a) Jeg måtte vente ... enn han.
b) Køen ved kassa var ... enn jeg hadde trodd.
c) I Oslo er dagene lange om sommeren, men i Tromsø er de enda ... .
d) Vi satt i bussen i tre timer. Turen varte ... enn den egentlig skulle.
e) Stine syklet fem kilometer, men Anne syklet enda ... .
f) Hardangerfjorden er veldig lang, men Sognefjorden er enda ... .
g) Det er ... fra Bodø til Bergen enn fra Bodø til Trondheim.
h) I helgene sover jeg ... enn vanlig.

2 Omformuler setningene til indirekte spørsmål. Begynn med «Jeg vet ikke ...» eller «Jeg lurer på ...».

f. eks.: *Hva heter hun?* → *Jeg vet ikke hva hun heter.*

a) Hvem jobber her?
b) Hva spiser han?
c) Hva er det?
d) Hvem eier dette huset?
e) Hva driver du med?
f) Hvem har du invitert?
g) Hva skjer i Bergen?
h) Hva koster tomatene?
i) Hvem kjører bilen?
j) Hvem er forelsket i deg?
k) Hva er dyrest?
l) Hvem kan jeg spørre om hjelp?
m) Hva sier du?
n) Hvem kan vi stole på?

3 Sett inn *hvis, når, om* eller *da*.

a) Jeg vet ikke ... festen begynner – kanskje kl. 20.
b) Kari var fem år ... broren hennes ble født.
c) ... vårt fotballag vinner, blir det fest.
d) ... det blir dårlig vær i morgen, tar jeg bussen til jobben.
e) Jeg tar alltid bussen ... det regner.
f) Men jeg vet ikke ... det kommer til å regne i morgen.
g) ... du ikke tar på deg lue, kan du bli forkjølet.
h) ... jeg begynner å male, forsvinner jeg i min egen verden.
i) Kan du spørre Per ... han kommer i kveld eller ikke?
j) ... han kommer, må vi ha et større bord.
k) ... Kari kom inn, ble alle plutselig stille.
l) ... jeg blir voksen, vil jeg ha en stor bil.
m) ... bilen er for dyr, kan jeg ikke kjøpe den.
n) Det er usikkert ... jeg kommer til å tjene så mye.
o) Jeg vil også reise mye ... jeg har tid.

å sykle, syklet	å «reise» med sykkel
en fest	når man feirer sammen
å male, malte	*her*: å lage et bilde

p) ... jeg gikk på barneskolen, bodde vi i Nord-Trøndelag.
q) ... vi hadde sommerferie, dro vi alltid til Syden.
r) ... vi kom tilbake, måtte jeg alltid på skolen igjen.
s) ... jeg har ferie neste gang, skal jeg ikke reise med familien.
t) Jeg vil nemlig reise med vennene mine ... de har råd.

en verdens-krig	krig 1914–1918 eller 1939–1945
en klasse	gruppe elever på samme alder som lærer sammen
en linje	strek mellom to punkter

4 Skriv ordenstallene med bokstaver.
Eksempel: Nils bor i 3. etasje. → Nils bor i tredje etasje.
Etter 2. verdenskrig hadde Norge store økonomiske problemer.
Per har fri i 4. og 7. time.
Vi har flyttet fra 5. til 6. etasje.
Nå er det allerede 8. gang at jeg er i Norge!
Når jeg kommer til Norge 18. gang, skal jeg invitere deg på fest.
Per går i 10. klasse.
Dette ordet står på 11. linje.

5 Les datoene høyt.

11.03.1984	22.04.2005	18.06.2014	17.05.1814	01.01.2015
15.02.2017	12.07.2002	16.08.1617	18.08.1818	31.10.1910
30.11.1805	24.12.1981	14.04.1988	17.06.1977	

Nils våkner tidlig. Barna har ikke satt vekkerklokka på før kl. 8, for de begynner på skolen kl. 10, men Nils kan ikke sove. Han er veldig spent på hva han kommer til å oppleve på skolen. Endelig ringer vekkerklokka – barna står opp, spiser en kjapp frokost og tar en dusj. Så kommer de tilbake til rommet, tar Nils og setter ham i skolesekken, og så går de fra den lille leiligheten. Nils kan se ut gjennom en liten sprekk.

Barna går til bussholdeplassen og venter litt til bussen kommer. De går på og finner en plass. Bussturen tar ikke lang tid, bare noen få minutter. Da de ankommer til skolen, møter de mange andre barn. Tydeligvis er det venner og venninner av Hanne og Martha. De hilser og går inn i et ganske stygt, flatt bygg – skolen. De går opp til andre etasje og inn i et stort rom med mange stoler og bord – klasserommet.

Søstrene setter seg og tar ut noen bøker og hefter fra skolesekken. Så legger de en blyant og en kulepenn på bordet og venter. De andre i klassen er ikke så stille – de springer frem og tilbake i klasserommet, roper et eller annet til hverandre og oppfører seg stort sett ganske dårlig, synes Nils. Så ringer det ei klokke, og en gammel mann kommer inn gjennom døra. Det må være læreren. «God morgen!» sier han høyt, og barna svarer det samme.

«I dag er det siste skoledag. Dere skal få vitnemål – uten karakterer, selvfølgelig. Karakterer får dere først på ungdomsskolen. Så begynner sommerferien. Men først vil jeg gjerne repetere noe av det dere har lært gjennom skoleåret. Først vil jeg snakke om matematikk. Dere har lært multiplikasjon og divisjon frem til 1000 i år. Så nå skal dere få noen korte oppgaver. Hvor mye er 12 ganger 3?»

Mange hender blir rakt opp. Læreren kaller på en gutt, og gutten

kjapp	rask
en sprekk	en smal åpning
tydeligvis	åpenbart
flat	ikke veldig høy, lav
et hefte	som ei bok, bare tynnere og gjerne for å skrive i
en blyant	noe man skriver med på papir, som man kan viske ut etterpå
en kulepenn	noe man skriver med på papir, vanligvis i blå eller svart
å springe, sprang, har sprunget	å løpe fort
å oppføre, oppførte [å]	å oppføre seg dårlig = å gjøre ufine ting, ting man egentlig ikke burde gjøre
(en) multiplikasjon	3 ganger 3 er 9 – dette er multiplikasjon
(en) divisjon	9 delt på 3 er 3 – dette er divisjon

svarer «36».

Læreren er fornøyd. «Hvor mye er 312 delt på 3?»

Slik fortsetter det en stund. Nils er veldig interessert i det. Emil har lært ham noen få tall. Han kan også regne litt, for eksempel vet han at to pluss to er fire, og at ti minus sju er tre, men han kan ikke multiplikasjon og divisjon. Han bestemmer seg for å øve på dette sammen med Emil når han kommer tilbake til Oslo. Men Oslo, det er ganske langt unna nå ... Når kommer han egentlig tilbake dit? Og hvordan, siden han har mistet Erna? Nils blir litt trist. Han må ringe Emil snart for å spørre ham om råd. Forhåpentligvis fungerer telefonen ennå.

Men så snakker læreren om noe annet, og Nils glemmer de mørke tankene sine. Læreren snakker nå om geografi. «Hvem kjenner de fire største byene i Norge? Erik, du får prøve å svare.»

«Det er Oslo, Bergen, Trondheim og Stavanger», svarer en liten gutt med veldig kort og mørkt hår.

«Så bra, og hva er Norges nordligste by?»

«Hammerfest!» roper noen jenter helt bak i klasserommet.

«Det stemmer. Dessuten er Hammerfest ikke bare Norges, men også verdens nordligste by.»

Nils synes at dette blir litt kjedelig. Han vil gjerne lære mer om Norge, men han er ikke så interessert i den slags kunnskap. Han vil heller komme seg ut av skolesekken og se seg litt rundt i klasserommet. Han lurer på når han får komme ut. Vil ikke jentene vise ham til venninnene sine?

Endelig ringer klokka igjen, og læreren avslutter timen. Nå blir det pause, og endelig hører han Hanne si: «Jeg har fått en liten gave av storebroren min, Kristian. Vil dere se på den?»

«Ja, hva er det?» spør ei anna jente.

«Det er en nisse som han har funnet på Hurtigruten. Jeg synes han er søt.»

«Det er også min gave», sier Martha. «Kristian har gitt nissen til oss begge.»

«Ja, men nå vil jeg vise ham til Nina.»

«Nei, jeg vil vise ham!»

Nils ser at skolesekken blir åpnet, og to hender griper etter ham, én fra venstre, én fra høyre. Det er Martha og Hanne som prøver å ta ham ut av skolesekken samtidig. Han blir hevet opp, og så vil hver jente ta ham ut – men det går selvfølgelig ikke.

«Slipp nissen, Martha! Det er jeg som skal vise ham til Nina!»

«Nei, jeg! Gi ham til meg!»

pluss	og (særlig i matematikk)
minus	9 minus 4 er 5
et hår	det de fleste mennesker har på hodet
å gripe, grep, har grepet	å ta i hånda slik at det ikke kan falle ned

Idet Martha trekker Nils litt hardere mot seg, får Nils føle noe veldig rart. Hadde han vært et menneske, så hadde han følt forferdelige smerter. Men heldigvis er han en nisse, og nisser føler smerter mye mindre enn mennesker. Likevel er han klar over at det er noe veldig galt med ryggen hans. Han svimler, og alt blir mørkt rundt ham. Han føler at han faller ned på gulvet. «Hvordan kan jeg få hjelp?» er det siste han tenker. Så mister han bevisstheten.

hard	fast, kraftig
å svimle, svimlet	ikke se bra lenger
en bevissthet	det at man kan tenke, føle osv.

Spørsmål til teksten

Hvordan kommer barna og Nils seg til skolen?
Hva gjør læreren i timen?
Hva tenker Nils på?
Hva lærer du om Norge i denne teksten?
Hva skjer med Nils etter timen?

Den ideelle skolen

- Hvor ligger den?
- Hvordan ser den ut?
- Hva lærer man?
- Hva slags metoder bruker den?
- Hvem er lærerne?

Fortell om din skolegang.

- Hvilken lærer hadde størst innflytelse på ditt nåværende liv? Hvorfor? Beskriv denne læreren.
- Husker du din første skoledag?
- Skulket du skolen av og til?
- Hvilke fag likte du?
- Er du fortsatt i kontakt med venner fra grunnskolen eller fra videregående skole?
- Hva er dine beste og dine verste minner knyttet til skolen?

ideell	perfekt
en metode	hvordan man gjør noe
en innflytelse	et preg; påvirkning
nåværende	som er nå, som er aktuell
å skulke, skulket	å ikke delta på undervisningen selv om man egentlig skulle vært der

Til læreren

å forhindre, forhindret	å gjøre umulig
(en) motivasjon	det som gjør at man har lyst til noe
(et) fravær	det å ikke møte (særlig til undervisning)
å delta, deltok, har deltatt i	å være med på

I morgen kan jeg dessverre ikke møte til opplæringen av personlige grunner.

Jeg beklager at jeg kommer for sent, men da vekkerklokka mi ringte, sov jeg ennå.

Pensumlitteraturen var så spennende at jeg ikke klarte å stoppe å lese. Derfor kunne jeg ikke møte i klassen i går.

Grunnet fravær deltok vår datter Lise ikke i undervisningen fra onsdag til fredag.

Dessverre var jeg forhindret fra å møte til opplæringen i går på grunn av manglende motivasjon.

Jonas kunne ikke finne skolen i dag på grunn av tåke.

Få, få, få, få …

Få kan bety mange forskjellige ting.

et tallord	en, to, tre …
(en) feber	høy temperatur, f.eks. 39 grader
å sløyfe, sløyfet	å ikke bruke, å droppe
uhøflig	ikke høflig
i morges [må-res]	i dag, om morgenen

Det bor få mennesker i Norge.
= Det bor ikke mange mennesker i Norge.
… og det bor færre mennesker i Norge enn i Sverige.
Færrest mennesker bor på Island.
Husk: få – færre – færrest

Få som tallord/adjektiv

Få

Få som verb

1 Jeg får en gave av deg. = Du gir meg en gave.
Husk forskjellen mellom **å få** og **å ha**. Først får du noe (eventuelt) av en annen person), og så har du det.
    Jeg fikk en gave av bestemora mi og har den fortsatt.
    Jeg fikk høy feber i går og har fortsatt ganske høy feber nå.

5 På samme måte kan vi bruke **få** når noen andre har gjort en oppgave for oss:
    Fikk du endelig reparert bilen din?
    = Har noen endelig reparert bilen din for deg?
Her bruker vi også **få** med perfektum partisipp.
Om det er du (som i nr. 4) eller noen andre (som i nr. 5) som har gjort oppgaven, skjønner man ut fra sammenhengen.

2 Vi kan si **å få lov til noe**:
    Mamma, får jeg lov til å gå på kino?
… og da kan vi sløyfe **lov til å**:
    Mamma, får jeg gå på kino?
Noen ganger bruker vi **få**, men det er usikkert om vi vil si **få lov til å,** eller om vi egentlig vil si **må**:
    Erik, du får prøve å svare.
Det kan bety: Erik, du får lov til å prøve å svare. Eller: Erik, du må prøve å svare. Ofte betyr det noe imellom. Vi vil egentlig si **må**, men vi synes det er litt for direkte og litt uhøflig. Da er det bedre å si **få**.

4 Vi kan bruke **få** + *perfektum* når vi klarer en oppgave, når vi blir ferdig med den.
    Jeg har fått gjort mye.
    I morges fikk jeg skrevet mange e-poster.

3 Når det skjer noe som vi ikke har ventet, bruker vi også en konstruksjon med **å få** + *infinitiv*:
    Idet Martha trekker Nils litt hardere mot seg, får Nils føle noe veldig rart.
Vi kan også si **føler Nils noe veldig rart**, men det kommer helt overraskende på Nils. Derfor bruker vi **får Nils føle**.

Det

Det er et fint ord som vi kan bruke når vi ikke vet hva vi egentlig snakker om.
>Det regner.

(Hvem regner? Himmelen? Skyene? Været? Vi vet ikke. Altså **det**.)

Det som foreløpig subjekt

På norsk begynner vi ofte med **det** når vi forteller noe nytt.
>Jeg gikk ut av huset. Det sto en mann på fortauet.

Du kan også si:
>Jeg gikk ut av huset. En mann sto på fortauet.

... men denne versjonen høres ikke så bra ut. Vi visste ingenting om denne mannen, det er altså totalt ny informasjon. Derfor begynner vi gjerne setningen med **det**. Se på denne setningen en gang til:
>Det sto en mann på fortauet.

Hva er egentlig subjektet i denne setningen? Du kan velge mellom **det** og **en mann**, ikke sant? Mannen er jo den som gjør noe, han kan i hvert fall ikke være et objekt. Samtidig kan vi spørre **hvem sto?** – og da svarer du egentlig med **det**. Vi sier derfor at **det** er det *foreløpige subjektet* i setningen, for det «riktige» subjektet kommer litt senere. Dette konseptet (altså å begynne en setning med **det** når vi forteller om noe nytt) heter *presentering*.

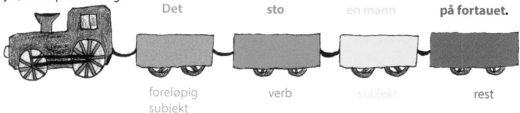

Det	sto	en mann	på fortauet.
foreløpig subjekt	verb	subjekt	rest

Noe annet – se på denne setningen:
>Å lære norsk er vanskelig.

Hva er subjektet i denne setningen? Kanskje sier du at du ikke finner noe subjekt, for det er ikke snakk om en person eller en ting i denne setningen. Men da tar du feil, for alle norske setninger har subjekt. Jeg kan spørre: **Hva er vanskelig?** Og da er svaret: **å lære norsk**. **Å lære norsk** er altså subjektet i denne setningen. Vi kan si dette slik, men også her bruker vi heller **det**:
>Det er vanskelig å lære norsk.

Vi har to subjekter igjen – **det** og **å lære norsk**. Det er det samme prinsippet som før.

en himmel	det du ser når du er ute og ser opp: Himmelen er blå om dagen
en sky	når det regner, er det skyer på himmelen
foreløpig	som skal erstattes senere
total	fullstendig

Utbrytning

En siste setning med **det**:

> Det er du som er dum, ikke jeg.

et poeng	det viktige, det man må forstå

Jeg kan også si:

> Du er dum, ikke jeg.

Poenget er at jeg vil legge vekt på **du**. Dette kan jeg gjøre ved å bruke **det er / det var** (+ **som**). Du må bruke **som** hvis du vil legge vekt på subjektet:

> Du er dum. (du = subjekt, altså trenger du **som**)
> → Det er du som er dum.
> Du spiser fisk. (fisk = objekt, altså trenger du ikke **som**)
> → Det er fisk du spiser.
> Du spiser fisk i dag. (i dag = tidsadverbial, altså trenger du ikke **som**)
> → Det er i dag du spiser fisk.

Dette konseptet heter *utbrytning* og er veldig populært på norsk.

Når begynner vi med **det er**, og når begynner vi med **det var**?

Du spiser fisk.	Det er du som spiser fisk.
Du spiste fisk.	Det var du som spiste fisk.
Du har spist fisk.	Det er du som har spist fisk.
Du hadde spist fisk.	Det var du som hadde spist fisk.

- Vi bruker **det er** hvis originalsetningen står i presens eller presens perfektum.
- Vi bruker **det var** hvis originalsetningen står i preteritum eller preteritum perfektum.

«Feil» ordstilling

> Vil ikke jentene vise ham til venninnene sine?

Hvis du leser dette spørsmålet nøye, så er det egentlig «feil» fordi subjektet (**jentene**) kommer etter adverbialet (**ikke**). Vi gjør dette bare

- når vi har **ikke**
- når subjektet er et substantiv.

Altså:

> Vil jentene gjerne vise ham til venninnene sine?
> (**gjerne** istedenfor **ikke**)
> Vil de ikke vise ham til venninnene sine?
> (subjektet er et pronomen, ikke et substantiv)

1 Omformuler setningene slik at de understrekede ordene fremheves.

f.eks.: Jeg lager mat. → Det er jeg som lager mat.
Jeg lager mat. → Det er mat jeg lager.

a) Vi skal dra til Italia i sommer.
b) Vi skal dra til Italia i sommer.
c) I morgen må du bake ei kake.
d) Ola har kjøpt seg ny bil.
e) Hanne flyttet til Kristiansand.
f) Jeg har gjort denne øvelsen.
g) I går snødde det.
h) De gode elevene klarer denne oppgaven.
i) Jeg så det på TV.
j) En hund ødela skoene mine.

2 Kristian skriver om familien sin. Sett inn substantivene i riktig form. Husk artikkelen hvor den er nødvendig.

Jeg har en ganske stor familie. Du kjenner sikkert mine to (søster), Hanne og Martha. De går på den skolen hvor (kjæreste) min underviser. Det er en morsom (tilfeldighet).

I dag har mange foreldre bare ett eller to (barn), men for noen år siden var det helt vanlig å ha flere (barn). I 1960 hadde norske (kvinne) tre (barn) – i gjennomsnitt! (Far) min har for eksempel fire (søsken) – to (bror) og to (søster). Min (mor) har to (bror), men ingen (søster).

Mange (nordmann) flytter i dag til de store (by). Min (familie) er et godt (eksempel): (Besteforeldre) mine bodde på små (øy) i Nord-Troms. De arbeidet som (fisker) og (bonde). Dette var ganske typisk i Norge for mange år siden – man sier også at de var (fiskerbonde). De hadde en liten (åker), noen (tre), kanskje to eller tre (ku), noen (sau) og selvfølgelig en (båt).

Dette (liv) var ganske hardt. (Arbeid) til sjøs var farlig. Den ene (bestefar), altså min (morfar), skadet f.eks. begge (kne) og mistet to (tå) og tre (finger). Den andre (bestefar), altså (farfar) min, var litt heldigere. Han mistet noen av (tann) sine og hadde litt vondt i (fot) sine da han ble gammel, men ellers gikk det bra med ham. (Bestemor) hadde begge litt problemer med (øye) sine.

I dag bor (foreldre) og (søster) mine i Tromsø, men alle mine (onkel) og (tante) har flyttet sørover. De har fått helt andre (jobb) – nesten alle arbeider på moderne (kontor) i Oslo, Bergen eller Trondheim.

Før i tida var det heller ikke normalt at kvinnene arbeidet utenfor (hus). Da (foreldre) mine var små, var (mor) deres hjemme. De var hjemmeværende, som vi kaller det.

I dag er det jo mer normalt at (barn) går i (barnehage). Når de derimot er veldig små, er det gjerne (far) som er hjemme med dem i noen måneder. Mine to (fetter) fikk for eksempel ei (datter) hver i fjor, og da valgte de begge å være hjemme hos (datter) sine, mens (kone) deres gikk ut i arbeid.

å fremheve, fremhevet	å legge vekt på, å sette aksent på
å ødelegge, ødela, har ødelagt	å knuse, slik at det ikke fungerer lenger
en tilfeldighet	noe som man ikke har planlagt
et gjennomsnitt	gjennomsnittet av 2, 3 og 4 er 3
å arbeide, arbeidet	å jobbe
en fisker	person som jobber med å hente ut fisk fra havet
en åker	areal hvor man driver jordbruk, f.eks. dyrker poteter e.l.
ei ku	dyr som gir melk og kjøtt
en sau	dyr som gir melk, kjøtt og ull
til sjøs	på havet
ei tå, mange tær	del av foten (man har fem tær på hver fot)
en finger	del av hånda (man har fem fingrer på hver hånd)
ei tante	søstera til mora/faren eller kona til onkelen
sørover	mot sør
hjemmeværende	som er hjemme, som ikke arbeider utenfor huset
en fetter	sønnen til tanta/onkelen

3 Omformuler setningene. Ikke bruk få.

Eksempel: Får jeg gå på kino? → Kan jeg gå på kino?

Mange nordmenn fikk lese om Utøya-attentatet på Internett først.

Susanne har fått Nils i bursdagsgave av Erna.

Sjefen sier at jeg får ta meg av alle kundene i Sør-Trøndelag, Hedmark og Oppland.

Får jeg låne noen få bøker?

Jeg må få operert kneet mitt – jeg får nesten ikke til å gå lenger.

I dag fikk jeg løst alle oppgavene i dette kapitlet.

4 Omformuler setningene. Begynn hver setning med det.

f.eks.: En hund leker i parken. → Det leker en hund i parken.

a) En kvinne venter på perrongen.

b) Et hus ble bygget på øya.

c) En mann står på balkongen.

d) På fjorden seiler en båt.

e) Rundt hjørnet ligger en butikk.

f) En bil står parkert bak huset.

g) En mann sitter i bilen og røyker.

h) Noen menn arbeider på plenen.

i) En buss har akkurat stoppet ved holdeplassen.

j) En ung mann kommer og spør etter veien.

5 Sett inn ikke i de følgende spørsmålene.

Kommer Erna på besøk i kveld?

Kommer hun på besøk i kveld?

Arbeider du i dag?

Når arbeider Erna?

Bor du i Oslo?

Bor kjæresten din i Oslo?

Er du norsk?

Er Marthe norsk?

Liker Christine bananer?

Står dette huset i Kristiansand?

en sjef	person som leder flere ansatte i et firma
å operere, opererte	det en lege gjør når hun/han skjærer opp deler av kroppen
en park	område i en by med trær hvor man kan slappe av
å seile, seilte	å reise med båt
et hjørne	f.eks. ved et gatekryss: Huset som ligger i begge gatene, ligger på hjørnet
en plen	område med gress, i en hage eller park

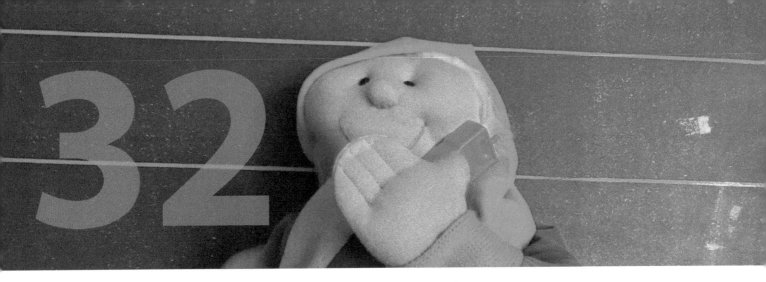

Nils vet ikke hvor lenge han har vært bevisstløs. Han våkner i armene til ei ung dame – sikkert en lærer – som ser på ham og sier: «Jeg kommer til å ordne dette. Ikke vær bekymret, Martha og Hanne. Nissen deres kommer til å ha det bra.» Han ser Martha og Hanne stå ved siden av læreren og gråte litt. De er lei seg, det er tydelig.

Så tar læreren Nils ut av klasserommet og ned i kjelleren. Der er det et tomt rom med mange forskjellige verktøy, benker og skap. Nils blir lagt på et bord, og så ser læreren på ham. Hun undersøker forsiktig den store sprekken han fikk i ryggen da jentene dro i ham fra begge sider.

«Det blir ikke vanskelig å sy dette», sier hun til seg selv. Nils er litt urolig. Han håper bare at han kommer til å bli helt frisk igjen. Kan læreren sy bra? Han får bare håpe det.

Læreren finner fram ei nål og en tråd, men idet hun skal begynne å sy ham, nøler hun litt. Hun ser litt overrasket på ryggen hans og undersøker den nærmere. Så tar hun forsiktig noe ut av Nils' rygg. Nils vet med en gang hva det er. Det er papirlappen som gjorde ham vondt lenge før, og som Emil oppdaget. Det er kanskje best at denne lappen ikke er i ham lenger.

Læreren tar ut lappen og ser på den. Så rister hun på hodet og begynner å sy. Nils frykter at det vil gjøre enda mer vondt – men heldigvis er det ikke slik.

Rett etter at hun er ferdig, ringer klokka igjen, og læreren legger nåla og papirlappen på benken og går ut av rommet. Nils er helt alene nå.

Forsiktig prøver han å reise seg. Han kjenner at ryggen har blitt bedre. Nå er han ganske nysgjerrig på det som står på papirlappen. Han tar den i de små hendene sine og begynner å lese. Han er glad for at han

bevisstløs	som ikke kan tenke eller føle
urolig	ikke rolig
å riste, ristet	å bevege fra venstre til høyre og tilbake
å frykte, fryktet	å være redd for
nysgjerrig [nysjærri]	som alltid vil lære/ høre noe nytt

95

kan lese – det har Emil lært ham for en god stund siden.
    På lappen står det:

    Jørgen Moe, Storgata 362, 9007 Tromsø, tlf. 811 99 345

Nils er litt skuffet. En adresse i Tromsø? Hva i all verden er så interessant med den?

Spørsmål til teksten
Hvor går læreren med Nils?
Hva gjør hun med ham?
Hva tar hun ut av Nils' rygg?
Hva gjør Nils når han er alene?
Hva står på papirlappen?

Helse

Siv og Lars snakker om sykdommene sine. Hva slags råd vil du gi dem?

Siv: Hei, Lars! Takk for sist. Hvordan står det til med deg?

Lars: Å, Siv. Hei. Takk for sist. Det går dårlig med meg.

Siv: Hvorfor det? Hva er i veien med deg?

Lars: Å, du kan ikke tenke deg hvor syk jeg er.

Siv: Men du ser ut til å være frisk som en fisk!

Lars: Tvert imot. Jeg hoster og hoster.

Siv: Gjør du det ofte?

Lars: Minst én gang i uka. Men tenk deg, jeg har allerede vært hos tre leger, og ingen av dem kunne finne noe. Jeg er ganske sikker på at det er kreft eller tuberkulose.

Siv: Men Lars, det er helt normalt at du hoster en gang i uka. Det betyr ikke at du er syk. Jeg hoster nesten hver time!

Lars: Ja, det er sikkert fordi du røyker så mye. Hvor mye var det igjen?

Siv: En til to pakker per dag. Det er ikke mye, synes jeg.

Lars: Det er altfor mye, Siv! Men uansett, hos meg er det så ille, du kan ikke tenke deg hvordan jeg lider. Det er ikke bare det at jeg hoster.

Siv: Hva feiler det deg ellers?

(en) kreft	alvorlig sykdom hvor deler av kroppen vokser uten kontroll
(en) tuberkulose	alvorlig sykdom mange døde av før; gjerne knyttet til kronisk hoste
per	en pakke per dag = en pakke hver dag, altså sju pakker per uke
altfor	altfor mye = mye mer enn det som er bra
ille	veldig dårlig
å lide, led, har lidt	å gjennomgå smerter, nød, angst
å feile, feilte	Hva feiler det deg? = Hva (slags sykdom) har du?

Lars: Nervene, Siv, nervene.

Siv: Aha? Hvorfor er du så nervøs?

Lars: I går for eksempel: Jeg ventet på bussen, men den var ti minutter forsinket, og jeg hadde jo time hos tannlegen etterpå. Jeg kunne føle blodtrykket mitt gå opp for hvert minutt. Til slutt tenkte jeg at jeg får hjerteinfarkt, så istedenfor å ta bussen løp jeg rett til legevakten.

Siv: Og hva sa de der?

Lars: Å, de tok meg ikke alvorlig. Dessuten mistet jeg timen hos tannlegen

Siv: Du er altfor ofte på legekontoret. Du bor jo nesten på sykehuset! Jeg, derimot, har ikke engang fastlege.

Lars: Hvorfor ikke? Alle har jo fastlege!

Siv: Jeg trenger ingen lege. Legene kan ingenting! Forrige uke skadet jeg meg mens jeg hugget ved. Jeg mistet nesten en finger, men det fikset jeg selv. Jeg har ikke lyst til å betale egenandel til en lege som ikke har peiling på noe.

Lars (ser på Sivs hånd): Men Siv, fingeren din er jo helt blå, nesten svart. Du må ta det alvorlig. Du kommer til å dø!

Siv: Vi kommer alle til å dø – før eller senere.

Lars: Hvordan kan du spøke med noe sånt?

Siv: Slapp av, Lars. Se her, jeg har litt sjokolade – vil du smake?

Lars: Å nei! Tannlegen min sier at jeg aldri må spise sjokolade! Derimot må jeg drikke tran, for jeg har sikkert vitamin D-mangel.

Siv: Nå om sommeren? Herregud, Lars, vitamin D trenger du bare om vinteren. Og for øvrig bor vi i Kristiansand. Her trenger man det ikke engang om vinteren, tror jeg.

Lars: Nei men Siv, det er så viktig med godt kosthold! Jeg spiser mye frukt og grønnsaker. Minst to ganger per uke spiser jeg fisk, og jeg drikker aldri alkohol.

Siv: Godt at du minner meg på det! Vinmonopolet stenger om ti minutter, og jeg må ennå kjøpe tre flasker vin for å overleve helga. Ha det bra, Lars!

et blod-trykk	hvor «kraftig« hjertet pumper blodet gjennom kroppen
et hjerte-infarkt	alvorlig sykdom som begynner med veldig sterke smerter i hjertet
en lege-vakt	døgnåpent legekontor, hvor man kan gå ved akutte helseproblemer
et lege-kontor	kontor hvor en lege arbeider
en fast-lege	lege som man går til regelmessig
forrige [å]	den som var før
å hugge, hugget	å hugge ved: «hakke« med en øks, slik at trebiter blir mindre
(en) ved	*her*: tre som man brenner for å varme opp huset
en egen-andel	det man må betale selv
peiling	anelse, kunnskap (*muntlig*)
å spøke, spøkte	å tulle, å si ting for spøk (dvs. for å få noen til å le)
tran	fett av fisk
en man-gel	det at man har for lite av noe
herregud	*interjeksjon: uttrykker utålmodighet, irritasjon*
øvrig	som er igjen
(en) alko-hol	etanol (som er f.eks. i vin, øl osv.)
et vinmo-nopol	statlig butikk som selger alkohol
å overle-ve, over-levde [å]	å leve videre

Sykdommer og symptomer

Hvilke symptomer passer til sykdommene?

hjernerystelse
hjerteinfarkt
migrene
forkjølelse
prolaps
influensa
magesår

hodepine
magesmerter
ryggvondt
feber
kvalme
smerter i brystet
synsforstyrrelser

et symp-tom	hvordan en sykdom vises: f.eks. visse smerter
en hjerne-rystelse	hjerneskade
en migre-ne	sterk hodepine, vanligvis på én side av hodet
en prolaps	ryggskade som er knyttet til sterke smerter i ryggen
en influ-ensa	sykdom som er knyttet til feber og smerter
et mage-sår	sykdom i magen
en synsfor-styrrelse	det at man ser dårlig på grunn av en sykdom

Lei

Når du er lei, har du fått nok av noe.
    Jeg er lei.
    = Jeg vil ikke fortsette, jeg synes alt er kjedelig …
    Jeg er lei av denne kjedelige historien om Nils.
    = Jeg vil ikke lese historien lenger.
    Jeg er lei av å lære norsk.
    = Jeg vil ikke lære norsk lenger.

    Jeg er lei meg.

Dette betyr noe annet. Her vil du si at du er ganske trist eller full av sorg.

en sorg [å]	stor bekymring, dyp tristhet

All – alt – alle

All (han- og hunkjønn) og **alt** (intetkjønn) bruker vi i entall sammen med substantiv vi ikke kan telle:

> Vi spiste all maten.
> Vi drakk all melka.
> Vi drakk alt vannet.

Alle bruker vi i flertall og med ting vi kan telle:

> Vi spiste alle eplene.
> Vi spiste alle brødskivene.

Alle + bestemt eller ubestemt form?

> Alle guttene i klassen har problemer med engelsk.
> → bare guttene i denne klassen
> Alle gutter kommer i stemmeskiftet.
> → virkelig alle gutter
> Jeg skal kaste alt papiret på skrivebordet.
> → bare det som ligger på skrivebordet
> Alt papir lages av tre.
> → virkelig alt papir

Alt og *alle* – alene

Alt og **alle** kan vi også bruke alene (uten substantiv): Da står **alt** for en ting (som vi ikke kan telle) og **alle** for flere ting/personer (som vi kan telle). I denne situasjonen bruker vi bare intetkjønnsformen **alt** og aldri hankjønns-/hunkjønnsformen **all**, uansett hva **alt** står for. For eksempel:

> Alt går bra med meg, takk.
> Vi spiste opp alt.

(ingen substantiv, derfor bruker vi **alt** i intetkjønn, selv om det kanskje står for **mat**, som er hankjønn)

Men altså:

> Vi spiste opp all maten.
> (siden vi har et substantiv i hankjønn her, bruker vi **all**)
> Alle kom på besøk.
> Vi kjøpte mange epler, men nå har vi allerede spist opp alle. (= alle eplene)

et stemme-skifte det at gutter får lavere stemme når de er omtrent 13/14 år gamle

Hver

Hver må tilpasses substantivet som følger ordet. Det betyr at det finnes en form for hankjønn og hunkjønn (**hver**) og en form for intetkjønn (**hvert**). Det er ikke noe nytt, ikke sant? Etter **hver/hvert** står substantivet alltid i ubestemt form:

> Hver time har seksti minutter.
> Hvert minutt har seksti sekunder.

Vi kan også bruke **hver** sammen med eiendomsord:

> De sitter og leser en bok. → samme bok
> De sitter og leser hver sin bok. → forskjellige bøker

Da må vi passe på at vi også bøyer **hver**:

> Barna leser hver sin bok.
> Barna ser på hvert sitt tv-program.

Og til slutt – vi kan også bruke **hver** alene. Da betyr det **hver av denne gruppa**.

> Vi leide en sykkel hver. = Hver av oss leide en sykkel.
> De betalte hundre kroner hver. = Hver av dem betalte hundre kroner.

Begge

Begge har noe med tallet 2 å gjøre. Det har du sikkert skjønt.

> Begge jentene fikk Nils som gave.

Etter **begge** står substantivet vanligvis i bestemt form (for eksempel **begge jentene**), men substantivet kan like gjerne sløyfes når det er klart hvem vi snakker om.

> Martha og Hanne er søstrene til Kristian. Begge fikk Nils som gave.
> = Begge jentene fikk Nils som gave.
> = Begge to fikk Nils som gave.

Det betyr akkurat det samme, men det høres litt finere ut. **Begge (to)** bruker vi når vi snakker om bestemte, altså kjente, personer og ting. Når vi snakker om mer generelle ting eller om noe vi ikke kan telle, bruker vi **begge deler**.

> Foretrekker du sommer eller vinter? – Jeg liker begge deler.

Sammenlign de følgende setningene:

> Vil du ha appelsiner eller plommer til dessert? Jeg vil ha begge deler.
> → appelsiner/plommer generelt
> Vil du ha appelsinen eller plomma til dessert? Jeg vil ha begge to.
> → en bestemt appelsin eller plomme.

Substantiv og kjønn

For hvert substantiv må du lære kjønnet utenat. Du må altså vite at det er f.eks. **et tog**, **ei bok** og **en hund**. Men heldigvis finnes det noen regler for hva slags kjønn et ord er:

Hankjønn
Substantiv som slutter på **-dom**, **-else**, **-er**, **-ikk**, **-isme**, **-ist**, **-nad**, **-sjon** og **-ur**, er hankjønn.

> en sykdom, en overraskelse, en lærer, en musikk, en sosialisme, en sosialist, en søknad, en stasjon, en natur

Intetkjønn
Substantiv på **-ek**, **-eri** og **-em** er intetkjønn.
> et bibliotek, et bakeri, et problem

Du ser at det er ganske mange som har hankjønn, og det blir nok vanskelig å lære alle disse. Derfor kan det være en god idé å lære endelsene for intetkjønn først. Er du usikker, bruker du hankjønn. Men det betyr ikke at hankjønn alltid er riktig! Aller best er det å lære kjønn/artikkel for hvert substantiv (f.eks. burde du altså ikke bare lære ~~tog~~, men **et tog**).

(en) sosia-lisme	samfunnssystem med sentralisert økonomi
en sosialist	person som støtter sosialismen
ubehagelig	som ikke er fint, som man ikke liker
et tema	noe man kan snakke om

Uregelmessige substantiv

Nå som vi allerede snakker om substantiv, vil jeg gjerne ta opp et litt ubehagelig tema. Det finnes dessverre en del uregelmessige substantiv, dvs. substantiv som bøyes på en uvanlig måte.

Substantiv som slutter på -en/-el
Disse substantivene bøyer man slik:
> en sykkel – sykkelen – mange sykler – syklene
> en sommer – sommeren – mange somrer – somrene
> et eksempel – eksemplet – mange eksempler – eksemplene

Du ser altså at en **e** forsvinner i flertall (i intetkjønn til og med i bestemt entall). På norsk vil vi heller ikke skrive tre konsonanter (hvis det er mulig). Derfor forsvinner også en **k** i **sykler** og en **m** i **somrer**, slik at vi ikke får ~~kkl~~ eller ~~mmr~~.
Hvis et substantiv ender på **-er** og beskriver en person, bøyer man det slik:
> en lærer – læreren – mange lærere – lærerne

Husk den uvanlige formen **lærere** i ubestemt flertall. I bestemt flertall forsvinner det en **e** igjen.

Substantiv med «feil» endelse
Du husker at korte intetkjønnsord (f.eks. **et hus**) ikke har noen endelse i ubestemt flertall (vi sier **mange hus**). Det finnes noen unntak, dessverre. Først har vi hunkjønns- og hankjønnsord som ikke får en endelse i ubestemt flertall:

en ting – mange ting
en feil – mange feil
en kjeks – mange kjeks
en sko – mange sko
en liter – mange liter
en kilo – mange kilo
ei mus – mange mus
ei lus – mange lus

Så har vi også et kort intetkjønnsord som får endelsen **-er**:

et sted – mange steder

Totalt uregelmessige substantiv
Noen substantiv er så uregelmessige at det er best å lære dem utenat, synes jeg. Vanligvis skifter de vokal (altså f.eks. har de **a** i entall og **e** i flertall).

en far – faren – mange fedre – fedrene
en mann – mannen – mange menn – mennene
en bonde – bonden – mange bønder – bøndene
en bror – broren – mange brødre – brødrene
en fot – foten – mange føtter – føttene
ei mor – mora – mange mødre – mødrene
ei rot – rota – mange røtter – røttene
ei ku – kua – mange kyr (kuer) – kyrne (kuene)
ei natt – natta – mange netter – nettene
ei hånd (hand) – hånda (handa) – mange hender – hendene
ei strand – stranda – mange strender – strendene
ei tann – tanna – mange tenner – tennene
ei datter – dattera – mange døtre – døtrene
ei tå – tåa – mange tær – tærne
ei bok – boka – mange bøker – bøkene
et barn – barnet – mange barn – barna
et bein – beinet – mange bein – beina
et tre – treet – mange trær – trærne
et kne – kneet – mange knær – knærne
et (hånd)kle – (hånd)kleet – mange (hånd)klær – (hånd)klærne
et øye – øyet – mange øyne – øynene

en kjeks	liten bakst
ei mus	lite dyr som jages av katter
ei lus	veldig lite dyr som man kan ha i håret
ei rot, røtter	den delen av en plante som er under jorden
et bein	kroppsdel (mellom foten og «resten» av kroppen)
et tre, trær	stor plante
et håndkle, håndklær	noe man bruker for å tørke hendene
å pugge, pugget	å lære utenat

Hvordan kan du pugge så mange ord?

Du burde gjøre det på samme måte som når du lærer nye ord: bare lære noen få per dag, men gjøre dette veldig regelmessig (f.eks. to uregelmessige substantiv hver kveld før du pusser tennene). Repeter dem ofte (altså ikke ta to nye substantiv hver dag, men gå tilbake til gamle substantiv minst 2–3 ganger per uke). Gjør også øvelser hvor du må bruke disse substantivene. Etter noen uker kommer du til å være ganske trygg på uregelmessige substantiver.

Uregelmessige substantiv som egentlig ikke er så uregelmessige

Av og til finner du substantiv i intetkjønn som er ganske lange, men som likevel ikke har noen endelse i ubestemt flertall. For eksempel:

> et soverom – mange soverom

Du tenker kanskje at dette er uregelmessig, men det er det ikke. **Soverom** kommer nemlig av ordet **rom**. Og **rom** er et kort ord (bare én stavelse), så vi sier:

> et rom – mange rom

Da blir det altså også **mange soverom**.

Noen ganger kan det være vanskelig å vite at vi har et slikt ord, f.eks.:

> et spørsmål – mange spørsmål

Visste du at **spørsmål** kommer av **mål**? Sannsynligvis ikke. Men nå vet du det, og da skjønner du hvorfor vi sier **mange spørsmål**. Andre typiske eksempler er:

> et (opp)hold – mange (opp)hold
> et (for)søk – mange (for)søk
> et (til)bud – mange (til)bud
> et (for)slag – mange (for)slag

Noen intetkjønnsord kan du velge hvordan du vil bøye. Det er fantastisk, for da kan du ikke gjøre noe galt:

> et kontor – mange kontor(er)
> et kjøkken – mange kjøkken(er)
> et ansikt – mange ansikt(er)
> et apparat – mange apparat(er)
> et substantiv – mange substantiv(er)

et forsøk   det å prøve noe

1 Hvilke artikler hører til ordene? Bøy ordene fullstendig.

f.eks. situasjon→ en situasjon, situasjonen, mange situasjoner, situasjonene
ungdom
bensinstasjon
vennskap
opplæring
informasjon
teknikk
resepsjon
kostnad
grammatikk
barndom
svangerskap

en kostnad	pengene noe koster
å orke, orket [å]	å tåle, å klare
en gummistøvel	vanntett sko
(en) rømme	sur fløte
sympatisk	hyggelig

2 Kan du fortelle om familien din, slik som Kristian gjorde (se øvelse 2, kap. 31)?

3 Bruk *lei* og omformuler setningene slik at de betyr omtrent det samme.
Han vil ikke prøve å gå på ski lenger.
Hun har fått nok av å krangle med kjæresten sin.
Barna er ikke glade fordi ferien snart er over.
Jeg orker ikke å se på den dumme TV-serien lenger.
Kristian vil ikke skrive søknader lenger.
Du syntes det var kjedelig å lese til eksamenene.
Nå er du bekymret fordi du tror at du kommer til å stryke på eksamenene.

4 Svar på spørsmålene med *begge deler* eller *begge to*.
a) Vil du ha sko eller gummistøvler?
b) Møtte du Lise eller Per?
c) Kjøpte Anne rømme eller fløte?
d) Var det Martha eller Hanne som fikk Nils i gave?
e) Drikker dattera di melk eller juice til frokost?
f) Liker du å sole deg på stranda eller å gå på tur når du er på ferie?
g) Vasket Erik bilen sin eller sykkelen sin?
h) Lagde Erna jordbærsyltetøy eller blåbærsyltetøy?
i) Foretrekker du å drikke vin eller øl?
j) Så Arne på TV, eller leste han ei bok?

5 Sett inn riktig form av *all* og substantivet som står i parentes.
Har du besøkt ... (land) i verden?
Nå begynner jeg å bli gammel – jeg glemmer virkelig ...
Til tross for den digitale kommunikasjonen kommer nok ikke ... (papir) til å forsvinne.
... (melk) i kjøleskapet er gått ut på dato!
Hvor er det blitt av ... de gode (sjokoladekjeks)?
Jeg synes at ... (venn) dine er så sympatiske.

Stemmer det at ... (barn) i Norge blir født med ski på beina?
Jeg er glad i ... den fine (natur) man kan oppleve på Vestlandet.
Jeg er glad i ... det fine man kan oppleve på Vestlandet.

6 Sett inn *hver* i riktig form.
... sommer drar vi til Sørlandet.
... år tjener jeg mindre og mindre.
Det er i ... fall et stort problem.
Jeg kan ikke snakke lenge med ... eneste kunde.
Elevene fikk ... sitt vitnemål.
Nordmenn bruker rundt 10 000 kroner på julegaver ...

Har du prøvd å kjøpe vin i butikken i Norge? Det er ikke mulig. Du kan bare kjøpe det på *Vinmonopolet*. Det er staten som eier Vinmonopolet, og bortsett fra restauranter, barer og utesteder er det bare Vinmonopolet som har lov til å selge drikker med mer enn 4,75 % alkohol i.

Vinmonopolet, høye priser og begrenset tilgang skal sørge for at nordmenn ikke drikker altfor mye alkohol. Hvis du er invitert på fest i Norge, er det ganske vanlig at du selv tar med det du ønsker å drikke i løpet av kvelden, for de færreste nordmenn tjener så godt at de kan kjøpe alkohol til alle de inviterer ...

Uansett hva du tenker om den norske alkoholpolitikken, og selv om du kan se mange fulle folk i gatene på fredags- og lørdagskveldene i norske byer, drikker nordmenn (i hvert fall i gjennomsnitt) faktisk mye mindre alkohol enn de fleste andre europeere.

Da Erna våkner, skinner sola direkte gjennom vinduet hennes. For en vakker dag! Men følelsen av å være på ferie varer ikke lenge. I dag skal hun møte Hege, og det de må snakke om, kommer ikke til å bli lett. Hun ser på ei lita vekkerklokke som står ved siden av senga. Ti på halv ni. På tide med frokost.

Hun er veldig sulten.

I spisesalen venter en deilig frokost på henne. Der er det egg, bacon, grovbrød og loff, flere slags frokostblandinger, fruktsalat, ost og mange andre ting som frister.

«God morgen», hører hun noen si bak henne. Det er den eldre dama som viste henne rommet hennes dagen før. «Hva skal du gjøre i dag, med så fint vær?»

«Jeg skal møte ei venninne. Vi har lyst til å gå en liten fjelltur. Kan du anbefale noe?»

«Ja, du burde jo gå et sted hvor du har flott utsikt. Her fra byen kan dere også ta buss til fjellet. For eksempel kan dere ta 20-bussen til Kroken. Der går dere av og rett opp til toppen. Det er en fantastisk utsikt oppe på fjellet.»

«Takk, det er en god idé. Tror du at det blir regn senere i dag?»

«Nei, det tror jeg ikke. Det blir kanskje litt kaldere, men det kommer nok ikke til å regne.»

«Er det ei hytte oppe på fjellet?»

«Nei, du må ta med matpakke dit. Du bør også ta med gode sko, varme klær og ei regnjakke, selv om det antakelig blir fint vær. Det er mye vind oppe på fjellet, og det er godt med ei jakke når det blåser.»

Erna takker for gode råd og spiser frokosten. Etterpå ringer hun

et grovbrød	brød som er bakt av grovt mel
en loff	hvitt brød
en topp [å]	øverste del av et fjell
antakelig	sannsynligvis

107

Hege.

«Hei, Hege! Skal vi gå på en liten fjelltur i dag? Jeg har fått en god anbefaling. Har du lyst?» Hege blir gjerne med, og så møtes Erna og Hege på bussen.

«Nei, Hege! Det er så godt å se deg igjen. Hvor mange år har det vært siden sist?»

«Jeg aner ikke, Erna. Den gang var vi ennå unge og pene!»

«Men du er fortsatt pen! Du har jo nesten ikke forandret deg.»

«Du er morsom, Erna. Jeg blir jo snart 85 år! Men *du* ser veldig bra ut! Går det fint med deg?»

«Ja takk, Hege. Det går ikke så verst. Jeg føler meg veldig bra for alderen min, og jeg er takknemlig for det.»

De er litt stille, men så bestemmer Erna seg for å gå rett på sak.

«Vet du, det som skjedde i fortida, har vært en så stor belastning for meg. Jeg vil få det overstått nå.»

«Ja, det forstår jeg godt. Vet du allerede hva du vil gjøre?»

«Tja, det har jeg egentlig tenkt å diskutere med deg når vi er på turen. Jeg må jo besøke Jørgen før eller senere. Men jeg er så nervøs, og jeg vet ikke hva jeg skal si til ham. Han kjenner meg jo ikke.»

«Hvordan fant du ham forresten?»

Bussen har ankommet, og Erna og Hege går av.

«Jeg dro til sykehusarkivet på Tynset. Der fant jeg den første adressen hans, den som han hadde den gang. Etter det var det litt vanskelig, men jeg kjente jo etternavnet hans, da, altså var det egentlig bare å finne ham i Folkeregisteret. Men de var ikke særlig samarbeidsvillige der.»

«Det kan jeg tenke meg. Hvordan fikk du dem til å gi deg opplysningene? Fortalte du dem alt?»

«Nei, selvsagt ikke. Ved sykehusarkivet var de veldig åpne. Jeg fortalte dem at jeg hadde en barndomsvenn som hadde arbeidet der for mange, mange år siden, og at jeg ville finne ham igjen. Jeg tok litt av en risiko med denne historien, for jeg ville jo finne informasjon om en pasient, ikke om en ansatt. Men arkivet var lite, og opplysningene om de ansatte og om pasientene var i det samme skapet. På Folkeregisteret fortalte jeg en historie om at Jørgen var en gammel kunde. Det var jo bare tull, og de så veldig skeptisk på meg, for jeg hadde jo for lengst sluttet med forretningen min den gang. Men til slutt tenkte de vel at jeg var ei sentimental gammel dame, og da ga de meg bare adressen hans.»

«Og nå har du hatt den – hvor lenge?»

«I åtte år, Hege. Tenk deg, åtte år! Jeg har alltid vært redd for at jeg ville ta denne hemmeligheten med meg i graven.»

en belastning	noe som er tungt, vanskelig
overstått [å]	som heldigvis er over
et etternavn	familienavn
Folkeregisteret	myndighet som registrerer adresser i Norge
samarbeidsvillig	som gjerne vil hjelpe andre
en opplysning	en informasjon
en pasient	«kunde» på et sykehus eller hos en lege
et arkiv	rom hvor man har gamle dokumenter
en forretning	en bedrift, et firma
sentimental	full av følelser, gjerne melankolsk

«Ja, Erna, nå er det på tide å besøke Jørgen.»
«Men hva skal jeg si til ham, Hege?»
«Sannheten, Erna. Enkelt og greit.»
Erna sukker.

Spørsmål til teksten
Hva slags vær kan Erna forvente på fjellturen?
Hvorfor skal hun ta med matpakke?
Hvem – tror du – er Jørgen?
Hvordan fant Erna Jørgens første adresse?
Hvordan fant Erna Jørgens nåværende adresse?
Tror du at sykehuset og Folkeregisteret hadde lov til å gi Erna Jørgens adresse?
Hva synes du om at sykehuset lot Erna gå i arkivet og lete etter en gammel adresse?   **å la, lot,**   å gi tillatelse, å ikke
Hvordan kan du få informasjon om en fremmed person i ditt hjemland?   **har latt**   hindre

Kildesortering

Peter har sortert avfallet, men han har ikke vært særlig omtenksom. I hver beholder er det én ting som ikke skal være der. Utover det har han glemt hvilken beholder som passer i hvilken kategori. Kan du hjelpe ham?

Kategorier:

- en tepose, et batteri, gammel salat, potetskall, et råttent eple →

- en melkekartong, to aviser, ei grammatikkbok, ei klokke som ikke fungerer →

- en pose, en plastforpakning, en konvolutt, en flaske (ikke av glass) →

- et par sko, en T-skjorte, fire underbukser, ei vinflaske →

- et batteri, rester av rengjøringsmidler for toalett og bad, et brev fra ekskjæresten →

- sigaretter, et lite stykke metall, ei skje, en forpakning av tre, to sokker →

å sortere, sorterte	å ordne
et avfall	søppel; noe man kaster
å kildesortere, kildesorterte	å sortere avfall
omtenksom [åmtenksåm]	som tar seg av andre / tenker på andre og hvordan de har det
(en) plast	kunststoff som ligner på gummi, som man f.eks. bruker for å lage poser
Fretex	organisasjon som driver med distribusjon av brukte klær
et batteri	akkumulator; instrument for å «oppbevare» strøm
et potetskall	det som er rundt en potet
råtten	ødelagt (om mat)
en melkekartong [å]	forpakning for melk
en forpakning	det noe er pakket inn i
en konvolutt	det man sender brev i
et rengjøringsmiddel	noe som en såpe, gjerne flytende, for å vaske/pusse
et metall	f.eks. jern

Oljeboring i Lofoten

en oljeboring	det å lete etter olje
en motstand	det å prøve å for-hindre noe
oljefri	som er uten olje; *her*: uten oljeboring

Som du sikkert vet, er den norske økonomien ganske avhengig av oljeindustrien. Man har også funnet olje i nærheten av Lofoten, men det er stor motstand mot olje-boring der. Les argumentene som Folkeaksjonen oljefritt Lofoten, Vesterålen og Senja publiserte våren 2012. Er du enig med Folkeaksjonen? Hva synes du om dette?

1 Lofoten, Vesterålen og Senja er verdenskjent for landskapet og rike naturressurser i havet. Oljeindustrien vil utgjøre en trussel mot naturen i området.

2 Oljeindustrien står i konflikt med flere av de etablerte næringene i Lofoten, Vesterålen og Senja. Reiseliv og fiskeri er næringer som kan vare i et mye lengre perspektiv enn oljenæ-ringa.

3 Et oljeutslipp utenfor Lofoten, Vesterålen og Senja vil være dramatisk for reiselivet, fiske-riene og folk som bor i regionen. Konsekvensene vil kunne bli særdeles alvorlige, både for miljø og for næringsliv.

4 Klimaendringene blir stadig mer reelle. Av hensyn til de dramatiske konsekvensene av et endret klima må noe av oljen og gassen få ligge i fred.

Kilde: http://folkeaksjonen.no/ sites/default/files/documents/ar-gumentasjonsnotat_LoVeSe.pdf
© Folkeaksjonen Oljefritt Lofoten, Vesterålen og Senja

et landskap	natur	**dramatisk**	som er veldig alvorlig	**en klima-endring**	det at klimaet forandrer seg
en naturres-surs	noe som man hen-ter fra naturen	**en konse-kvens**	noe som følger av en annen ting; effekt	**reell**	som virkelig finnes
å utgjøre	å danne			**hensyn**	av hensyn til = på grunn av
en trussel	noe som kan øde-legge noe; en fare	**særdeles**	spesielt	**en gass**	luft er en gass; *her*: gass man kan brenne
		et miljø	natur; omgivelsene		
et oljeutslipp	det at olje kommer ut i naturen og skader naturen	**et næringsliv**	industri, handel og tjenester	**fred**	det motsatte av krig; *her*: ro

Perfektum partisipp

Perfektum partisipp er et morsomt uttrykk, ikke sant? Hva er det egentlig? Hvis jeg sier:

>Jeg har studert i Norge.

... så er **studert** perfektum partisipp (altså perfektumsformen av verbet **å studere**). La oss se litt på hvordan vi kan bruke perfektum partisipp. Jaja, jeg vet det – selvfølgelig for å danne presens perfektum. Men vi kan også bruke det som *adjektiv*. Det har du ikke tenkt over ennå, eller? Se her:

>Jeg har betalt regningen.   (presens perfektum, altså verb)
>Regningen er betalt.   (adjektiv)

Når vi bruker partisippet som adjektiv, må vi også bøye det. For eksempel:

>Den betalte regningen ligger på bordet.

Jeg synes at det her var nesten litt for enkelt for deg. Så nå tar vi noe som også mange nordmenn har problemer med. Når vi bruker et partisipp som adjektiv, må vi nemlig være litt forsiktige:

1

Hvis vi bruker perfektum partisipp som ender på **-et** (f.eks. **ønsket, savnet** ...) i bestemt form, får vi endelsen **–ede**:

>den savnede gutten
>det ønskede resultatet
>de skadede personene

men:

>det ødelagte huset (fordi **ødelagt** ikke ender på **-et**)

2

Er verbet uregelmessig, kan vi bøye perfektum partisipp som adjektivet **egen**.

>en stjålen bil / et stjålet smykke
>den stjålne, brukne, forsvunne ...

3

Vi har ingen samsvarsbøyning hvis perfektum partisipp står etter substantivet som beskrives:

>Disse personene er savnet.
>Denne sykkelen er stjålet.

men:

>Disse personene er gamle.

et smykke	noe for å pynte seg, f.eks. en ring
å brekke, brakk, har brukket	å bryte

112

Adjektiv som substantiv

Av og til kan vi bruke adjektiv som substantiv. For å danne bestemt form bruker vi da adjektivartikkelen:

> de gamle

Kanskje er du forvirret når du tenker på hvordan du må bøye adjektivet her (for du må jo bøye det, ikke sant?). Men det er egentlig lett. Du bøyer det fortsatt som et adjektiv. Tenk deg rett og slett at du setter inn **person** eller **menneske** etter adjektivet:

> de gamle (menneskene)
> den gamle (personen)

Dette fungerer forresten også for noen partisipper:

> å ansette:
> en ansatt (person)
> den ansatte (personen)
> mange ansatte (personer)
> de ansatte (personene)

å ansette, ansatte, har ansatt	å avtale at noen skal jobbe for en
til salgs	som man kan kjøpe
en kaptein	«sjef» på en båt
å bade, badet	å svømme

Til med genitiv

I noen uttrykk med **til** bruker vi fortsatt de gamle genitivformene som ellers ikke er i bruk lenger. Det betyr at ordet etter **til** får en **-s**-endelse. Slapp av, det er kun veldig få uttrykk, men de er ganske nyttige:

> å være til salgs → Huset er til salgs.
> å gå til fots → Du kan ikke kjøre dit med bilen, du må gå til fots.
> å gå til sengs → Jeg er veldig trøtt og må gå til sengs snart.
> å dra til fjells → Om vinteren drar mange nordmenn til fjells for å stå på ski.
> å dra til sjøs → Jeg vil dra til sjøs og bli kaptein på et stort skip.

Husk at uttrykkene kan ha en annen betydning når du ikke bruker **-s**-endelsen.

> å dra til sjøs → å jobbe på et skip
> å dra til sjøen → å dra til stranda for å bade, fiske, nyte utsikten osv.

Småord som gir setningene litt «farge»

Disse ordene bruker vi ofte uten at de betyr noe særlig konkret. Men når du bruker dem, blir norsken din mye mer «fargerik».

jo

Egentlig er **jo** et svar på et spørsmål med ikke.

> Er du ikke fra Italia? – Jo, jeg er fra Italia.

Men vi kan også bruke det i betydningen **som du vet**:

> Det var jo bare tull. = Som du vet, var det bare tull.

vel

På muntlig norsk kan vi begynne en setning med **vel** hvis vi ikke vet hva vi skal si:

> Vel, hva skal jeg si?
> Vel, det er et vanskelig spørsmål.

Vi kan også kombinere **vel** med **ja** eller **nei**, og da betyr det også at vi egentlig ikke vet hva vi skal si:

> Faren min har en grønn kanarifugl som heter Alfred. – Ja vel.
> Denne fuglen kan ikke synge særlig bra. – Nei vel.

Vi kan også bruke **vel** når vi ønsker en bekreftelse. Da betyr det omtrent det samme som **ikke sant**? eller **jeg håper at**.

> Du klarer vel denne oppgaven? = Du klarer denne oppgaven, ikke sant?
> = Jeg håper at du klarer denne opp-gaven.

Vel kan også bety **sannsynligvis**.

> Men til slutt tenkte de vel at jeg var ei sentimental gammel dame.
> = Men til slutt tenkte de sannsynligvis at jeg var ei sentimental gammel dame.

nok

Nok betyr egentlig at man ikke trenger mer:

> Trenger vi fire egg? – Nei, tre egg er nok.

Men **nok** kan også bety **vel/sannsynligvis**:

> Det kommer nok ikke til å regne.
> = Det kommer sannsynligvis ikke til å regne.

Vi bruker også **nok** når vi vil si noe leit, noe vi beklager:

> Jeg må nok dessverre gå.
> Jeg kan nok ikke hjelpe deg.

en fugl	dyr som kan fly, f.eks. papegøyer
en kanari-fugl	spesiell fugl som kan synge veldig fint

«Feil» ordstilling – igjen

I kapittel 31 lærte du at vi noen ganger bryter reglene for riktig plassering av ord i en setning.

Det finnes også en annen situasjon hvor vi kan sette adverbialet på «feil» plass, som jeg vil forklare for deg nå. Når vi vil legge trykk på subjektet som kommer etter adverbialet (ikke, aldri ...), kan vi sette adverbialet foran subjektet. Vi gjør altså på en måte en «bevisst feil» for å få til denne effekten. Effekten ligner litt på utbrytning (se også kap. 31), men her forandrer vi altså ordstillingen.

Se på et eksempel:

I dag vil jeg ikke vaske gulvet. Jeg har ikke tid.
(«riktig» ordstilling)

I dag vil ikke JEG vaske gulvet. Det er din tur!
(«feil» ordstilling → trykk på **jeg**)

Vi kan gjøre det samme med et objekt. Effekten er i prinsippet den samme: Hvis objektet står etter adverbialet, får det trykk, ellers er det nøytralt.

Men hvis du har studert denne boka nøye, vet du at objektet egentlig kommer etter adverbialet, ikke sant? Det betyr altså: Hvis et objekt kommer på vanlig plass, får det trykk. Hvis du vil at objektet *ikke* får trykk, kan du sette det på «uvanlig» plass, nemlig foran adverbialet.

Slutt på teorien – her kommer noen eksempler:

Liker du denne genseren?
– Nei, jeg liker ikke DEN, men den andre genseren der borte.
(«riktig» ordstilling → trykk på **den**)
Liker du denne genseren? – Nei, jeg liker den IKKE.
(«feil» ordstilling → trykk på **ikke**)

å bryte, brøt, har brutt	å ødelegge, å knuse
et trykk	aksent, det å legge vekt på
en effekt	konsekvens
å ligne, lignet	å være omtrent lik
nøytral	*her:* uten trykk
en teori	en idé, hypotese

1 Bevegelse og ro: Sett inn det riktige ordet.

I sommer skal jeg reise til Tromsø og bli (der, dit) ... i fem dager. Jeg vil dra (det, dit) ...for å se midnattsola. Om sommeren går sola aldri (nede, ned) ... (der, dit) ... Jeg har hørt at man har den beste utsikten fra Storsteinen. Det tar en time å gå (opp, oppe) ..., men det er veldig anstrengende. Når man først er (opp, oppe) ..., kan man se (ned, nede) ... på hele byen og utover fjorden. Det kommer sikkert til å være mange mennesker (der, dit) ... (opp, oppe) ... siden det er ganske vanlig å være (ut, ute) ... selv om det er sent. Om vinteren, derimot, blir de fleste (hjem, hjemme). Det er koseligere å være (inn, inne) fordi det er ganske kaldt (ut, ute) ... Men når nordlyset kan sees (opp, oppe) ... på himmelen, er det mange som går (ut, ute) ...

et nordlys	lys på himmelen som man kun ser om natta i de nordlige delene av verden
nedlagt	som ikke er i drift lenger

2 Sett inn riktig form av *ansatt*. Husk eventuelt artikkelen.

Sjefen sier til sine ...: Jeg har aldri hatt så dumme ... som dere! Men en av ... svarer: Det er ikke sant. Jeg har også snakket med en annen ..., og vi synes at vi er ganske kloke ... Den ... jeg snakket med, mener derimot at vi har en ganske dum sjef.

3 Sett inn riktig form av partisippet/adjektivet i parentes.

(betalt) Hvor er de ... regningene?
(nymalt) De ligger på det ... bordet.
(nedlagt) De to fabrikkene på den andre siden av gata er ...
(håndskreven) Jeg synes at ... brev er penere enn e-poster.
(vasket) Skal jeg legge de ... buksene hit?
(vasket) Er disse genserne ...?
(stjålen) Er den ... bilen blitt funnet?
(savnet) Nei, men den ... gutten kom tilbake til foreldrene sine i går.

4 Vær og klima – hvilket ord beskriver setningen?

orkan – plussgrader/varmegrader – nedbør – oppholdsvær – yr – regnbyger – minusgrader/kuldegrader – tåke – kuling

a) veldig sterk storm
b) veldig fint regn
c) sterkere enn en bris, svakere enn en storm
d) når man ikke kan se veldig langt
e) temperatur under 0 grader
f) temperatur over 0 grader
g) snø, regn, tåke
h) når det slutter å regne
i) når det regner veldig kort

5 Omformuler setningene slik at de betyr det samme. Bruk *jo/vel/nok*.

Eksempel:

Som du vet, er jeg ganske syk. → *Jeg er jo ganske syk.*

Det er helt klart at Russland er et stort land.

Jeg regner med at han ikke har så mye å gjøre.

Du har sannsynligvis hørt at vi skal flytte til Stavanger?

Petra vet at hun kan ringe meg når som helst.

Han visste at jeg ikke var hjemme.

Kanskje du kan finne deg et sted å sitte.

et verk-sted	stort rom med verktøy hvor man kan reparere/bygge ting, f.eks. hos en bilmekaniker eller snekker

6 Omformuler setningene slik at du ikke bruker de understrekede ordene. Bruk *til sengs, til sjøs, til fots, til fjells, til salgs.*

Før du går på fjelltur, skal du sjekke værmeldinga.

Jeg er så trøtt at jeg snart må gå og legge meg.

Arbeidet på havet kan være ganske slitsomt.

Dette huset kan du kjøpe.

Bilen er på verksted, så vi kan ikke kjøre.

7 Velg riktig alternativ.

- Eier du dette huset? – Nei, jeg eier (ikke det / det ikke), jeg leier det.
- Eier du dette huset? – Nei, jeg eier (ikke det / det ikke), jeg eier huset i Kirkeveien.
- Dette kan (Morten ikke / ikke Morten) hjelpe deg med. Men muligens kan Silje hjelpe deg.
- Dette kan (Morten ikke / ikke Morten) hjelpe deg med. Men han kan hjelpe deg med mange andre ting.
- Liker du norsk grammatikk? – Nei, jeg liker (ikke det / det ikke), men jeg liker russisk grammatikk.
- Liker du norsk grammatikk? – Nei, jeg liker (ikke det / det ikke), jeg hater det!
- Skal (ikke du / du ikke) ringe kjæresten din? Jeg trodde du hadde en viktig beskjed til ham.
- Skal (ikke du / du ikke) ringe kjæresten din? Jeg synes du burde gjøre det selv.

TYPISK NORSK:
MATPAKKE

I Italia og Frankrike spiser man kanskje lunsj på restaurant, men i Norge? Utenkelig! For det første er lunsjpausen altfor kort, og for det andre har man selvfølgelig tatt med *matpakke* hjemmefra.

Tradisjonelt består en matpakke av brødskiver med noe ost imellom. Det kan gjerne være brunost.

PS: Papiret som ligger mellom brunosten, heter **mellomleggspapir**, og selv om du synes at det kanskje smaker bedre enn osten, spises det ikke. Man bruker det bare for å unngå at osteskivene klistres sammen.

Fjellturen var herlig. Det var veldig slitsomt å gå opp på fjellet. Men etter 300 meter kom Erna og Hege ut av skogen og hadde en fantastisk utsikt over byen, fjordene og øyene. De gikk helt opp til en liten topp, hvor de spiste matpakken sin – ostesmørbrød, et eple og en bolle. Så drakk de litt te og gikk nedover igjen.

Nå er de tilbake i byen. Erna og Hege er litt sultne igjen. De vil gjerne spise ute. De går litt opp og ned Storgata og ser på menyene. Etter hvert bestemmer de seg for en liten, koselig restaurant som heter *Ellas drømmekjøkken*. Servitøren er ei hyggelig dame, som anbefaler dem fårikål med potetstappe. De unner seg til og med et glass vin, selv om det er fryktelig dyrt. Men det er godt med vin til et så nydelig måltid.

Så kommer servitøren med regningen. Hege tar frem lommeboka og betaler. Hun gir til og med 20 kr i tips, for de er veldig fornøyde.

«Sånn, Erna. Nå blir det alvor! På tide at du gir beskjed til Jørgen.»

«Ja, men Hege, hva skal jeg si?»

«Jeg mener du bør ringe ham og si at du må snakke med ham.»

«Tror du ikke at han kommer til å avvise meg? Det høres jo litt rart ut. Hva ville du ha gjort hvis ei dame ringte deg og fortalte deg på en litt mystisk måte at hun bare måtte snakke med deg?»

«Det er kanskje sant. Jeg ville vært skeptisk til å møte slike folk.»

«Nettopp.»

«Men tror du det er bedre bare å ringe på døra og spørre om du kan komme inn?»

«Nei, det er kanskje heller ikke så lurt», er Erna enig i. «Men hva gjør jeg da?»

«Kan du ikke finne opp en grunn til å besøke ham? Hva jobber han

ei matpakke	mat man tar med på tur eller spiser i en lunsjpause, f.eks. i et papiromslag eller i en boks
nedover	når veien fører ned, går man nedover
(en) fårikål	en tradisjonell norsk matrett med sauekjøtt og kål
(en) potetstappe	puré eller mos laget av poteter
fryktelig	skremmende, her: veldig, svært
nydelig	fin, velsmakende
tips	*her:* når man betaler litt mer enn man må, f.eks. til servitøren i en restaurant
(et) alvor [å]	når situasjonen eller noe er alvorlig, når man mener noe seriøst eller oppriktig
å avvise, avviste	å nekte adgang, å vise noen bort
mystisk	merkelig, på en hemmelighetsfull måte
lurt	når en idé er bra, smart

forresten med?»

«Han er snekker. Han har et eget lite verksted og lager møbler på bestilling.»

«Utmerket. Da sier du at du ønsker å bestille et lite skap eller en kommode eller noe sånt. Så ber han deg sikkert komme innom for å diskutere hvordan det skal se ut.»

«Det er en bra idé, Hege. Jeg skal ringe med en gang jeg kommer hjem.»

«Nei, Erna. Du ringer ham her fra restauranten. Jeg kjenner deg – når du først kommer hjem, finner du tusen grunner til å ikke ringe ham.»

Erna sukker og tar telefonen langsomt ut av lomma. Hun legger den på bordet foran seg. Hun kan føle hjertet banke. Da hun ser opp, møter hun Heges oppfordrende blikk. Endelig slår Erna nummeret – som hun allerede kan utenat, selv om hun aldri har ringt dit – og venter. Hun er veldig nervøs, men nå som Hege ser strengt på henne, skjønner hun at hun ikke må gi seg. «Ja, hallo, det er Jørgen Moe», hører hun etter noen sekunder. Dette er altså Jørgens stemme. Hvor lenge har hun drømt om å få høre den? Hun kan ikke huske det. Blikket hennes faller på Hege, som ser avventende på henne. Erna har nesten glemt at Jørgen venter på svar fra henne.

«Ja, eh, hei, det er Erna Langvik her. Jeg, eh, altså, jeg vil gjerne – altså, jeg trenger et skap. Nei, en kommode.»

«Ja vel. Du trenger en kommode. Hva skal du bruke den til?»

«Nei, jeg vet ikke. Altså, det vil si, selvfølgelig vet jeg. For, eh, for, altså, for klær, hadde jeg tenkt, og småting og sånt.»

«Hvor stor skal den være?»

«Det vet jeg ikke.» Erna føler at dette ikke utvikler seg til en god samtale – derfor bestemmer hun seg for å stille det avgjørende spørsmålet med én gang: «Kan jeg ikke bare komme innom deg, og så kan vi diskutere det sammen?»

«Ja, det må du gjerne gjøre. Når passer det for deg? På fredag i firetida for eksempel?»

«Ja, det passer utmerket. Da kommer jeg til deg da.»

«Har du adressen min?»

«Ja.»

«Kan jeg spørre deg hvordan du har blitt oppmerksom på meg?»

«Eh ... det er en lang historie. Altså kommer jeg på fredag kl. fire.»

Erna legger på. Hege smiler anerkjennende. «Bra gjort, Erna. Jeg er stolt av deg.»

en snekker	en håndverker som lager møbler og andre gjenstander av tre
utmerket	veldig bra, bemerkelsesverdig
innom	*her*: når man kommer innom noen, besøker man denne personen spontant og uformelt
et hjerte [jærte]	muskelen som pumper blodet rundt i kroppen; også et symbol på kjærlighet
oppfordrende	f.eks. når man sier noe på en måte som skal motivere noen til å gjøre noe
strengt	alvorlig, seriøst
avventende	f.eks. når man ikke vil gjøre noe med en gang, men heller venter litt for å se hva som skjer
ja vel	ok
småting	alle mulige små gjenstander
å utvikle seg, utviklet	å endre seg, å bli til noe annet; f.eks. barn utvikler seg når de blir store, eller en situasjon kan utvikle seg fra morsom til alvorlig
avgjørende	når noe er viktig og bestemmer utfallet av f.eks. en situasjon eller samtale
anerkjennende	på en måte som viser at man synes at noe er positivt eller bra

Spørsmål til teksten

Hva gjør Erna og Hege etter fjellturen?
Hvem – tror du – er Jørgen?
Hva foreslår Hege for Erna?
Hvorfor vil ikke Erna gjøre det?
Hvorfor vil Hege at Erna ringer Jørgen med én gang?
Hva sier Erna til Jørgen?
Hva avtaler Erna og Jørgen?

Jobb, CV og søknad

Trenger du jobb? Da må du skrive CV og søknad. Det kan være ganske vanskelig. I den følgende artikkelen skriver René Brunsvik, forfatteren av bloggen **cvnerden.no**, *hva du ikke burde skrive i en CV. Les tipsene og skriv din egen CV etterpå. Hvis du allerede har CV, sjekk om din CV tilsvarer det CV-nerden anbefaler.*

Kilde: http://cvnerden.no/10-ting-du-kan-kutte-fra-cven/ © René Brunsvik

Ti ting du kan kutte fra CV

Det vanligste er å være redd for at CV-en blir for kort.

Men den kan bli for lang også. Hvis CV-en din ukritisk lister opp informasjon på tre sider eller mer, begynner arbeidsgiver å skumlese – og den viktige informasjonen kan forsvinne i havet av detaljer.

Dessuten er det ofte forventet at den er under to sider. Her er derfor ti ting du kan kutte i en Word-CV. Noen er rene teknikker for å spare plass, andre er måter å renske opp i informasjonen på.

1. Tittelen «CV» eller «Curriculum Vitae»
Du kan bruke navnet ditt som tittel i stedet. Arbeidsgiver ser hvilket dokument hun har i hendene, og navnet ditt i stor, vakker font øverst er stilrent og oppfattes selvsikkert.

2. Oppsettet på kontaktinformasjonen
Klassiske eksempler på CV-er lærer oss å bruke en kvart side av arket på kontaktinformasjon. Sånn her:

en CV	forkortelse for *curriculum vitae*; en oversikt over det man har gjort i livet
en artikkel, artikler	bidrag i en avis, et ukeblad eller et tidsskrift
en blogg [å]	norsk for «blog», en type internettside
å tilsvare, -svarte	stemme overens med
å kutte, kuttet	fra engelsk **cut**: å ikke ta med, å fjerne
ukritisk	uten å tenke nøye over noe
å skumlese, -leste	å lese fort og unøyaktig, uten å ta inn all informasjon
en detalj	en veldig spesifikk enkeltdel av noe større
å renske, rensket	å gjøre ren/ordentlig
en tittel	et navn på noe man skriver (f.eks. ei bok), en overskrift
øverst	helt på toppen eller begynnelsen
en font	en skrifttype
stilrent	når noe er stilistisk bra, oppfyller estetiske forventninger
å oppfatte, -fattet	å forstå, *her*: å legge merke til, å tolke
selvsikker	når man føler seg trygg fordi man vet hva man kan

Kontaktinformasjon
Navn: René Brunsvik
Adresse: Elisenbergveien 99, 0277 Oslo
E-post: rene@brunsvik.info
Tlf.: 482 59 625
Født: 24. februar 1983
Sivilstatus: ugift

Men det er mye lettere å bare sette opp f.eks. sånn:

René Brunsvik

Elisenbergveien 99, 0277 Oslo | rene@brunsvik.info | + 47 48 259625 | født: 24.02.83

Det er faktisk fem linjer spart.
    Legg merke til at jeg droppet «sivilstatus». Både det og «barn» trenger du ikke ta med, selv om det var vanlig før.

3. Seksjonen «Nøkkelkvalifikasjoner»
Litt kontroversielt – for det er seksjonen mange jobbsøkere føler de må ha med. Poenget er at «nøkkelkvalifikasjoner» fort blir en samling subjektive påstander uten effekt.
    «Effektiv, sosial og fleksibel arbeider med evne til å omsette tung teori til praksis» ... er et eksempel jeg nettopp fant. Men dette er litt som å prikke en jente på skulde-ren og si: «Jeg er en tøff og nydelig alpha-male som du bør satse på.» Hvis du vil ha med «nøkkelkvalifikasjoner», råder jeg deg til å gjøre den mest mulig objektiv – en oppsummering av dine viktigste salgsargumenter / din profil:

• bachelorgrad i sosiologi med [et par relevante fagemner]
• 3 års erfaring som støttelærer på barneskole
• 2 år som leder av ungdomsforeningen «Ung»

Men hvis du skriver CV-en godt, kommer disse tingene gjerne frem av seg selv.
    Skriv en god og objektiv «nøkkelkvalifikasjoner» hvis du vil. Dropp den hvis du synes den er vanskelig å skrive, eller hvis du sliter med plass.

4. Opplysninger om ungdomsskole eller videregående
Du kan beholde dem hvis du er ung, ikke har mye erfaring, har lite eller begrenset utdanning – eller du skal søke et sted som ber om karakterer fra videregående (store konsulentselskaper, trainee i Schibsted osv.)
    Men hvis du har mastergrad, er det ikke veldig viktig hvor du gikk på videregåen-de.

(en) sivil-status	informasjon om man er (eller har vært) gift og har barn
kontro-versiell	når noe skaper stor diskusjon, noe folk kan være veldig uenige om
en på-stand	noe man forteller, f.eks. om seg selv, som man ofte ikke kan bevise
effektiv	når noe er gjort på en måte som er så rask og nøyaktig som mulig
fleksibel	når man kan tilpasse noe (eller seg selv) til forskjellige omstendig-heter
å omset-te, om-satte, har omsatt [å]	å faktisk gjøre noe, f.eks. noe man har snakket eller lest om
å prikke, prikket	*her:* å berøre kort
en skul-der	forbindelsen mellom overkroppen og armen
tøff	fra engelsk **tough**: hard, modig, slitsom
å satse på, satset	å gå inn for noe, å stole på noe
å råde, rådet/ rådde	*her:* å gi et råd
en opp-summe-ring	et sammendrag, en konklusjon
et fagem-ne	et tema innenfor et spe-sielt vitenskapelig fag
en støtte-lærer	en lærer som hjelper elever med spesielle behov
en mas-tergrad	en akademisk grad man får etter at man har full-ført en utdannelse, f.eks. på universitetet

Ungdomsskolen er det nesten aldri noen som bryr seg om. Jeg ville tatt med om jeg gikk på videregående eller nettopp var ferdig. Ikke ellers.

Videregående kan du beholde basert på hvor lenge siden det er. Selv droppet jeg den da jeg fikk bachelor. Ta med hvis du vil.

5. Deltidsjobber og engasjementer fra ungdomstiden

Noe av det viktigste du gjør i en god CV, er å se hvilke erfaringer som teller nå – og hvilke som bare er med på lasset.

Selv har jeg bare med ca. 70 % av det jeg har gjort, på egen CV – og det første som ryker, er stedene jeg var fra da jeg var 15 – avisbud, kioskarbeider, parkerings-vakt osv.

En innvending er at det kan si mye positivt om deg som person at du har jobbet siden du var ung. Det er en god innvending – selv om jeg tror det har mindre å si enn man tenker.

Løsningen er i så fall å lage et samlepunkt: «1999–2004: Diverse jobber (avisbud, parkeringsvakt, kasserer)». Det er mye bedre. Og samlepunktprinsippet kan du bruke overalt hvor du føler det er riktig.

Alt handler om å la de nye, relevante erfaringene – de som kan gi deg jobb – få stå synlig og i fred.

6. Irrelevante verv eller kurs

Jeg har sett folk føre opp «strikkekurs» og andre ting.

Det er ingen forbrytelse, og det kan oppfattes sjarmerende – men her har du lov til å kutte. Og det er heller ikke megaviktig at du har vært vararepresentant her og der. Har du gjort arbeid av betydning, så få det med – men passive verv kan du like gjerne lage et samlepunkt for. Eller kutte helt.

Dette er egentlig en seksjon for «must-have»-kurs og -sertifikater, som truckfører-bevis og førerkort klasse B. Så min egen tommelfingerregel er at kurs utover sånne ting bør være relevante. Kveldskurs i regnskap hvis du skal ha økonomiansvar. Face-book-kurs hvis du skal ha med sosiale medier å gjøre, osv.

7. Ikke-imponerende språkkunnskap

Du trenger ikke ta med at du snakker «noe» tysk muntlig eller «litt» fransk skriftlig.

Altså, du kan – men det kommer ikke til å imponere noen. Vi har Google Translate uansett. Kutt i vei hvis du vil.

en del-tidsjobb	en jobb med et begren-set antall arbeidstimer, f.eks. når man ikke job-ber en hel arbeidsdag eller ikke fra mandag til fredag
på lasset	i bagasjen; *her:* info som ikke er viktig, men som bare følger med
å ryke, røk/røyk, har røket	*her:* å bli tatt bort eller utelatt
en inn-vending	et argument mot noe
ei løsning	en måte å løse noe på
overalt [å]	alle steder
synlig	det som man kan se, er synlig
et verv	en oppgave
en forbry-telse	noe som ikke er lov, som man kan bli straffet for
sjarme-rende	noe eller noen som har sjarm, er tiltrekkende
en sek-sjon	et avsnitt
en tom-melfin-gerregel	en grov, ikke altfor nøy-aktig regel
utover	*her:* mer eller lenger enn noe, f.eks. mer enn det som er vanlig
et sertifi-kat	et skriftlig bevis, f.eks. på en kvalifikasjon
(et) regnskap [ræjn-]	(kunnskapen om å føre) en liste over inntekter og utgifter
å impone-re, impo-nerte	å gjøre inntrykk
muntlig	noe som ikke er skrevet ned

8. Basal datakunnskap

Hvis du er 50+ og har jobbet med hendene hele livet, er det fint å skrive at du behersker Word. Men i vårt samfunn begynner det å bli en ganske selvsagt ting. Du lever med det og lærer det fra barnsben. «Erfaren bruker av Internett og e-post» har jeg lest en del.

Dette er forventet. Bare å kutte, folkens.

9. Fritidsinteresser

Ok, la meg presisere: Jeg ELSKER fritidsinteresser hos unge søkere eller søkere med liten erfaring. Det siste jeg ville oppfordret dem til, var å prøve å vrenge ut en arbeidserfaring de ikke egentlig har. Unge som søker ufaglærte jobber, må selge seg selv som person, som en smilende og sjarmerende førstegangssøker som er motivert for å jobbe. At man brenner for å spille trommer, kan være en del av den historien.

Men hos en mastergradskandidat som søker departement eller lignende, er det ikke like viktig – eller vanlig.

Noen tar det med for å la det være en «samtalestarter», en «icebreaker». Og det kan være fint – så lenge du har fokuset ditt i orden. For eksempel bruker Aftenpostens eksempel på en CV like stor plass på å snakke om saksofonspilling som jobbsøkerens mastergrad i økonomi og administrasjon, og det er ikke bra.

Ta med fritidsinteressene hvis du føler de sier noe fint om deg som person. Kutt dem hvis du vil spare plass.

10. Referanser

Igjen, behold hvis du er ung og det kanskje er tvil om du HAR referanser.

Men det vanlige er å skrive «oppgis på forespørsel» – eller bare unngå å nevne i det hele tatt.

For hvis du søker 20 jobber og fører opp referansene dine på alle søknader, er det potensielt en ganske stor belastning for referansen som stiller opp.

Rekrutterere og arbeidsgivere vet – og respekterer – at du tar hensyn til dette. Og det er ikke vanlig å ringe referanser før etter intervjuet.

Bare kutt.

Sånn, ferdig.

Du kan kutte alle disse tingene, eller bare noen.

Det viktigste er at CV-en din ikke flyter over av info som er kronglete, tung eller i veien. Fatt deg i korthet – men ekspander det som er viktig og relevant for det du søker.

å beherske, behersket	å ha evne til, å være i stand til
fra barnsben av	helt fra man var barn
folkens [å]	uformell måte å henvende seg til en ubestemt gruppe på, som «alle sammen»
å presisere, presiserte	å bli mer nøyaktig, å gå i detalj
å vrenge ut, vrengte	*her*: å finne opp
en tvil	når man ikke er sikker på noe
å stille opp, stilte	*her*: å være villig til å gjøre noe
et intervju	fra engelsk **interview**: en type samtale
å flyte over, fløt/fløyt, har flytt	*her*: for mye av noe
kronglete	uoversiktlig, (for) komplisert, vanskelig
å fatte seg i korthet, fattet	å ta seg sammen, *her*: å uttrykke seg kort
(en) korthet	det å være kort (ikke lang)
en slutt	det som kommer sist
å ekspandere, ekspanderte	å bli større, vokse i størrelse

Hypotetiske setninger

Hvis et snøfnugg hadde vært en klem, ville jeg ha gitt deg en hel snøstorm!

På norsk finnes det mange forskjellige måter å si noe som bare er mulig i fantasien og ikke i virkeligheten. Vi kaller det for *hypotetiske setninger*. Hvis du ikke forstår forskjellen mellom hypotetiske setninger og en vanlig betingelse, se på det følgende eksemplet:

> Hvis du er hjemme, besøker jeg deg.
> (Kanskje er du hjemme, kanskje ikke. – Betingelse.)
> Hvis du var hjemme, besøkte jeg deg.
> (Men du er ikke hjemme, så jeg kan ikke besøke deg. – Hypotetisk setning.)

I denne setningen bruker vi *preteritum* for å si at setningen er hypotetisk.

En viktig ting: Selv om vi bruker preteritum, viser denne setningen til nåtiden, ikke til fortiden. Vi kan også si:

> Hvis du var hjemme nå, besøkte jeg deg nå.
> (Men du er ikke hjemme nå, altså besøker jeg deg ikke.)

Vi kan også bruke *preteritum perfektum:*

> Hvis du hadde vært hjemme, hadde jeg besøkt deg.
> → Jeg visste at du ikke var hjemme, og derfor besøkte jeg deg ikke.

eller:

> Jeg vet at du ikke er hjemme, og derfor besøker jeg deg ikke.

Dette har du hørt om før (i kapittel 30). Her må du bestemme ut fra situasjonen om setningen viser til nåtiden eller til fortiden. Du kan selvfølgelig bruke ord som gjør det tydeligere.

> Hvis du hadde vært hjemme i går, hadde jeg besøkt deg.
> (Men du var ikke hjemme i går, altså besøkte jeg deg ikke).

eller:

> Hvis du hadde vært hjemme nå, hadde jeg besøkt deg nå.
> (Men du er ikke hjemme nå, altså besøker jeg deg ikke.)

Slik er det klart om setningen viser til fortiden eller nåtiden.

Når du vil snakke om fortiden, må du *alltid* bruke preteritum perfektum.

et snøfnugg	en enkel partikkel av snø; kan sammenlignes med en regndråpe
(en) virkelighet	realitet
en betingelse	en forutsetning, noe som må være oppfylt

Vi kan også bruke en konstruksjon med **ville**:

> Hvis du var hjemme, ville jeg besøke deg.
> = Hvis du var hjemme, besøkte jeg deg.

Denne setningen betyr akkurat det samme som konstruksjonen med preteritum.

> Hvis du hadde vært hjemme, ville jeg (ha) besøkt deg.
> = Hvis du hadde vært hjemme, hadde jeg besøkt deg.

Denne setningen betyr akkurat det samme som konstruksjonen med preteritum perfektum og kan vise til enten nåtiden eller fortiden. Om du skriver **ville ha besøkt** eller bare **ville besøkt**, kan du bestemme selv. Begge konstruksjonene er riktige; den med **ha** er imidlertid litt mer muntlig.

Vi kan bruke **ville** i hovedsetningen, altså i setningen som uttrykker muligheten, men ikke i leddsetningen, den som sier noe om betingelsen.

- *Hvis det var sol, gikk jeg på tur.*
- *Hvis det hadde vært sol, hadde jeg gått på tur.*
- *Hvis det var sol, ville jeg gå på tur.*
- *...*

Uttrykke et ønske

Det finnes mange muligheter for å si at du vil ha noe / ønsker noe:

vil gjerne

Jeg vil gjerne ha en kopp kaffe.

preteritum

Kunne jeg få en kopp kaffe?
Hadde du tid et øyeblikk?
Jeg ville gjerne ha en kopp kaffe.

Dette er en litt høfligere måte å be om noe på.

vennligst

Kan jeg vennligst få en kopp kaffe?
Kan jeg vennligst snakke med Ragnhild?

Det er litt gammeldags og veldig formelt å bruke **vennligst**.

å få

Jeg vil gjerne få snakke med Ragnhild.
Kan jeg få låne paraplyen din?

vær så snill

Vær så snill å sende meg saltet! Vær så snill og send meg saltet!

Legg merke til at du må bruke **å** hvis du bruker infinitiv, og **og** hvis du bruker imperativ. (Til og med mange nordmenn har problemer med dette.)

takk

Jeg vil gjerne ha en kopp kaffe, takk!

gammel-dags	ikke lenger aktuelt, som tilhører en annen tid
en paraply	en gjenstand man holder i hånda når det regner, for å ikke bli våt

127

«Alt» om modalverb

Et modalverb er et verb som gir en annen «farge» til setningen. Se på forskjellen:
Vi arbeider. (et faktum – vi gjør det)
Vi må arbeide. (en forpliktelse)

Modalverbene bruker vi nesten aldri alene. Vi bruker dem sammen med et annet verb (her f.eks.: **arbeide**). Dette andre verbet står da i infinitiv (uten **å**). Det spesielle med modalverbene er at infinitiv og preteritum har den samme formen. Perfektumsformene bruker vi nesten aldri.
å kunne (infinitiv) → kunne (preteritum)

å ville – vil – ville – har villet
Jeg vil arbeide. = Jeg har lyst til å gjøre det.

Det vil være vanskelig.

Vil kan også bety at noe kommer til å skje i fremtiden (uten at vi har bestemt dette).

å måtte – må – måtte – har måttet
Jeg må arbeide. = Det er en forpliktelse, jeg har ikke noe valg.

Jeg må ikke arbeide.
= Jeg får ikke lov til å arbeide, f.eks. sier legen at jeg må være hjemme.

Dette er forskjellig fra hvordan vi f.eks. bruker **må ikke** på språk som tysk, russisk osv.
F.eks. på tysk: Ich muss nicht arbeiten.
= Jeg behøver ikke å arbeide (men jeg kan hvis jeg vil).

Derimot er det det samme på engelsk:
I must not work. = Jeg må ikke arbeide.

Bare hvis det er helt klart ut ifra sammenhengen, kan også den norske setningen **jeg må ikke arbeide** bety **jeg behøver ikke å arbeide**. For eksempel:
Vil du være med på hyttetur til helga, eller må du arbeide på lørdag?
– Jeg må ikke arbeide (akkurat da), så jeg blir gjerne med!

å kunne – kan – kunne – har kunnet
Jeg kan arbeide. = Jeg har muligheten til å arbeide.

Det kan bli fint vær i morgen.

Det er en mulighet, men vi vet ikke – kanskje det blir fint, kanskje ikke.

en forpliktelse	noe man må gjøre
å behøve, behøvde	å trenge

å skulle – skal – skulle – har skullet
>   Jeg skal arbeide. = Det er min plan – jeg har bestemt meg for å arbeide.

Det kan også være en forpliktelse. Når sjefen din sier f.eks.:
>   Du skal ringe denne kunden.

... så betyr det:
>   Du må ringe denne kunden.

>   Han skal være en god danser. = Jeg har hørt at han er en god danser.
>   Men jeg har ikke sett ham danse, så jeg er ikke sikker.

Her betyr **skal** at informasjonen er usikker.

>   Du skulle ha vært med i går!

Her betyr **skulle** at det var synd at du ikke var med.

å burde – bør – burde – har burdet
>   Jeg bør arbeide.

Dette er en anbefaling: Noen synes at det er bra hvis du arbeider.
Hvis du vil være veldig høflig, kan du si **burde** selv om du snakker om nåtiden:
>   Du burde arbeide nå.

Dette er litt mer elegant enn **du bør arbeide nå**.

å få – får – fikk – har fått
Dette er egentlig ikke et modalverb, men noen ganger kan vi bruke **få** som modal-verb. Da vil vi egentlig si **få lov til å**, men vi dropper **lov til å** (se også kap. 31):
>   Mamma, får jeg (lov til å) gå på kino?

Noen ganger bruker vi **få** litt ironisk – da mener vi egentlig **må**, men vi sier **få**:
>   Du får arbeide nå. = Du må arbeide nå.

å tørre – tør – turte –- har turt
Dette er heller ikke et modalverb, men vanligvis bruker vi **tørre** sammen med et annet verb, som ikke får **å** i infinitiv. **Tørre** betyr **ikke være redd for**.
>   Tør du ta det første skrittet når du liker noen?
>   Jeg har høydeskrekk. Derfor tør jeg ikke gå på fjelltur.

å be – ber – ba(d) – har bedt
Å be er heller ikke et modalverb, men vi kan også bruke **å be** uten **å** i infinitiv:
>   Jeg ber deg (om å) rydde opp i stua.

å danse, danset	å bevege kroppen til musikken
en danser	person som danser
ei anbefa-ling	noe man anbefaler, et tips
å tøre; jeg tør/turte/har turt	å ikke være redd for eller ha mot til å gjøre noe
(en) høyde-skrekk	å bli redd når man er i store høyder, f.eks. på et fjell eller et hustak
muligens	kanskje

Presens partisipp

en lesende gutt

en handling	noe som man gjør, eller som skjer
død	når noe ikke lever

Kanskje har du sett ord som **lesende** før. Hvis du er veldig oppmerksom, så skjønner du muligens at dette ordet kommer av verbet **å lese**. I grammatikken kaller vi **lesende** for presens partisipp.

Presens partisipp lager vi ved å legge **-(e)nde** til infinitivformen av verbet.
   å lese → lesende

1. Vi bruker presens partisipp som adjektiv. Det kan ikke bøyes.
   en lesende gutt = en gutt som leser
   ei lesende jente = ei jente som leser
   et lesende barn = et barn som leser

2. Vi bruker partisippet gjerne som adverb sammen med verb for å uttrykke at noe skjer samtidig med noe annet.
   Hun sitter lesende på sofaen.

Du kunne også si
   Hun sitter på sofaen og leser.

3. Når vi bruker partisippet sammen med verbet **å bli**, uttrykker vi at en handling forsetter. Det gjelder særlig verbene **ligge**, **sitte** og **stå**.
   Han ble liggende i senga fordi han var syk.
   Jeg blir sittende i bilen mens du handler mat.
   Glassene ble stående på kjøkkenbenken.

4. Mens perfektum partisipp har en mer passiv betydning, har presens partisipp en aktiv betydning. Sammenlign de følgende setningene:
   den spiste kua = kua som er blitt spist → perfektum partisipp
   den spisende kua = kua som spiser → presens partisipp

Kan du se forskjellen? I den første setningen er kua død, og noen har spist den, men i den andre setningen lever kua og spiser.

en sovende katt

1 Sett inn presens partisipp.

Barna dro (å synge) gjennom skogen.
Bilen kom (å kjøre) fra Ibsens gate.
Ei (å smile) dame sitter på kaféen.
Et stykke pizza ble (å ligge) igjen.
Den (å gråte) gutten har slått seg i hodet.
Hun kom (å løpe) mot meg.
Turistene ble (å stå) for å ta bilder av slottet.
Vi står (å vente) ved krysset.
Mora ligger (å sove) på sofaen.
Du ser på meg med et (å spørre) blikk.
Hun går (å nøle) mot døra.

et slott [å]	en bygning hvor dronninger og konger bor
et skjema	noe skriftlig man må fylle ut med informasjon
ei hjemmeside	en side på Internett, norsk for **homepage**
en legitimasjon	et papir som viser hvem man er

2 Per er ikke særlig høflig. Omformuler setningene slik at de høres bedre ut.

Kom til meg mellom kl. 8 og 9 for å hjelpe meg med flyttinga.
Jeg må snakke med deg.
Et glass øl.
Hjelp meg med å fylle ut dette skjemaet.
Disse to kundene ringer du senest i morgen.
Rydd opp på bordet her.
Er Erna her?

3 Omformuler setningene ved å bruke et modalverb (eventuelt også *å få* / *å tore* / *å be*).

Jeg ønsket å dra til Hellas i ferien.
Det er ikke lov å røyke her.
Ingvar sier at Hilde er syk.
Ofte er det vanskelig å finne det riktige modalverbet.
Jeg anbefaler at dere prøver å finne en bedre tekst til hjemmesiden deres.
Du er forpliktet til å vise legitimasjon når du kjøper alkohol.
I morgen kommer jeg til å male kjøkkenet.
I morgen kommer det til å regne.
Nevøen min har lyst til å gå på konserten, men søstera mi sier nei.
Kristian er redd for å ta fly.
Det er greit hvis du tar med deg hjem noen av mine bøker.
Jan mente det hadde vært godt for deg å trene litt oftere.
Jeg hadde ikke mulighet til å gjøre leksene i går.
Planen var egentlig å kjøpe dette huset, men jeg var for sent ute.
Denne jenta er så hyggelig, men jeg er redd for å snakke med henne.
Jeg synes det er farlig at du spiser så mye fett.
Eventuelt er det mulig at du får ekstra feriedager hvis du arbeider hardt.
I går hadde jeg så mye arbeid at jeg jobbet til kl. 23.

4 Bruk *hvis + preteritum* for å uttrykke noe hypotetisk.
Eksempel: jeg, ha råd – kjøpe ny bil → Hvis jeg hadde råd, kjøpte jeg ny bil.
du, bli ferdig med leksene i tide – ikke komme for sent på trening
det, ikke være dårlig vær i Norge hele tida – jeg, ikke bli deprimert
livet på Hamar, ikke være så kjedelig – jeg, søke jobb der
Torleif, drikke litt mindre – ikke bli så full
jeg, ha en hardere madrass – sove litt bedre
sønnen min, skrive bedre – ikke få så mange problemer på skolen
du, gå litt raskere – vi, kanskje rekke toget
du, stå opp litt tidligere hver dag – se soloppgangen av og til
denne nyheten, stå i avisa – alle, vite om den
fetteren din, spørre meg om råd – jeg, skrive en e-post til ham
han, be meg om hjelp – jeg, treffe ham så fort som mulig
broren din, selge meg bilen – jeg, dra til foreldrene mine minst én gang per uke
jeg, finne brillene mine – se deg bedre

5 Gjør øvelse 4 en gang til, men bruk nå en konstruksjon med *ville* i hovedsetningen.
Eksempel: jeg, ha råd – kjøpe ny bil → Hvis jeg hadde råd, ville jeg kjøpe ny bil.

6 Gjør øvelse 4 en tredje gang. Nå bruker du preteritum perfektum.
Eksempel: jeg, ha råd – kjøpe ny bil → Hvis jeg hadde hatt råd, hadde jeg kjøpt ny bil.

7 Skriv hypotetiske setninger. Bruk preteritum når det er mulig. Ellers bruker du preteritum perfektum.
jeg, bli ferdig før i kveld – vi, kunne besøke tante Astrid
du, lære mer forrige uke – bestå eksamen
øl, ikke være så dyrt i Norge – jeg, drikke mer
Tromsø, ligge langt nord – vi, dra dit oftere
du, selge leiligheten din i fjor – få mindre penger enn nå
du, slå koden riktig første gang – minibanken, ikke inndra bankkortet ditt
vi, sitte på balkongen – bli forkjølet
du, ta toget istedenfor Hurtigruten – ankomme i går allerede

deprimert	når man føler seg tung, trøtt og trist
en madrass	den myke delen på toppen av senga man sover på
tidligere	allerede på et tidspunkt før i tida
ei brille (vanligvis i flertall)	gjenstand med glass som hjelper en med å se ting bedre
å inndra, -dro, -dratt	å dra inn, ta fra
en mini-bank	maskin hvor man kan ta ut penger
å bestå, -sto(d), har bestått	*her*: å ha klart

TYPISK NORSK: TUR

Du har sikkert skjønt at Norge er et land fullt av naturelskere. Den typiske nordmannen er sprek og tilbringer helgene ute i marka. For Erna og Hege, som begge er over 80 år gamle, er det helt naturlig å gå på en større fjelltur. Det som er spesielt med en tur, er at den kan vare i alt fra fem minutter til fem uker:

> Jeg skal gå en tur i butikken. (5 min.)
> Jeg skal gå en tur med hunden. (30 min.)
> Jeg skal ta meg en tur til Kenya. (5 uker)

Tur betyr altså ikke nødvendigvis at du går til fots: det finnes også **skitur**, **sykkeltur**, **flytur** ... Men også andre kombinasjoner er mulige:

    hyttetur = du overnatter på hytta
    guttetur = flere gutter/menn drar på tur sammen
    fisketur = tur for å fiske

Derimot er det litt uvanlig å kombinere flere av disse ordene. Når du sykler til et godt fiskested sammen med dine venner, og dere overnatter på hytta etterpå, sier du ikke at du drar på ~~sykkelguttefiskehyttetur~~. Men hvorfor egentlig ikke gjøre det norske språket litt rikere? Det er lov å være kreativ.

133

Nils har ventet på læreren i to timer da hun kommer tilbake. Da hun åpner døra, har han allerede rukket å bli redd for å måtte tilbringe hele sommerferien i dette rommet. Samtidig er han usikker på hva som vil skje med ham. Har læreren kommet for å gi ham tilbake til jentene? De hadde jo ikke skadet ham med vilje, så han tenker at de vil få ham tilbake.

Hun kommer til benken og ser på ham. Hun tar papirlappen som ligger ved siden av ham, og nøler litt. Så griper hun etter mobiltelefonen i lomma og slår et nummer. Ringer hun til denne Jørgen Moe?

«Ja, hallo, dette er Karina Bjerke, Vinterlyst skole i Tromsø. Jeg ville bare si – altså, jeg har funnet en nisse, og i nissen er det en papirlapp med navnet ditt ... Nei, jeg tuller ikke, det er slik at noen barn her på skolen har lekt med nissen, og så ble den skadet. Når jeg begynte å reparere nissen, fant jeg en liten papirlapp i ham hvor det står navnet, adressen og telefonnummeret ditt. ... Du vet ingenting om en nisse? Nei, jeg tenkte bare ... aha ... ja vel, jeg skjønner heller ikke hvorfor ditt navn står på denne lappen. Da beklager jeg at jeg har forstyrret deg. ... Tusen takk, i like måte. Hei.»

Læreren legger på.

Da ringer det inn til ny time. Friminuttet er over. Hun forlater rommet – forhåpentligvis kommer hun tilbake etter timen, tenker Nils.

Igjen er han helt alene. Han ser seg litt rundt i rommet. Det blir sannsynligvis ikke brukt særlig ofte, tenker han. Alt er veldig gammelt, men det er ryddig på rommet.

Så blir han litt nysgjerrig. Hvem er denne Jørgen Moe? Han har aldri hørt dette navnet. Men Erna må kjenne ham. Eller kan det ha vært noen

en vilje	hensikt, ønske, evne til bevisst handling
å forstyrre, forstyrret	å gjøre noe som kan være upassende for en annen person i dette øyeblikket, f.eks. å snakke med noen når personen egentlig er opptatt med noe annet
et frimi- nutt	en pause mellom to skoletimer

annen som har skrevet papirlappen? Nei, Emil har jo forklart ham at det var Erna som laget ham. Så det må ha vært Erna. Hvordan kan han finne ut mer om denne Jørgen?

Da får han en idé. Han har jo fortsatt mobiltelefonen som Emil har gitt ham. Kan han ikke bare ringe Jørgen med den? Han tar den ut av jakka si og slår nummeret som står på lappen. Han har aldri ringt til noen annen enn Emil. Men det er ingen fare å ringe noen – personen som blir oppringt, ser jo ikke at han er en nisse.

«Ja, hei, det er Jørgen Moe her.»

«Hei, eh, ja, det er Nils. Altså, eh ...»

«Er det noe jeg kan hjelpe deg med?»

«Hvem er du?» Nils føler at han kanskje er for direkte. Men kanskje er det best å gjøre det slik.

«Hva sier du?»

«Jeg vil bare vite hvem du er.»

«Jeg er Jørgen Moe, snekker fra Tromsø.»

«Å, beklager. Jeg har ringt feil nummer. Du får ha en fin dag!»

Før Jørgen kan si noe, legger Nils på. Han synes det er litt flaut å lyve, men han kommer ikke på noen annen unnskyldning enn at han har ringt feil nummer.

Men egentlig vet han ikke mer nå enn før. Hvordan kjenner Erna denne Jørgen Moe? Han vil gjerne vite hvem han er. Og hvorfor har Erna skrevet navnet hans på en papirlapp?

| **en fare** | en risiko, muligheten for at noe kan gå galt |
| **å lyve, løy, har løyet** | å si noe som ikke er sant |

Spørsmål til teksten

Hva gjør læreren da hun kommer tilbake?

Hva slags tanker har Nils?

Hvordan vil han finne ut hvem Jørgen er?

Preposisjoner med tall

I går var det 15 grader. Nå er det 20 grader.

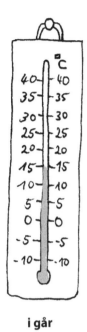

- Temperaturen har økt fra 15 grader til 20 grader.
- Temperaturen har altså økt med 5 grader.
- I dag ligger temperaturen på 20 grader.

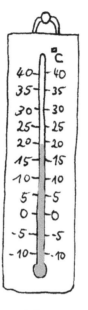

i går

i dag

Preposisjoner med tid

i/om/for ... siden
Klokka er 14.30.

klokka 14.40 = om ti minutter
klokka 14.20 = for ti minutter siden
fra kl. 14.20 til kl. 14.30 = i ti minutter

Dette kan du allerede, ikke sant?

Tenk på hva det betyr avhengig av om du bruker preteritum eller presens perfektum:
> Jeg har ventet på henne i ti minutter.
> = Jeg begynte å vente kl. 14.20 og venter fortsatt.
> Jeg ventet på henne i ti minutter.
> = f.eks. fra kl. 14.10 til kl. 14.20, og da kom hun.

måneder og år
> I august er det mye sol – til og med i Norge.
> I 1814 fikk Norge egen grunnlov.

Med måneder og år sier vi alltid **i**, så dette er ganske lett.

Regelmessig og uregelmessig
> På mandag har jeg fødselsdag. = den aktuelle mandagen
> På mandager går jeg på norskkurs. = alle mandager

> I kveld skal vi besøke Kari. = bare i dag
> Om kvelden pusser jeg tennene. = hver kveld

> I vår var jeg i Frankrike. = denne våren, bare én gang
> Om våren smelter snøen. = hver vår

Du ser at **om** vanligvis står for noe som skjer regelmessig. Det eneste unntaket er: **Om tre uker** betyr **fra nå av tre uker senere**. Husk å bruke artikkelen riktig! Vi bruker bestemt artikkel for det som skjer regelmessig. Vi kan altså f.eks. ikke si i våren eller om vår. Med dager bruker vi flertall for å si at det skjer regelmessig (**på mandager**).

Tidsrom
Når du snakker om hvor lenge du gjorde / har gjort noe, bruker du **i** eller **på**:
> I tre år har jeg lært norsk, men jeg kan fortsatt ikke snakke bra.
> (uten resultat)
> På tre år har jeg lært meg norsk slik at jeg snakker flytende.
> (med resultat)

> Jeg har ikke sett ham på tre år.
> (setning med **ikke**, uavhengig av om det er resultat eller ikke)

Men: Vi har vært venner i tre år.
         (setning uten **ikke**)

avhengig av	som behøver noe, f.eks. bestemte omstendigheter eller ting, for å fungere
(en) grunn-lov	en konstitusjon; grunnleggende prinsipper som er samlet i en lov som et politisk system er basert på; Norge fikk sin egen grunnlov i 1814
en fødsels-dag	bursdag
å smelte, smeltet	når snøen blir til vann, smelter den
et tidsrom, tidsrommet	en periode, tid mellom to tidspunkt
flytende	*her:* å beherske et språk slik at man kan ha en samtale uten problemer eller mange pauser mellom ordene

Da/når

I kapittel 30 lærte du hvordan vi bruker **da** og **når.**

Denne regelen gjelder ikke 100 %, særlig ikke når vi snakker. Da sier mange nord-
menn **når** når de egentlig må si **da**. For eksempel sier Karina:
> Når jeg begynte å reparere nissen, fant jeg en papirlapp.

Dette skjedde bare én gang, så hun måtte egentlig si:
> Da jeg begynte å reparere nissen, fant jeg en papirlapp.

Men siden hun sier det (og ikke skriver det), er det greit.

Vi kan også bruke **da** som adverb. Da betyr det **i dette øyeblikket** eller **i så fall**:
> Da ringer det inn til ny time.
> = I det øyeblikket ringer det inn til ny time.
> Da beklager jeg at jeg har forstyrret deg.
> = I så fall beklager jeg at jeg har forstyrret deg.

Det finnes en situasjon hvor vi aldri kan bruke **da**. Når vi snakker om framtida, dvs.
om noe som kommer til å skje, kan vi bare bruke **når**.
> Når Per kommer, skal vi synge «Happy birthday».

Husk fra kapittel 30:
> Hvis Per kommer, skal vi synge «Happy birthday».
> (Men kanskje kommer han ikke.)

Når kan også være et spørreord.
> Når passer det for deg?
> Når ble du født?

Svaret er et tidspunkt, f.eks. **kl. 20** eller **i 1981**.

for

For er et lite ord som kan bety ganske mange forskjellige ting. De viktigste betydningene finner du her:

1) *for = fordi*

Vi kan ikke gå på tur, for det regner.
Men husk! Etter **fordi** begynner en leddsetning. Etter **for** begynner en hovedsetning:
Det er mørkt fordi sola ikke skinner.
Det er mørkt, for skola skinner ikke.

for

2) *for (å) → et mål, et resultat*

For å få jobb i Norge må du snakke bra norsk.
Du trenger norsk for jobben din.

3) *for* i faste konstruksjoner

for tiden (= nå)
for eksempel

5) *for = i forhold til*

Hotellet ligger til venstre for jernbanestasjonen.
Oslo ligger sør for Lillehammer.

4) *for* + adjektiv = *mer enn nødvendig/mulig*

Nils føler at han kanskje er for direkte.
= Det er ikke nødvendig at han er så direkte.
Denne bilen koster for mye.
= Det er ikke mulig for meg å kjøpe den.

Hvordan? Ved å ...

Når du snakker om hvordan du kommer frem til et bestemt resultat, kan du bruke **ved å**:

> Ved å spise mindre sukker kan man gå ned i vekt.
> Du blir rik ved å arbeide hardt.
> Ved å lese **Nils** grundig lærer du ordentlig norsk.

grundig   nøyaktig, ordentlig

Hel og halv

Hel og **halv** er egentlig ganske vanlige adjektiv. Det er bare ett unntak: Når vi bruker dem i bestemt form, har vi ikke adjektivartikkel:

> Han har blitt redd for å måtte tilbringe hele sommerferien i dette rommet.
> Halve klassen er syk.

141

1 *Langt/lenge/lenger/lengre* – sett inn riktig form.

I denne ferien syklet jeg ganske ... , mye ... enn i fjor. Den dagen jeg syklet
... , var det mer enn 90 kilometer. Den siste dagen tok jeg bussen hjem. Jeg måtte
vente på den veldig ... . Men når jeg tar bussen til jobben, må jeg ofte vente enda
... .
Vi skal kjøpe et bord til stua. Det har stått et ... bord der ganske ... , men vi har
tenkt å skifte det ut. Bordet vi skal kjøpe nå, er enda ... .

2 *Da/når/hvis/om* – sett inn det riktige ordet.

Er du syk? ... burde du bli liggende i senga.
Vet du ... flyet ankommer til Oslo lufthavn?
... flyet ankommer i tide, rekker vi toget til Lillehammer kl. 10.
Jeg hadde akkurat begynt å spise ... telefonen ringte.
... skal vi møtes?
... er det avgjort. Vi møtes på kaféen ... du er ferdig med oppgavene dine.
Vet han ... det er dyrt å spise på denne restauranten?
... du ikke står opp nå, vil vi spise frokost uten deg.
Vi besøker alltid vennene våre i Bergen ... vi reiser til Norge.
... hun vil, kan hun gjerne bli med på hytteturen.
Jeg vet ikke ... hun har lyst til det.
Vi ble veldig glade ... vi fikk vite at Tove var gravid.
... det ikke slutter å snø snart, må jeg gå ut og måke fortauet.
Nils ville fortsatt ha sittet på Hurtigruten ... Kristian ikke hadde tatt ham med seg.
... Nils kom til bevissthet igjen, lå han i armene til Karina.
Har du ennå ikke vært på Munchmuseet? ... kan vi gå dit sammen på lørdag.

3 Bruk riktig preposisjon: *i, på, om*

a) Vi har ikke vært på ferie ... fire år. Men ... to uker skal vi endelig reise igjen. Vi drar til
Canada ... fem uker, og jeg håper at vi får sett store deler av landet ... de fem ukene.
b) ... onsdager går Hanne alltid på fotballtrening. Men ... onsdag skal hun ikke dit for-
di hun skal få besøk av bestemora. Vanligvis kommer hun på besøk ... helgene, men
... helga må hun dessverre på sykehus og opereres. Hun må bli der ... en uke.
c) ... vinteren blir det veldig kaldt på Østlandet. ... fjor vinter snødde det ... tre uker på
rad, og man kunne ikke se sola ... flere uker.

4 Preposisjoner med tall

a) Lønnen min har økt ... 5 % ... 400 000 NOK ... 420 000 NOK i år.
b) Temperaturen i Arktis kan øke ... opptil 5 grader hvis klimaforandringen fortsetter
på den måten den gjør i dag.
c) Forventet levealder for kvinner i Norge ligger ... 83,4 år. Siden 1900 har tallet økt ...
30 år.

å skifte, skiftet	å bytte
en lufthavn	plass hvor fly avgår og ankommer
gravid	når ei kvinne kommer til å få barn, er hun gravid
å måke, måket	å få vekk snø
en lønn	pengene man får for arbeidet man gjør
opptil	ikke mer enn, den høyeste grensa
en leveal-der	tiden fra man blir født til man dør
et forbruk	det man konsumerer av noe

d) Det norske gjennomsnittsforbruket av kaffe ligger ... 160 liter per innbygger.
e) For et døgn siden lå temperaturen ... 3 grader. Nå ligger den ... –12 grader. Den har dermed falt ... 15 grader.
f) I morgen skal det bli enda kaldere. Temperaturen skal falle ... –12 grader ... –18 grader.

5 Skriv setningene på nytt slik at de betyr omtrent det samme. Ikke bruk de understrekede ordene.
a) Du vil avbryte skolen? <u>For en idiotisk</u> idé!
b) I morgen må jeg <u>jobbe</u> ganske mye.
c) Jeg har pakket to gensere for fjellturen, men <u>i tillegg</u> skal jeg ta med ei varm jakke.
d) Hvor er Liv? Jeg vet ikke. <u>Kanskje</u> er toget hennes <u>forsinket</u>.
e) <u>Klarer</u> du denne oppgaven?
f) På torsdag er det meldt <u>kraftig</u> vind og mye regn.
g) Denne radioen <u>koster</u> mye, synes jeg.
h) Firmaet vårt <u>lager</u> elektronisk utstyr for oljeindustrien.
i) Har du tenkt deg å kjøpe <u>leilighet</u>?
j) Jeg har <u>vært</u> i Norge i litt <u>over</u> to år.
k) <u>Liker</u> du Norge?
l) Ja, men <u>likevel</u> kunne jeg tenke meg å flytte sørover igjen.
m) Det er <u>litt</u> vann under kjøleskapet. Hvor kommer det fra?
n) Jan glemmer mye – jeg må ofte <u>minne</u> ham om å kjøpe mat til middag.
o) Hvor har du kjøpt dette bildet? Jeg <u>mener</u> det er <u>ganske stygt</u>.

6 Sett inn *halv* og *hel* i den riktige formen. Ikke glem artikkelen hvor den er nødvendig.
Kristian har studert i Trondheim i ... år.
Reisen fra Tromsø til Hammerfest med Hurtigruten varer i tolv timer, altså i ... dag.
I Norge kan det være snø nesten ... året.
Jeg er så sulten – jeg tror jeg kan spise ... brød.
Har du lest ... boka allerede? – Nei, jeg har bare lest ... boka.

et døgn	tidsrom som varer i 24 timer
å pakke, pakket	det å legge noe f.eks. i ei eske for å ta det med på reise eller en lengre tur
et utstyr	maskiner eller andre ting man bruker for å gjøre eller lage noe

Kristians første feriedag har vært en katastrofe. Det begynte med at han våknet veldig tidlig av at det var bråk på gata. Det var noen ungdommer som kjørte opp og ned med motorsykkel. Han skjønte ikke hvorfor de gjorde det så tidlig på dagen, men i Tromsø er det nokså normalt å bli litt døgnvill om sommeren. Uansett var han trøtt og ville sove.

Etter frokosten ville han ta en dusj, men vannet ble ikke varmt. Han fant senere ut at sikringen for varmen hadde gått, og at han måtte skifte den, men selvfølgelig kunne han ikke det mens han sto i dusjen, full av såpe, så han var nødt til å nøye seg med en kald dusj.

Men det verste skjedde litt senere på formiddagen: Et brev fra Universitetet fortalte ham at han hadde strøket til eksamen. Det betyr at han må ta eksamen om igjen enten i september eller neste år – men da vil han miste et helt studieår. Han har ikke fortalt det til foreldrene ennå, men han vil snakke med Karina om det når hun kommer tilbake fra skolen. Kanskje er det enda bedre å vente på henne foran skolen. Kristian ser på klokka: Skolen slutter snart. Han tar på seg sko og sykler dit. Han ankommer nøyaktig i tide – skoleklokka ringer når han låser sykkelen til et tre, og barna strømmer ut. De skriker av glede – sommerferien har endelig begynt.

Karina kommer ganske sent, sammen med Hanne og Martha. De to tvillingene er veldig stille. Kristian skjønner ikke hvorfor – gleder de seg ikke til ferien?

Når Karina ser ham, smiler hun. Han gir henne et kyss og spør hvordan det går.

«Kjempefint, takk. Jeg gleder meg til ferien, like mye som barna.»

«Hvorfor er de så stille?»

en ung-dom	*her*: et ungt menneske
døgnvill	når man ikke vet om det er dag eller natt
en sikring	innretning i elektriske ledningssystemer som bryter strømmen når den blir for sterk
et studieår	delen av året hvor kursene holdes på universitetet, vanligvis delt i 2 semestre
å skrike, skrek/ skreik, har skreket	å rope høyt

«De var litt uheldige i morges. De skulle leke med nissen din, men så var de så uheldige og ødela den. Men det er ikke så ille, det var bare en sprekk i ryggen som jeg kunne sy, så nå er alt fryd og gammen igjen. Barna har nissen sin, og sommerferien kan begynne. Det var forresten noe rart med nissen. Jeg fant en papirlapp inni den, med en håndskreven adresse og telefonnummeret til en Jørgen Moe. Jeg har ringt til denne Jørgen Moe, men han sa at han ikke vet noe om det. Men uansett, du ser ikke særlig lykkelig ut. Hva har skjedd med deg?»

«Jeg må snakke med deg. Har du tid?»

«Ikke så veldig mye, jeg må snakke med rektor også.»

«Ok, kan vi snakkes i kveld? Kan vi gå på en kafé?»

«Ja, det kan vi. Skal vi møtes på Kafé Møller kl. 20?»

fryd og gammen	uttrykk for å beskrive at alt er i orden, i en tilstand av fornøyelse
en rektor	«sjefen» på en skole eller på universitetet

Spørsmål til teksten

Hva slags «katastrofer» skjedde med Kristian?
Hvordan føler Kristian seg sannsynligvis nå?
Hva slags råd ville du gitt ham?

Følelser – kjærlighet, glede, håp, angst og sorg

en angst	følelsen man har når man er redd
homofil	seksuelt tiltrukket av personer av samme kjønn
et utdrag	en liten del av en lengre tekst

Arnfinn Nordbø fra Randaberg like utenfor Stavanger hadde en veldig vanskelig periode i livet sitt da han kom ut av skapet som homofil i et dogmatisk kristent miljø.

*Nå får du lese et utdrag av boka hans som heter **Betre død enn homofil?**. Boka er skrevet på nynorsk, men vi har oversatt det følgende avsnittet til bokmål (oversettelsen finner du til høyre).*

Les teksten og sett strek under alle uttrykk som beskriver følelser – både positive følelser som kjærlighet, glede og håp, så vel som negative følelser som angst og sorg.

Arnfinn Nordbø (til venstre) med samboeren Bjørnar Buhaug

Min eigen veg til aksept

Eg visste ganske tidleg at eg likte gutar. Heilt bevisst blei eg då eg kom i puberteten, rundt 12-års alderen. Eg såg sjølsagt ikkje på det å vere glad i ein gut, eller å vere fysisk nær ein gut som ekkelt, tvert imot. Likevel visste eg at dette skulle vere ei grov og stor synd. Det hadde eg lært i bedehusmiljøet. Eg hadde høyrt det utallige gonger i andaktar. Eg hadde sjølvsagt også lese i kristne aviser og blad at homofili var synd. Vi snakka ikkje så mykje om det heime. Det var vel for utenkeleg til å vere ei problemstilling. Men noko blei sagt. Ein gong kalla far partiet Høgre for eit homoparti, og han kunne sjøvsagt ikkje stemme på dei. Det var for mange homoar der, og dei var for homoliberale. Utanom slike småkommentarar var det ikkje mykje snakk om homofili heime. Det angjekk jo ikkje oss, ingen av oss kunne vere slik, og det var sikkert òg eit utriveleg og ekkelt tema.

Opp gjennom åra høyrte eg folk slenge ut i lufta kommentarar lik dei far sa om Høgre, og eg kjente det alltid som eit stikk i meg. «Heldigvis veit dei ikkje at eg også er slik», tenkte eg. Og så vart eg alltid flau, eg raudna og kjente meg avslørt. Det var svært ubehageleg, utriveleg og sårande når folk prata om homofili på ein slik nedlatande måte. Eg ville jo så gjerne ikkje vere slik, men kunne ikkje noko for det. Eg gav ikkje desse lystene, lengslene og tankane rom, men kjempa hardt imot. Eg følte meg degradert som menneske, mindre verd enn andre og som den største syndar på jord. Derfor sa eg aldri til ei levande sjel korleis eg følte det. Dette skulle for alltid vere ein hemmelegheit mellom meg og Gud. Tenk om nokon skulle få vite korleis eg verkeleg var på innsida! Denne skamma måtte aldri nokon få vite om.

Å meine noko anna enn at homofili var syndig og gale betydde at du ikkje var ein rett og sann kristen. Dette synet på homofili som synd hadde eg altså adoptert, og eg meinte det lenge oppriktig, sjølv om eg aldri heilt forstod logikken i at det skulle vere eit problem om to av same kjønn elska kvarandre

Min egen vei til aksept

Jeg visste ganske tidlig at jeg likte gutter. Helt bevisst ble jeg da jeg kom i puberteten, rundt 12-års alderen. Jeg så selvsagt ikke på det å være glad i en gutt, eller å være fysisk nær en gutt som ekkelt, tvert imot. Likevel visste jeg at det skulle være en grov og stor synd. Det hadde jeg lært i bedehusmiljøet. Jeg hadde hørt det utallige ganger i andakter. Jeg hadde selvsagt også lest i kristne aviser og blader at homofili var synd. Vi snakket ikke så mye om det hjemme. Det var vel for utenkelig til å være en problemstilling. Men noe ble sagt. En gang kalte far partiet Høyre for et homoparti, og han kunne selvsagt ikke stemme på dem. Det var for mange homoer der, og de var for homoliberale. Utenom slike småkommentarer var det ikke mye snakk om homofili hjemme. Det angikk jo ikke oss, ingen av oss kunne være slik, og det var sikkert også et utrivelig og ekkelt tema.

Opp gjennom årene hørte jeg folk slenge ut i lufta kommentarer lik de far sa om Høyre, og jeg kjente det alltid som et stikk i meg. «Heldigvis vet de ikke at jeg også er slik», tenkte jeg. Og så ble jeg alltid flau, jeg rødma og følte meg avslørt. Det var svært ubehagelig, utrivelig og sårende når folk pratet om homofili på en slik nedlatende måte. Jeg ville jo så gjerne ikke være slik, men kunne ikke noe for det. Jeg ga ikke disse lystene, lengslene og tankene rom, men kjempet hardt imot. Jeg følte meg degradert som menneske, mindre verdt enn andre og som den største synder på jord. Derfor sa jeg aldri til en levende sjel hvordan jeg følte det. Dette skulle for alltid være en hemmelighet mellom meg og Gud. Tenk om noen fikk vite hvordan jeg virkelig var på innsiden! Denne skammen måtte aldri noen få vite om.

Å mene noe annet enn at homofili var syndig og galt, betydde at du ikke var en rett og sann kristen. Dette synet på homofili som synd hadde jeg altså adoptert, og jeg mente det lenge oppriktig, selv om jeg aldri helt forsto logikken i at det skulle være et problem om to av samme kjønn elsket hverandre

(en) aksept	*her*: det å akseptere noe	**å såre, såret**	å gjøre noe som gjør fysisk eller psykisk vondt
(en) pubertet	perioden når barn blir til voksne	**å prate, pratet**	å snakke, å samtale
fysisk	det som angår kroppen	**nedlatende**	på en måte som ikke er respektfull
ekkel	når man føler ubehag eller avsky for noe, er det ekkelt	**en lyst**	noe man har lyst til eller føler seg tiltrukket av
grov	ufin, alvorlig	**en lengsel**	en følelse av å ønske seg noe veldig sterkt eller å savne noe veldig mye
et bedehus	en bygning hvor kristelige organisasjoner holder til med møter og aktiviteter		
en andakt	en religiøs seremoni	**å degradere, degraterte**	å gjør noe mindre, å nedverdige noe eller noen
utallig	veldig mange		
et blad	et magasin som kommer ut regelmessig, f.eks. hver uke eller måned	**å være verdt noe**	å ha en viss verdi
		(en) skam, skammen	en følelse man har f.eks. når man har en egenskap man føler man ikke skal ha, ofte noe som føles pinlig, feil eller uakseptabelt
(en) homofili	det å være homofil		
utenom	utenfor, ikke en del av det som er innenfor		
(et) snakk	når man snakker om noe	**syndig**	når man gjør noe regnet som synd
å angå, -gikk, har -gått	å være av interesse for	**sann, sant**	riktig, overenstemmende med sannheten
trivelig	hyggelig	**å adoptere, adopterte**	å ta som sin egen, f.eks. å adoptere et barn eller en idé
å slenge, slengte	å kaste		
et stikk	insekter stikker, med en kniv kan man også stikke	**et syn**	*her*: et perspektiv på eller innstilling til et tema
å rødme, rødmet	å bli rød i ansiktet, f.eks. når noe er pinlig	**oppriktig [å]**	ærlig
å avsløre, avsløret	å gjøre synlig eller kjent hvordan noe er	**en logikk**	en tankegang

og levde saman. Men at det var synd, det meinte eg var sikkert, fordi det stod så klart i Bibelen. Og den las eg bokstaveleg, slik eg var vant til frå bedehuset og heimen. Levde ein ut si homofile legning, ville ein kome til helvetet.

Trusselen om helvetet var ein særs effektiv måte å halde meg nede på, og frykta for helvetet var ein reell del av livet mitt. Eg er ganske sikker på at hadde det ikkje vore for redsla mi for å bli utestengt frå paradiset, hadde eg mykje tidlegare levd livet mitt som den eg verkeleg var.

Eg bad derfor til Gud i rundt ti år om å ta bort legninga mi. Eg spurte fint. Eg kviskra. Eg ropte. Eg knelte og bad audmjukt. Eg bad i sinne, gråt og fortviling. Men Gud hørte meg ikkje. Uansett kor ofte, kor lenge, kor inderleg og med kor stor smerte eg bad, svarte ikkje Gud meg. I 10 år bad eg fånyttes. Kjenslene mine for gutar forsvann ikkje, dei blei bare sterkare og sterkare dess eldre eg blei. Eg var sikker på at Gud ikkje ønskte eg skulle leve ut kjærleiken min til ein annan gut. Men kvifor svarte han meg aldri? Kvifor brydde han seg ikkje om mi smerte og skam? Meinte han eg skulle leve slik i skjul og utan kjærleik gjennom livet?

Etter mange år gjekk det opp for meg at Gud kanskje alltid hadde svara meg. Han ville eg skulle vere som eg var. Han hadde svara meg gjennom desse ti åra, bare annleis enn eg ønskte og trudde han ville svare. Eg ville jo at han skulle gjere meg heterofil! Men han ville eg skulle vere den eg var – den han hadde skapt meg til å vere.

og levde sammen. Men at det var synd, det mente jeg var sikkert, fordi det stod så klart i Bibelen. Og den leste jeg bokstavelig, slik jeg var vant til fra bedehuset og hjemmet. Levde en ut sin homofile legning, ville en komme til helvete.

Trusselen om helvete var en særs effektiv måte å holde meg nede på, og frykten for helvete var en reell del av livet mitt. Jeg er ganske sikker på at hadde det ikke vært for redselen min for å bli utestengt fra paradiset, hadde jeg mye tidligere levd livet mitt som den jeg virkelig var.

Jeg ba derfor til Gud i rundt ti år om å ta bort legningen min. Jeg spurte fint. Jeg hviska. Jeg ropte. Jeg knelte og ba ydmykt. Jeg ba i sinne, gråt og fortvilelse. Men Gud hørte meg ikke. Uansett hvor ofte, hvor lenge, hvor inderlig og med hvor stor smerte jeg ba, svarte ikke Gud meg. I 10 år ba jeg fånyttes. Følelsene mine for gutter forsvant ikke, de ble bare sterkere og sterkere jo eldre jeg ble. Jeg var sikker på at Gud ikke ønsket jeg skulle leve ut kjærligheten min til en annen gutt. Men hvorfor svarte han meg aldri? Hvorfor brydde han seg ikke om min smerte og skam? Mente han jeg skulle leve slik i skjul og uten kjærlighet gjennom livet?

Etter mange år gikk det opp for meg at Gud kanskje alltid hadde svart meg. Han ville jeg skulle være som jeg var. Han hadde svart meg gjennom disse ti åra, bare annerledes enn jeg ønsket og trodde han ville svare. Jeg ville jo at han skulle gjøre meg heterofil! Men han ville jeg skulle være den jeg var – den han hadde skapt meg til å være.

Kilde: Arnfinn Nordbø, **Betre død enn homofil?**
© Arnfinn Nordbø / Det Norske Samlaget 2009
ISBN 9788252174489

bokstave-lig	å ha ordrett samme betydning, ikke noen overført betydning
ei legning	noe som er anlagt i en, som man har en tendens til
(et) helvete	det motsatte av him-mel; ifølge noen tros-retninger et grusomt sted som syndere skal frykte de skal komme til når de dør
særs	usedvanlig, spesielt egnet til
nede	på et sted som ligger lavere enn noe annet
å ute-stenge, -stengte	å holde utenfor
å knele, knelte	å stå på knærne, å gå ned på kne
ydmyk	på en måte som aner-kjenner at man ikke er viktigst
et sinne	en aggresjon/opphis-sende fortvilelse
fånyttes	uten (positivt) resultat
et skjul	et sted hvor man kan skjule eller gjemme seg
annerledes	på et annet vis enn forventet eller vanlig
heterofil	seksuelt tiltrukket av personer av motsatt kjønn
en tenåring	en ung person i alderen mellom (ikke nødvendigvis nøyak-tig) 13 og 19 år
lovlig	å være offisielt mulig ved lov, tillatt

Spørsmål til teksten

- Når skjønte Arnfinn at han var homofil?
- Hva syntes han om dette da han var tenåring?
- Hva mente faren om partiet Høyre?
- Arnfinn tenkte tidligere at «det-te (...) skulle være en hemme-lighet mellom meg og Gud». Hva mente han med dette?
- Hvorfor var han redd for å kom-me til helvete?
- Hva ba han til Gud om?
- Arnfinn mener at «Gud kanskje alltid hadde svart meg». Hva slags svar har han fått?

Spørsmål utover teksten

- Hvordan – tror du – foreldrene til Arnfinn reagerte da de fikk høre at sønnen var homofil?
- Hvordan ville du ha reagert?
- Hvorfor heter boka «Bedre død enn homofil?»
- I Norge er det lovlig at to per-soner av samme kjønn gifter seg. Hvordan er situasjonen i hjemlandet ditt?

Gradbøyning

Når vi sammenligner ting (eller personer) på norsk, legger vi til **-ere** til adjektivet:
I Trondheim er det kaldere enn i Oslo.

Formen **kaldere** (som vi kaller for *komparativ*) bøyer vi ikke etter kjønn og tall, så dette er heldigvis veldig enkelt. Vi sier altså:
Is er kaldere enn vann.
Det er kaldere ute enn inne.
Isbitene er kaldere i dag enn i går.

Når noe er absolutt best/størst ... bruker vi en form vi kaller for *superlativ*. Her legger vi til **-est** til adjektivet:
I Røros er det kaldest i hele landet.

Ved superlativ må du også huske samsvarsbøyning:
Norge er blant verdens rikeste land.

Noen adjektiv gradbøyer vi med **mer** og **mest**:
interessant – mer interessant – mest interessant

Dette er stort sett lange adjektiv som kommer fra andre språk (f.eks. **moderne** eller **interessant**) eller som slutter på **-sk** (**skandinavisk**, **politisk**).

Det finnes dessverre noen uregelmessige adjektiv, og du må lære dem:

få	færre	færrest
bra/god	bedre	best
gammel	eldre	eldst
lang	lengre	lengst
lite(n)	mindre	minst
mange	flere	flest
mye	mer	mest
stor	større	størst
tung	tyngre	tyngst
ung	yngre	yngst
ille/vond	verre	verst

(en) is	vann blir til is når temperaturen er (mindre enn) 0 grad celsius
en isbit	en bit av is, f. eks. i et glass for å kjøle ned det man drikker
nødvendigvis	med nødvendighet

kald

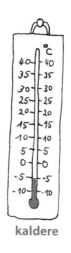

kaldere

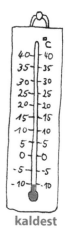

kaldest

Ingenting / ingen / ikke noe(n)

Ingenting er det samme som **ikke noe**. **Ingen** er det samme som **ikke noen**. Så hva er problemet? tenker du kanskje.
Dessverre kan vi ikke bruke **ingenting/ingen** overalt.

Vi kan si:
> Jeg hører ingenting.

Vi kan også si:
> Jeg hører ikke noe.

Men vi kan ikke si:
> ~~Jeg kan høre ingenting.~~

Da må vi si:
> Jeg kan ikke høre noe.

Hvorfor?
Siden du har arbeidet så mye med Nils, er du veldig god på grammatikk, ikke sant?
La oss altså se på denne setningen:
> Jeg hører ikke noe.

Hva er **jeg**? Subjektet, selvsagt. **Hører** er verbet (står på plass nr. 2, som vanlig). **Ikke** er et adverbial, og **noe** er et objekt. Det var lett, ikke sant?
Nå bruker jeg **ingenting** istedenfor **ikke noe**:
> Jeg hører ingenting.

Hva er **ingenting**? Vel, jeg sa til deg før at **ingenting** betyr det samme som **ikke noe**. **Ingenting** er altså på en måte adverbial og objekt *i ett ord*. Det samme gjelder for **ingen**:
> Jeg kjenner ingen i Trondheim.
> Jeg kjenner ikke noen i Trondheim.

Tilbake til den første setningen. Nå forandrer jeg litt på den:
> Jeg kan ikke høre noe.

Strukturen blir ikke så mye vanskeligere, men jeg har to verb nå. Adverbialet står selvfølgelig mellom verbene, og objektet kommer etterpå.
   Skjønner du nå hvorfor jeg ikke kan bruke **ingenting** her? **Ingenting** er jo adverbial og objekt i ett ord. Hvis jeg altså sier:
> ~~Jeg kan ingenting høre.~~

... så står objektet foran det andre verbet – og det går ikke.
Hvis jeg sier:

~~Jeg kan høre ingenting.~~

... så står adverbialet etter verbet – det går heller ikke.

Ok, alt dette høres ganske komplisert ut, men det er egentlig ganske lett hvis du husker den følgende regelen:

Hvis du er usikker på om du kan bruke **ingen(ting)** eller om du må bruke **ikke noe(n)**, så gjør du slik:

1) Du skriver setningen med **ikke noe(n)**.
2) Du ser om **ikke noe(n)** står ved siden av hverandre eller ikke. Hvis det står et ord mellom dem, kan du ikke bruke **ingen(ting)**.

Det skjer dessverre ganske ofte at det står et ord mellom **ikke** og **noe(n)**, nemlig i leddsetninger og i hovedsetninger med to verb.

Jeg vet at han ikke hører noe.
Jeg har ikke sett noe.

Svar på ja/nei-spørsmål

ja   nei

Hvordan svarer man på ja/nei-spørsmål? Med **ja** eller med **nei**, selvfølgelig ... For et dumt spørsmål!

Men hvis du synes at et slikt svar er ganske kort, kan du også svare slik:

Skal du gå på kino i kveld? – Ja, det skal jeg.
Skal du se den nye James-Bond-filmen? – Nei, det skal jeg ikke.
Er du dum? – Nei, det er jeg ikke.
Har du litt tid? – Ja, det har jeg.
Går du ofte på skøyter? – Nei, det gjør jeg ikke.
Ser du det lille grønne huset der borte? – Ja, det gjør jeg.
Var du på konserten i går? – Nei, det var jeg ikke.

Som du ser, bruker vi modalverbet eller **å være** eller **å ha** i svaret hvis ett av disse er verbet i spørsmålet. Ellers svarer du bare med **å gjøre**.

Sammensatte verb

Veldig ofte kombinerer vi et verb med en preposisjon eller et adverb:
>   å stå opp = å komme seg ut av senga
>   Jeg står opp kl. 7 alle dager.

Noen ganger kan vi sette preposisjonen direkte foran verbet. På en måte får vi et nytt verb.
>   å oppstå = å begynne, å bli til
>   Det oppstår skader i lungene hvis du fortsetter å røyke.

Vi kaller den første varianten (**å stå opp**) for *løst sammensatte verb* og den andre varianten (**å oppstå**) for *fast sammensatte verb*.

Det kan være vanskelig å vite hvilken variant du må velge, men det kan jeg hjelpe deg med. Løst sammensatte verb betyr gjerne noe *konkret*, mens fast sammensatte ofte betyr noe *abstrakt*. For eksempel klatrer jeg jo virkelig ut av senga når jeg står opp – det er altså ganske konkret. Når det derimot oppstår en skade eller et problem, så er det ikke så konkret.

Se på noen andre eksempler:

å føre ut
Denne gata fører ut av sentrum.

å utføre
Han utførte arbeidet veldig godt.

å se inn
Jeg ser inn i huset gjennom vinduet.

å innse
Jeg innser at jeg må pugge nye ord.

å dra opp
Han dro opp på fjellet med ski.

å oppdra
Hun er alenemor. Hun oppdrar barna alene.

å slå av
Han slår av radioen.

å avslå
Hun avslår invitasjonen, for hun har ikke tid.

Veldig ofte bruker vi partisippene av fast sammensatte verb som adjektiv.
Hvis du ikke husker hva et partisipp er, så sjekker du straks i kapittel 33 og 34.
>   Jeg er ikke villig til å betale for et dårlig utført arbeid.
>   Barna er veldig snille – de er godt oppdratt.
>   NorBygg AS er utførende entreprenør for dette prosjektet.

en skade	det som oppstår når noe blir skadet eller ødelagt
en variant	en alternativ mulighet

Gi råd

Det er alltid vanskelig å gi råd, men på andre språk kan det være enda vanskeligere. Jeg har noen forslag til deg – men kanskje har du andre idéer også?

Si hva en bør gjøre

Du kan si:

> Du bør gå til legen.
>
> Du burde gå til legen.

Burde er litt svakere enn **bør**. Tenk deg altså forskjellen slik:

> Du bør virkelig gå til legen.
>
> Du burde kanskje gå til legen.

Du kan også si:

> Gå til legen!

Men dette er veldig direkte og kan eventuelt oppfattes som uhøflig.

Å stille spørsmål

Veldig ofte er vi for raskt ute med svar. Personen som spør om råd, tenker og føler kanskje på en helt annen måte enn du. Derfor er det viktig at du stiller mange spørsmål først. Slik kan du forstå hvor problemet eventuelt ligger. For eksempel:

> Har du snakket med en lege?
>
> Hvorfor vil du ikke gå til legen?
>
> Hva har du allerede prøvd å gjøre for å løse problemet ditt?

Å snakke om muligheter

Noen ganger har vi mange muligheter. Hvis du vil gi et godt råd, kan det være lurt å drøfte disse mulighetene først. For eksempel:

> Kan du gå til legen?
>
> Kan du spørre andre som har hatt det samme problemet?

Om morgenen – i morges – i morgen

om morgenen = tidlig på dagen
>Om morgenen drikker han kaffe kl. 6.00.

i morges = om morgenen i dag
>I morges laget han kaffe kl. 9.00.

i morgen = neste dag
>I morgen blir det regn.

Når du sier **i morgen**, betyr det ikke nødvendigvis at det må være tidlig på dagen.
F.eks. kan du si:
>I morgen kveld blir det snø.

Hvis du vil si at noe skjer i morgen tidlig på dagen, sier du **i morgen tidlig**. Vi sier egentlig ikke ~~i morgen om morgenen~~.
>I morgen tidlig blir det sol.

 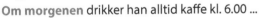 

Om morgenen drikker han alltid kaffe kl. 6.00 ... ... men **i morges** drakk han kaffe kl. 9.00.

I morgen blir det regn ... ... men **i morgen tidlig** blir det sol ... ... og **i morgen kveld** blir det snø.

1 Erstatt *mange/mye* med *ingenting/ingen* hvor det er mulig – ellers setter du inn *ikke noe(n)*.

Eksempel: Han har mange venner. → Han har ingen venner.

Vi har fått mange e-poster i dag.
Han er trist fordi han har mye å gjøre.
Finn har mange søsken.
Susanne vil spise mange rundstykker.
De har forandret mye her.
De har mye å snakke om.
Erna og Hege kommer til å ha mye å snakke om.
Han sa at det er mye snø på fjellet.
Vi har lest mye om ulykken som skjedde i går.
Kjenner Anders mange av naboene?
Anders sier at han kjenner mange av naboene.
Jeg tror at han hørte mye i natt.
Jeg skjønner mye.

2 Svar på spørsmålene med *ja* eller *nei* + *det gjør/har/* ...

Kommer du fra Norge?
Bor han i Trondheim nå?
Er Lars en god elev?
Var du syk forrige uke?
Begynner barna dine på skolen i høst?
Skal du hjelpe dem med leksene?
Hadde Merethe en god reise?
Ville kjæresten din gå på konserten i går?
Kan du ringe meg etter kl. 20 i kveld?
Har du snakket med sjefen din?

3 Sett inn *i morgen/i morges/om morgenen*.

... drikker jeg alltid kaffe.
... skal jeg møte Hanne.
Da jeg våknet ..., var det ennå mørkt.
Egentlig står jeg opp kl. 7 ..., men ... sto jeg opp allerede kl. 4.
Det var ganske fint vær ... Så rart at det regner nå.
Vil du spille squash ...?
Da jeg jobbet som butikksjef, hadde jeg ofte mye å gjøre ...
Jeg har bursdag i dag, og telefonen har ringt hele tida siden ...

4 Gi råd til følgende personer. Send dem en e-post / et brev eller lag en konversasjon med dem.

- Kristian har ikke bestått eksamen.
- Den 16 år gamle nevøen din vil reise til Italia sammen med venner, men foreldrene – søstra di og svogeren din – synes det er for farlig.

ei skøyte *her i flertall*: en spesiell type sko man kan gå, løpe eller danse på is med; *i entall også*: en type båt

158

- Broren din vil flytte til Oslo, men han synes leilighetene er så dyre.
- Mora di har to jobbtilbud: det ene er veldig godt betalt, men hun synes oppgavene er mer interessante dersom hun velger den andre jobben.
- En venn har kranglet med kjæresten. Han er usikker på om han skal gjøre det slutt.
- Fetteren din driver et lite firma. En av hans ansatte har stjålet 1500 kr fra kassa, og han er usikker på om han skal gi ham sparken, siden det er en veldig erfaren ansatt.
- Tanta di kan ikke lenger bo alene. Hun vurderer å flytte til et sykehjem.

5 Velg riktig verb og sett inn riktig form.

(oversette/sette over) Kan du ... denne teksten fra norsk til engelsk?

(innføre/føre inn) I fjor (...) Norge (...) nye regler for import av alkohol.

(innføre/føre inn) Når farfar kommer, skal jeg (...) ham (...) i stua med en gang.

(avgjøre/gjøre av) Har du allerede ... om du skal flytte eller ikke?

(angå/gå an) (...) det (...) å be naboene om hjelp, eller synes du det er litt uhøflig?

(angå/gå an) Det (...) ikke deg (...) hvem jeg skriver e-post med.

(overse/se over) Hun sa at hun også var på møtet i går, men da må jeg ha (...) henne, for jeg kan ikke huske at hun var der.

(overse/se over) Kunne du være så snill å (...) leksene mine?

(avslå/slå av) Da telefonen ringte, (...) hun (...) TV-en.

(avslå/slå av) Jeg har sendt dem et godt tilbud, men dessverre har de ... det.

(oppfylle/fylle opp) Jeg må ... denne flaska.

(innse/se inn) Har du endelig ... at du må lære grammatikk for å bli god i norsk?

(innstille/stille inn) Toget ble ... på grunn av en skade på jernbanen.

6 Følelser

Fortell om situasjoner der du har opplevd de følgende følelsene: kjærlighet, sorg, angst, håp, glede. Beskriv hvordan du følte deg. Bruk uttrykkene du har lest i Arnfinn Nordbøs historie; utover det kan du selvfølgelig bruke andre ord som hjelper deg med å uttrykke disse følelsene.

7 Sett inn komparativ- eller superlativformen av adjektivet i parentes.

I dag må jeg jobbe ... (lenge) enn i går.

Det bor ... (mange) mennesker i Bergen enn i Bodø.

I Oslo bor det ... (mange) mennesker.

Det norske landskapet er ... (vill) enn det danske.

Det er ... (sannsynlig) at det kommer til å snø på fjellet.

Det er ... (høflig) å si «De» istedenfor «du».

Iskrem smaker ... (god) når det er varmt ute.

Denne øvelsen er ... (enkel) enn jeg trodde.

Å gå på ski er ... (vanskelig) enn det ser ut til.

Jo ... (stor) huset er, desto ... (dyr) er det.

Du må vanne blomstene dine ... (ofte) – ellers kommer de til å dø.

(en) squash	*her*: en form for tennis man spiller i et rom hvor ballen blir slengt mot en vegg; men også en type grønnsak
en konversasjon	en samtale
en svoger	broren til personen man gifter seg med
et sykehjem, -hjemmet	et sted hvor (ofte gamle) mennesker som trenger hjelp og pleie bor
en parentes	dette er parentes: ( )
en iskrem	en frosset blanding av melk, fløte, egg, sukker og annet
å vanne, vannet	å gi vann

TYPISK NORSK:
DØGNVILL

Har du vært i Nord-Norge? Da har du kan-
skje opplevd midnattsola eller mørketida.
I disse periodene kan det være vanskelig
å vite om det er formiddag, ettermiddag,
kveld, natt ... og hvis du altså ikke vet om
det er dag eller natt, er du *døgnvill*.

Tromsø i juli, kl. 23.40

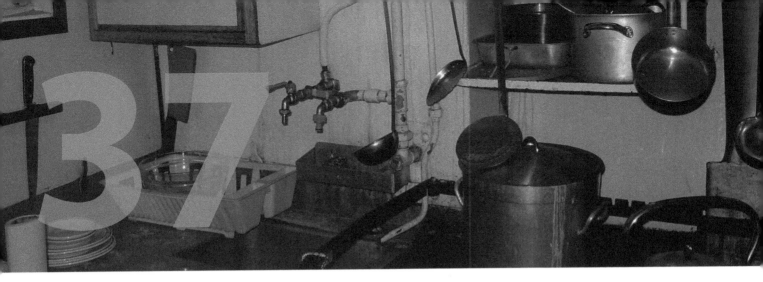

Jørgen Moe har hatt en travel dag. Mange kunder har et eller annet som de absolutt vil at han skal bli ferdig med før sommerferien: et ødelagt vindu, et skap som skal renoveres, stoler som skal males og så videre. Mens han arbeidet, ringte telefonen hele tida. Noen ganger er det rare folk som ringer, tenker han. Først denne dama som ikke visste om hun ville ha en kommode eller et skap, men som absolutt ville møte ham. Så en lærer fra en barneskole som fortalte om en nisse. Hvorfor har noen skrevet en lapp med adressen hans og sydd den inn i denne nissen? Han har ingen anelse om hvem det kan ha vært. Så husker han den tredje rare samtalen denne dagen: Det var én som sa han hadde ringt feil, men Jørgen hadde en uforklarlig følelse av at dette ikke stemte. Hadde denne siste samtalen noe å gjøre med den snodige kunden eller med læreren? Jo lenger han tenker over det, desto rarere synes han hele denne historien er. Hva vil egentlig denne Erna Langvik? Er det virkelig en kommode hun vil ha?

Det har blitt ganske sent før han endelig kan stenge verkstedet sitt for dagen. Han rydder litt, slår av lyset og låser ytterdøra. Så går han opp i andre etasje hvor han har leiligheten sin. Egentlig er den altfor stor for ham alene. Før barna flyttet ut og han ble enkemann, var leiligheten alltid litt trang, men nå bruker han nesten bare halvparten av den.

Han kjenner at han er veldig sulten. Det er på tide å lage middag. Siden han ikke er særlig flink til å lage mat, blir det ofte ferdigmat eller enkle retter, som for eksempel pasta med tomatsaus eller fisk med ris og grønnsaker. I dag steker han to egg og noen poteter som er igjen etter dagen før, og så spiser han det. Middagen smaker ikke særlig godt, og han må tenke på sin kone, Sigrun. Selvfølgelig savner han henne ikke bare på grunn av maten. Det har vært et sjokk for ham å måtte leve

å renovere, renoverte	å fornye, f.eks. et hus
å male, malte	her: å dekke med maling eller farge
en anelse	når man tror at man vet noe, men ikke kan være sikker, da har man en anelse
uforklarlig	når man ikke har noen forklaring på noe
snodig	rar, pussig
en enke- mann	en gift mann blir til enkemann når kona hans dør
flink	når man kan noe godt
(en) ferdig- mat	en rett man ikke må lage selv, men som man bare må varme opp
(en) tomat- saus	(tykt)flytende blan- ding med forskjellige ingredienser (i dette tilfellet tomater) som serveres til mange matretter
et sjokk [sjåkk]	en sterk psykisk og fysisk tilstand, ofte når noe som er alvorlig skjer uventet

alene etter 30 år sammen med Sigrun. Barna klarer seg fint nå, men han sliter fremdeles med ensomheten.

Selv om han har et godt forhold til barna, hører han ikke så ofte fra dem. De bor i Oslo nå og har sine egne liv. Likevel gir de ham en følelse av trygghet. Dattera er gift og ble gravid for noen måneder siden. Han gleder seg til å bli bestefar. Han ønsker seg helst en gutt som barnebarn, men det sier han aldri til noen, og sannsynligvis kommer han til å glede seg like mye dersom det blir ei jente.

Sønnen hans bor alene, men han har forelsket seg i ei dame som er noen år eldre enn han. Hun er allerede skilt og har to barn. Jørgen er ikke så veldig glad for sønnens valg. Han vet ikke om de to kommer til å bli lykkelige sammen. Sønnen hans er ennå veldig ung, og Jørgen lurer på om han kommer til å finne seg til rette med to barn som ikke er sine egne? Livet er ikke så enkelt, tenker han. Men han gleder seg til neste uke: Da skal han ta fly til Oslo og møte sønnen. Så skal de dra på båtferie – bare han og sønnen hans. De skal seile over Nordsjøen til Rotterdam og besøke Nederland, Frankrike og kanskje Storbritannia. Sønnen jobber frilans, så han er ganske fleksibel når det gjelder ferie, men likevel må han planlegge litt. Han håper at været kommer til å bli bra. Det er lett å bli sjøsyk på Nordsjøen når det er mye vind.

Uansett vær blir det godt å være alene med sønnen i noen dager. Han gleder seg til å snakke med ham igjen, ansikt til ansikt.

Etter middagen begynner han å pakke litt. Han vil gjerne ta med noen gamle familiebilder som han vil vise til sønnen.

Han åpner det lille skapet hvor han har alle sine bilder og mange små suvenirer fra hele livet. Blikket hans faller på den lille sparkebuksa hans. Han må smile over at han fortsatt har tatt vare på den – men den er det eneste han har igjen etter foreldrene sine. Derfor er den så viktig for ham. Burde han kanskje gi den til dattera si? Han liker tanken på at barnebarnet hans skal ha på seg denne buksa.

Han tar buksa ut av skapet og kjenner på den – ei fin, håndlaget sparkebukse. Mora hans må ha laget den. Det må også ha vært hun som har sydd inn det lille bildet på brystet. Bildet viser en søt, liten nisse.

En nisse? Jørgen blir stående og tenke.

Spørsmål til teksten
På hvilken måte har det vært en rar dag for Jørgen?
Hvorfor synes han at leiligheten hans er for stor?
Beskriv Jørgens familie.
Hvorfor har han tatt vare på den lille sparkebuksa?
Hvorfor blir han stående og tenke når han ser på sparkebuksa?

(en) en–somhet	når man føler seg dårlig eller trist fordi man er alene
(en) trygg-het	når man føler seg sikker og trygg
en båtferie	når man tilbringer ferien med å ta en båttur
frilans	fra engelsk **freelance**: å jobbe selvstendig, uten fast arbeidskontrakt
sjøsyk	når man blir kvalm på en båt
en suvenir	en gjenstand man knytter minner til, f.eks. ting man tar med fra reiser eller ting som har personlig verdi
ei sparke-bukse	ei lita bukse som også dekker føttene for babyer og små barn
å ta vare på	å ikke kaste
å hånd-lage, -laget/-lagde	noe som det ikke er produsert mange av, men som er laget med hendene og derfor mer unikt

Barn og familie

Nå får du lese et utdrag av en roman. Den heter **Halvbroren** og ble skrevet av Lars Saabye Christensen, en kjent norsk forfatter som ble født i 1953. Romanen er ganske vanskelig, og sannsynligvis forstår du ikke alt. Men det er ikke noe problem. Du bør bli vant med at du ikke forstår alt i en tekst. Prøv å forstå så mye som mulig uten å sjekke i ei ordbok. Bare hvis du ikke forstår et avsnitt i det hele tatt, burde du bruke ei ordbok. Romanen handler om en ganske uvanlig familie. Du møter Fred, Barnum, Boletta og noen andre personer. Etterpå skal du besvare noen spørsmål.

Nordpolen

Fred vekket meg. – Vi skal til Nordpolen, hvisket han. Jeg var våken med det samme. – Nå? Fred nikket. – Boletta danser, Barnum. Rapp deg. Fred hadde allerede kledd på seg, genser, vindjakke, botfor, to bukser, lue, votter og skjerf. (...) Vi lot mor sove. Hun sov bak far som pustet tungt gjennom nesen og ga fra seg en dirrende, mørk lyd hver eneste gang, som fikk gardinen til å bølge og rommet til å riste, han lignet en hval som hadde steget opp fra lakenets hvite bunn for å trekke den siste luft. Vi listet oss ned i gården. Der stod kjelken klar. Fred surret fast ryggsekken med en hyssing. Så trakk vi hele kjelken ut porten og begynte på den harde stigningen opp Kirkeveien.

en roman	ei bok som består av en lengre fortelling
et avsnitt	del av en tekst
(en) nord-pol	det geografiske punktet som ligger lengst nord på jorda
med det samme	med én gang
å nikke, nikket	å gjøre en bevegelse med hodet som betyr **ja**
å rappe seg, rap-pet	å skynde seg
en botfor [båtfår]	en slags støvel som er utenpå skoene man har på
å dirre, dirret	å skjelve
en lyd	det man kan høre
en hval	et stort dyr som lever i sjøen; ser ut som en fisk men er et pattedyr
å stige opp, steg, har steget	å bevege seg oppover fra bunnen
en bunn	det nederste punktet, f.eks. når man faller, lander man på bunnen
et laken	det som ligger på toppen av senga, mellom kroppen og madrassen
å liste seg, listet	å gå uten å lage en lyd
en kjelke	et lite fartøy uten motor som man bruker for å forflytte seg eller dra en last på snø
å surre (fast)	å binde fast med tau
en hyssing	et slags tau
en port	en inngang
en stig-ning	en vei som fører opp-over

(...) Fred gikk forrest og trakk. Jeg kom bak og skjøv. Vi fulgte ruten langs gjerdet ved sykehuset, hvor blå lamper var tent i de nederste vinduene.

(...) Fred ristet sekken på plass og vi slet oss videre, den siste bakken, mellom is og sne, jeg skjøv, Fred trakk, og der, på toppen, innerst på det endeløse platået, lyste det gult i høye vinduer og bak vinduene kunne jeg skimte mennesker som løftet armene, som om de hele tiden vinket til hverandre. Dette var altså Nordpolen. (...) Fred dro kjelken nærmere. Jeg løp etter ham. – Hvorfor kaller de det for Nordpolen? Spurte jeg. Fred svarte ikke. Han stanset på fortauet ved den krappe rundkjøringen, slik at vi ble stående i skyggen mellom månen og lyktestolpen. Vi stirret på de gule vinduene. Jeg så ansiktene der inne, som lo og snakket, men jeg hørte ingenting, det var stumt, og ansiktene lignet røde lamper som lyste sterkt og lydløst. Det var mest menn, de var signe i føttene og klarte knapt å reise seg, og de som var damer hadde hvite forklær og sorte skjørt og gikk fram med brett fulle av brune glass som skummet øverst og tilbake med like mange tomme glass. Og da kom Boletta. Hun kom mellom bordene. Mennene grep etter henne, men fikk ikke tak. Mennene ville trekke henne ned, men hun skjøv dem unna. Boletta lo. Boletta klatret opp på et bord og kanskje var det musikk der også, for Boletta danset på bordet, mens mennene klappet, og jo fortere hun danset, jo saktere begynte alt å gå i øynene mine. – Boletta har det visst gøy, hvisket jeg. Fred sa ingenting. Og Boletta danset helt til hun ikke orket mer og segnet om i armene som var strukket ut for henne, en bølgende seng av villige hender, og hun ble satt på en stol med et glass foran seg. Jeg hadde plutselig ikke lyst til å se mer. (...) Men nå kom en mann i hvit jakke ut av døren. Han pekte på oss. – Hva gjør dere her? Spurte han. – Venter på Boletta, sa Fred. – For vi skal følge henne hjem, sa jeg. Den hvite jakken skyndte seg inn igjen og snart dukket Boletta opp, støttet av to menn som også kunne trengt støtte. (...) Svetten frøs straks til tynne flak i de brede ansiktene deres. (...) Fred tok et skritt mot dem og hadde fått det sorte blikket. – Slipp bestemora mi, sa han. Svetten sprakk. Mennene ble spake og edru. – Skal vi ringe etter en drosje? Spurte den første. – Vi har kjelke, sa Fred. De slapp Boletta. Hun sank over i armene våre og vi fikk henne ned på kjelken. Hun var søvnig og tung. Fred la vindjakken sin rundt henne og hun fikk sitte på skjerfet mitt. De to mennene ville også hjelpe til å holde varmen og begynte å vrenge av seg frakkene. Fred bare så på dem. – Det holder, sa han. Mennene kledde på seg igjen (...) Vi surret Boletta fast med hyssingen og så trakk vi henne hjem. Fred og jeg trakk sammen og Boletta satt på kjelken og sov. (...) Nå skulle noen sett oss nå, med Boletta surret fast på kjelken, på vei hjem fra Nordpolen. Og det var det noen som gjorde også. For da Fred leide Boletta som gikk i søvne langs gelenderet og jeg skulle låse opp døren så stille som det gikk an med slike frosne fingre som knapt kunne holde en nøkkel vannrett, stod plutselig mor der i stedet, blek og andpusten, og bak henne i entréen snudde far seg med telefonrøret i hånden og slåbroken på vrangen og velkomsten varte ikke lenger enn det tok far å legge røret ganske kraftig ned på gaffelen igjen. Mor trakk meg inn i morgenkåpen sin. – Hvor har du vært? hvisket hun. – Bare på Nordpolen, sa jeg. Og først da fikk hun øye på Fred som dyttet Boletta

forrest	lengst fram, først	**en bakke**	en del av terrenget som ikke er flatt
et gjerde	noe man bruker for å stenge noe av, f.eks. en hage er ofte inngjerdet	**endeløs**	som aldri tar slutt
å tenne, tente	å få noe til å brenne eller å slå på et elektrisk lys	**et platå**	fra fransk **plateau**: flatt terreng som ligger høyt oppe
nederst	lengst nede		

å skimte, skimtet	når man knapt kan se noe, når man aner det mer enn man ser det tydelig
å løfte, løftet	*her*: å heve eller bevege opp i lufta
å vinke, vinket	å hilse eller kommunisere med hånda

å stanse, stanset	å slutte å gå	å strekke, strakk, har strukket	å rette ut, å gjøre lengre	søvnig	veldig trett, når man nesten sover
krapp	her: skarp	å dukke opp, dukket	å komme til syne	en frakk	ei litt lengre jakke, vanligvis for menn
en skygge	når lyset treffer noe så lager det en skygge, f.eks. kan man se sin egen skygge på veggen eller gulvet når man står i lyset	å støtte, støttet	her: å hjelpe noen til å holde seg på bena	å kle på, kledde, har kledd	å ta på klær
		ei støtte	noe som støtter noe(n)	å gå i søvne	når man går mens man sover uten å merke det
en måne	om natta ser man ikke sola men månen; et himmellegeme som sirkler rundt en planet	(en) svette	når man beveger seg mye, begynner man å svette, dvs. å transpirere, å miste vann gjennom huden	et gelender	noe man kan holde seg fast i, f.eks. langs ei trapp
				å gå an	å være mulig
en lyktestolpe [å]	lampa i en gatelykt er på toppen av lyktestolpen			frossen, pl. frosne [å]	når noe har blitt fryst er det frossent
å stirre, stirret	å se på noe intenst	å fryse, frøs/frøys, har frosset	å bli til is, å bli veldig kaldt	vannrett	horisontal
				blek	(nesten) uten farge
stum	som ikke lager en lyd eller som ikke er i stand til å snakke	et flak	her: en slags krystall som danner seg i kulda, f.eks. et snøflak	andpusten	når noe er anstrengende eller opprørende, blir man andpusten, dvs. man puster tungt og fort
sigen	trett, sliten	bred	som strekker seg ut til siden		
knapp	nesten ikke; begrenset	å slippe, slapp, har sluppet	her: å slutte å holde fast, å gi fra seg	en entré	en inngang
et forkle, mange forklær	noe man har på som pynter eller beskytter andre klær man har på			et telefonrør	den delen av telefonen man holder til ansiktet for å snakke
sort	svart (farge)	å sprekke, sprakk, har sprukket	når noe ikke lenger holder sammen; å revne; f.eks. is kan sprekke	en slåbrok	en slags jakke for menn som man bruker over pysjen når man står opp om morgenen
et brett	her: en flat gjenstand man bruker for å bære noe på				
(et) skum [o]	her: det hvite øverst i et ølglass	spak	svak, uttrykker i liten grad hva man selv mener	vrang	med innsiden ut
å klappe, klappet	å slå hendene sammen for å lage en lyd, f.eks. til applaus	edru	ikke påvirket av alkohol	(en) gaffel	her: delen av telefonen hvor telefonrøret ligger når man ikke bruker den
		å ringe etter	å bestille (gjennom telefon)		
å peke, pekte	å rette fingeren på noe, f.eks. for å vise det	å synke, sank, har sunket	her: å falle nedover sakte; å bli lavere, f.eks.: Kaster du en stein i vannet, så synker den før den når bunnen	en morgenkåpe	klesplagg for kvinner, noe man har på om morgenen
å segne, segnet	å kollapse, å falle sammen			å dytte, dyttet	å bevege noe(n)

opp de øverste trinnene, far plystret høyt og mor halte henne inn i leiligheten, holdt på å smekke døra rett i trynet på Fred, men han ålte seg inn i siste liten og snøen ble til sludd som rant fra klærne og håret. Far la endelig på røret og sluttet å plystre. – Men da trenger jeg jo ikke ringe til politiet likevel, da, sa han. – Ti still, sa mor. Hun gikk nærmere Boletta. Boletta hadde våknet. Hun stod der og smeltet. – At du ikke skammer deg! hvisket mor. Boletta sa ingenting. Mor ga seg ikke. – I din alder! At du ikke skammer deg! Boletta bøyde hodet, men jeg tror det mest var fordi det ble for tungt å holde det oppe så lenge av gangen. – Så, så, sa far. Mor snudde seg mot ham. – Si ikke så så til meg! ropte hun. – Så, så, sa far. Nå vekker vi snart hele Kirkeveien. Han holdt rundt mor og luften gikk liksom ut av henne. Dette var livet hun måtte finne seg i. Dette var slik det hadde blitt. Fars nese var skjevere enn vanlig, den pekte bort fra ansiktet hans. – Nå tror jeg vi sender polfarerne til sengs før det blir oversvømmelse her, hvisket han. Da løftet Boletta hodet og så seg om, forbauset, som om hun oppdaget oss for første gang i samme øyeblikk. – Grønland er nu et land som ikke særlig egner seg til å spasere i, sa hun. Og lo vi kanskje ikke? Vi lo. Far lo gjennom hele nesen, som en tett klarinett i natten. Vi måtte holde oss for ørene. Vi lo og holdt oss for ørene. Selv mor lo. Hun kunne ikke la være, for hva skulle hun gjort ellers, gråte? Mor lo i stedet. Og Fred, til og med Fred lo, han lente seg mot veggen og ga seg over, han lo, og det slo meg, idet jeg så det våte, magre ansiktet hans sprukkent av latter, at jeg ikke kunne huske å ha sett ham le før, og det skremte meg like mye som det frydet meg.

Spørsmål

Hvem er personen som har skrevet historien?
Hvem er Boletta?
Hvor gamle – tror du – Fred og Barnum er?
Hva er Nordpolen?
Hva gjør Boletta?
Er hun på Nordpolen for første gang?
Hvorfor drar Fred og Barnum til Nordpolen?
Hvorfor tar de en kjelke?
Synes du at det som Fred og Barnum gjør, er vanlig å gjøre?
Hva tenker du om foreldrene til Barnum?
Hva synes Barnum om faren sin?
Beskriv forholdet mellom Barnum og Fred.
Hvilken rolle har Barnum og Fred i familien sin?
Har du noen råd å gi til denne familien?

Sammenlign det du har lest med din egen familie. Har din oppvekst vært helt annerledes? Eller kjenner du igjen noe?

Kilde: Lars Saabye Christensen, **Halvbroren**
© Lars Saabye Christensen / J.W.Cappelens Forlag 2010
ISBN 9788202219512

et trinn	ei trapp består av flere trinn	**skjev**	ikke som en rett linje
å plystre, plystret	å lage en lyd ved å blåse luft gjennom spissede lepper	**en pol- farer**	noen som er med i en ekspedisjon til nord- el- ler sydpolen
å hale, halte/halet	å trekke noe tungt	**en over- svømmel- se [å]**	når gater eller hus blir fylt med vann, f.eks. etter mye regn eller når vannet i havet eller i ei elv stiger for høyt
å smekke, smekket	å slå kraftig, her: å lukke døra så det gir en høy lyd		
et tryne	et ansikt eller en munn, *her*: et på menneske, men vanligvis uttrykk for ansiktet på en gris	**Grønland**	*ei stor øy i Nordatlan- terhavet, men også en bydel i Oslo*
		nu	gammeldags form for **nå**
å åle seg, ålte/ålet	å bevege seg slik at man passerer gjennom noe som er trangt	**å egne seg, egnet**	å ha de riktige forutset- ninge eller egenskape- ne til å gjøre noe
i siste liten	i siste øyeblikk	**å spasere, spaserte**	å gå, ikke for fort og ofte uten mål
å tie, tidde	ikke å si noe	**å lene, len- te/lenet, ha lent/ lenet**	å støtte seg på noe når man står eller sitter
å skamme seg, skam- met	å føle skam, f.eks. når noe er pinlig eller når man har gjort noe galt		
av gangen	på én gang	**å gi seg over**	*her*: å le ganske mye
så, så	*her: uttrykk for å berolige*	**det slo meg**	jeg skjønte plutselig
liksom [å]	egentlig: på samme måte, som om, nesten; et uttrykk man bruker ofte uten spesifikk betydning, som **like** på engelsk	**idet**	i øyeblikket da, mens
		mager, magre	(veldig) tynn
å finne seg i	å klare seg med, å akseptere at det ikke finnes et alternativ	**å fryde, frydet**	å føle glede

Presens partisipp + infinitiv

Jørgen blir stående og tenke.

Ser ikke denne setningen ganske rart ut? Hvorfor står det **og tenke** og ikke **å tenke** eller **og tenker**? Faktisk er det ikke feil. Denne kombinasjonen uttrykker at noe varer i en stund. Den fungerer for verbene **stå/sitte/ligge** sammen med **bli**:

Han blir stående og tenke.
Hun ble sittende og lese.
Vi ble liggende og sove.

Her bruker vi altså **og** + infinitiv. Men har du ikke lært at du skal bruke **å** sammen med infinitivet? Jo, det er selvfølgelig riktig! Her har vi et lite unntak. Du må bare huske det.

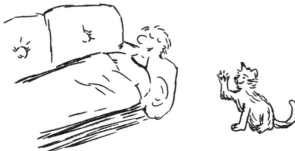

Han blir liggende og sove mens katten leker.

Barnet går videre, men han blir stående og tenke.

Barnet vil leke med ham, men han blir sittende og lese.

Om

Ordet **om** kan ha mange forskjellige funksjoner og betydninger. La oss se litt nærmere på de viktigste av dem.

(et) løv   bladene som henger på trær

(ei) jul   kristelig fest man feirer den 24. og 25. desember

1. **Om** kan være en subjunksjon:
Han vil vite om du er sulten.
Dette er et indirekte spørsmål. Setningen betyr egentlig:
Han vil vite: «Er du sulten?»

Om du er sulten, må du spise noe.
= Hvis du er sulten, må du spise noe.
Denne setningen er ikke et indirekte spørsmål. Her er det litt gammeldags med **om**. Bruk heller **hvis**.

2. **Om** kan være en preposisjon:
Jeg har lest om det i avisa.
Om høsten faller løvet.

3. **Om** kan kombineres med **selv** eller **som**, og da får vi en ny subjunksjon:
Selv om det regner, skal vi gå på tur.
Det hørtes ut som om noe falt ned.

Før

1. **Før** som preposisjon:
Før jul drar de fleste til kjøpesentrene for å kjøpe gaver.

2. **Før** kan også stå alene. Da betyr det **tidligere** og er da ingen preposisjon, men et adverb:
Før røykte hun mye.

3. Etter **før** kan vi også ha en leddsetning – da er **før** altså en subjunksjon.
Før barnet ble født, sluttet hun å røyke.

Få – lite

La oss igjen snakke litt om hvordan vi bruker **få** (og **lite**) som tallord/adjektiv. Disse to ordene betyr det motsatte av **mange** og **mye**, og vi bruker dem på samme måte. Det vil si: når vi kan telle, bruker vi **få**. Når vi ikke kan telle, bruker vi **lite**.

Slik gradbøyer vi **få** og **lite**:
    få - færre - færrest
    lite - mindre - minst

Bare til repetisjon (for dette kan du allerede, ikke sant?) – slik gradbøyer vi **mange** og **mye**:
    mange - flere - flest
    mye - mer - mest

    Det bor mange mennesker på Østlandet
    Men få mennesker bor i Nord-Norge.
    Det er mye snø i Nord-Norge, men lite snø på Vestlandet.
    I Nord-Norge bor det færre mennesker enn på Østlandet.
    På Vestlandet er det mindre snø enn i Nord-Norge.

en repetisjon	når man gjør noe igjen er det en repetisjon
å forkorte, forkortet	å gjøre kortere

På grunn av (at)

Etter **på grunn av** trenger vi en «ting», altså et substantiv eller pronomen:
    På grunn av det dårlige været kan vi ikke gå på tur.
    På grunn av henne er vi forsinket.

Hvis du vil bruke et verb etterpå, må du ta med **at**:
    På grunn av at det regner, kan vi ikke gå på tur.
    På grunn av at hun bruker så mye tid, er vi forsinket.

Istedenfor å bruke **på grunn av at** kan du også bruke **siden** eller **fordi**. Dette gjør setningen ofte litt enklere:
    Siden/fordi det regner, kan vi ikke gå på tur.
    Siden/fordi hun er så langsom, er vi forsinket.

På grunn av blir ofte forkortet til **pga**.

1 Sett inn *selv om, som om, om* eller *før*.

... jeg hadde vært syk i flere dager, ventet jeg lenge ... jeg gikk til legen.
Du må bli ferdig med oppgaven ... mandag kveld.
... to dager skal vi gifte oss.
Vi vet ikke ennå ... vi skal besøke foreldrene våre ... påske.
Det ser ut ... det begynner å regne snart.
... drakk han mye alkohol, ... han visste at det var skadelig for helsen.
Han spør ... det er vanskelig å gå på ski.
På skolen har vi snakket mye ... krigen.
Det høres ut ... det er fest hos naboene.
Hun hadde kjøpt seg nye sko ... hun mistet kredittkortet.

2 Bruk en konstruksjon med *bli* + presens partisipp.

(ligge, drømme) Han ... om det fantastiske showet han hadde sett dagen før.
(stå, diskutere) Inger og Ellen ville egentlig sykle hjem, men så ... politikk.
(sitte, lytte) Odd ... på radioen da fotballkampen begynte.

3 Sett inn riktig ord. NB! Hvis det er 6 prikker (... ...), må du sette inn to ord for at setningen blir riktig.

a) Jeg gruer meg ... eksamen! Jeg drømmer allerede ... den nesten hver natt. Jeg er virkelig redd ... at jeg ikke består. Men jeg skal klage ... resultatet hvis jeg finner ... at de har rettet ... strengt.

b) Foreldrene mine har abonnert ... avisa, men jeg tviler ... at de leser den daglig. Jeg leter heller ... informasjon ... Internett eller lytter ... nyhetene ... radio mens jeg kjører hjem ... jobben. ... denne måten kan jeg også følge ... ... hva som skjer i verden.

c) Takk ... at du alltid hjelper meg ... problemene mine. Jeg setter pris ... din mening og lytter alltid ... dine råd. Du er en ... de få vennene som jeg kan snakke ... ... alt.

d) Da Terje ble kjent ... Tove, forelsket han seg ... henne ... en gang. Tre år senere giftet han seg ... henne ... kirka. Han er virkelig veldig glad ... henne, og det er sikkert riktig at han har bestemt seg ... å dele livet sitt ... henne.

e) Historien ... denne boka handler ... Nils og Erna. Den forteller ... Ernas hemmelighet, og jeg lurer ... hva denne hemmeligheten er. Hvorfor vil hun skjule den ... familien sin? Det må være trist ... henne, og jeg synes synd ... henne. Kanskje reisen ... Tromsø kan hjelpe henne. Var det en god idé at Nils ble ... ... denne reisen?

4 For hundre år siden var livet ganske annerledes enn i dag. Bruk preteritum for å fortelle hvordan livet var før.

Eksempel: I dag har de fleste familiene to barn. (fire barn) → For hundre år siden hadde de fleste familiene fire barn.

I dag gifter de fleste seg når de er omtrent 30 år gamle. (20 år)
I dag bor det vanligvis bare to generasjoner sammen. (tre generasjoner)
Foreldrene tar viktige avgjørelser sammen. (bare faren)
Både menn og kvinner arbeider utenfor huset. (stort sett menn)
Ganske mange par blir skilt i dag. (veldig få par)

(ei) påske	høytiden når kristne minnes hvordan Jesus døde og gjen-oppstod
skadelig	som ødelegger, påfører skade
et show	en oppvisning som skal underholde
en fotball-kamp	når to lag spiller fotball mot hverandre
en prikk	et skrifttegn: et punktum („.")
å grue seg, gruet	å ikke se fram til med glede, men med frykt eller sterk ulyst
å klage, kla-get/klagde	å uttrykke at man ikke er fornøyd
daglig	hver dag
å sette pris på, satte, har satt	å anerkjenne noe som positivt, å være takknemlig for noe
en avgjø-relse	noe man har bestemt

Foreldre oppdrar barna gjerne ganske liberalt. (nokså strengt)
De gamle som ikke kan ta vare på seg selv, lever ofte på sykehjem. (hjemme)
Barna vet ofte lite om foreldrenes jobber. (ganske mye)
Veldig få jobber i landbruk. (de fleste)
Barna leker sjelden i gata. (ofte)
Man går sjelden i kirka på søndager. (alltid)
Unge voksne flytter ofte. (nesten aldri)

5 Omformuler setningen ved å bruke *på grunn av (at)*.

Du glemte å betale regningen. Derfor må vi betale purregebyr.
Siden husleia er så høy i Oslo, flytter mange ut fra byen.
Jon kan ikke dra på ferie fordi han sliter med økonomien.
Hun rakk ikke toget til Skien fordi T-banen var forsinket.

et purrege-byr	pengebeløp man må betale i tillegg når man ikke betaler regningen innenfor en avtalt frist
(et) mel	pulver laget av korn, det man trenger for å lage brød
hittil	til nå

Kristian sier ingenting mens Karina setter seg ved siden av ham i kafé-en. Det blir godt med en pils nå, tenker Kristian. Egentlig drikker han sjelden. Han ser seg litt rundt på utestedet. Det er ganske mye bråk, selv om det ikke er så mange folk. Noen middelaldrende damer ler like hys-terisk som tenåringer. De har åpenbart tatt et par pils for mye, tenker Kristian.

I den andre delen av utestedet sitter det noen menn. De ser på en fotballkamp som vises på en gigantisk skjerm. I et mørkt hjørne bak skjermen sitter det to tenåringer og kysser hverandre.

De ser alle lykkelige ut. Kristian har inntrykk av at det bare er han som er trist.

Først da de har bestilt, sier han til Karina: «Jeg har ikke bestått. Jeg må ta konteeksamen enten til høsten eller neste år. Men resultatet var så dårlig at jeg sikkert ikke klarer det nå til høsten heller. Altså mister jeg et helt studieår. Et helt jævla år.»

«Det er jo synd.»

«Det er ikke synd, det er helt tåpelig! Faen, hvorfor har jeg valgt dette idiotiske studiet? Jeg har vært en tosk.»

«Men du har jo alltid vært interessert i tekniske fag?»

«Det tenkte jeg også. Men vet du, det er så mye teori. Og den forban-na matematikken er så jævlig vanskelig.»

Han er stille et øyeblikk og stirrer ned i ølglasset sitt.

«Det er en ting til. Jeg får ikke stipend til neste år fordi jeg har strøket. Og du vet at foreldrene ikke kan støtte meg siden faren min gikk kon-kurs med sine aksjespekulasjoner i fjor. Det betyr at jeg er blakk. Nett-opp fylt 20 år og allerede blakk.»

en pils	(en type) øl
hysterisk	*her*: på en måte som er veldig utagerende og lager mye bråk
gigantisk	veldig stor
en konte-eksamen [å]	eksamen man tar igjen når man ikke klarer det på første forsøket
jævla	*banneord (se forklaring)*
faen	*banneord (se forklaring)*
en tosk	dumt menneske, idiot
forbanna	elendig
jævlig	forferdelig
et stipend	penger man får av staten eller andre institusjoner for å betale studiet og som man ikke må betale tilbake
å stryke, strøk, har strøket	*her*: å ikke bestå en eksamen
konkurs	når en person eller bedrift ikke har noen penger lenger
en aksje-spekula-sjon	når man prøver å tjene penger ved å kjøpe og selge aksjer
blakk	når man ikke har noen penger, er man blakk

173

Han tar en stor slurk øl.

«Kristian, for det første liker jeg ikke hvordan du uttrykker deg. Bare «faen» og «jævlig» i annethvert ord! For det andre overdriver du. Du får jo studielån likevel. Det blir bare ikke omgjort til stipend.»

«Fantastisk. Tenker du jeg er ute etter et nytt lån, etter alt som faren min har vært gjennom? Nei, tusen takk.»

«Kristian, hvis jeg får snakke åpent, så er det ikke pengene som er problemet. Du er ung og ikke dum, du kommer ikke til å være arbeidsledig. Du kan jobbe for å finansiere studiene. Jeg tenker at du i bunn og grunn er fryktelig lei av studiene. Og da hjelper det bare å avbryte studiene og gjøre noe annet. Du kan for eksempel ta en utdannelse som er betalt. Du har jo VG1 Bygg- og anleggsteknikk og VG2 Treteknikk, kan du ikke bare prøve å få en lærlingplass? Da blir du betalt, får en ordentlig utdanning som ikke er så teoretisk, og hvis du etterpå fortsatt har lyst til å studere videre, så kan du jo fortsatt gjøre det.»

Kristian ser på kjæresten sin og tenker. Han er imponert over henne – og det er ikke første gang. Han blir så lett fortvilet, men Karina finner alltid en vei ut, selv i skikkelig vanskelige situasjoner.

Han er usikker på om han virkelig bør avbryte studiene. Samtidig føler han at han virkelig har lyst til å utdanne seg til et håndverksyrke. Han hadde tatt allmennfag etter VG2, bare for å kunne studere, men kanskje var det egentlig bedre å bli lærling og ta fagbrev etterpå. Men hvilket yrke kan han lære med fagkombinasjonen han har, og hvor finner han en lærlingplass? Han burde kanskje gå til NAV i morgen.

Spørsmål til teksten
Beskriv gjestene på kaféen.
Kristian føler seg som om det bare er han som er trist. Forstår du hvorfor?
Hva er grunnen til at han mister et studieår?
Hvorfor er han ikke motivert for studiene sine lenger?
Beskriv familiens økonomiske situasjon.
Hva slags råd gir Karina?
Er du enig i Karinas råd? Hva ville du anbefale Kristian?

en slurk	når man svelger noe flytende, tar man en slurk
annenhver	ikke hver eneste, men den første, den tredje, den femte osv.
et studielån	et lån til å leve av mens man studerer, som man må betale tilbake når man har avsluttet studiet
å omgjøre	å forandre til noe annet
å være ute etter	å ville ha noe, å prøve å få noe
arbeidsledig	når man ikke har jobb
å finansiere, finansierte	å gjøre det nødvendige for å betale noe
i bunn og grunn	egentlig
en utdannelse	det man lærer for å være i stand til å utføre en jobb
VG 1	*forkortelse for:* videregående trinn 1; et visst nivå man har kvalifisert seg for i løpet av en utdannelse
en lærlingplass	en stilling f.eks. i en håndverksbedrift hvor man får lite lønn, men praktisk erfaring og dermed en utdannelse i denne jobben
ei utdanning	se **en utdannelse**
en lærling	en person som jobber i en bedrift og blir utdannet der på samme tid
et fagbrev	et sertifikat man får når man har fullført lærlingutdannelsen
NAV	en statlig organisasjon i Norge som formidler arbeidsplasser

Banneord

I dette kapitlet bruker Kristian en del ord og uttrykk som ikke er særlig fine. På norsk sier vi at disse er *banneord*. Jeg mener du burde være ganske forsiktig med å bruke dem, men likevel synes jeg at du burde forstå dem.

Jævlig/jævla – betyr **veldig dårlig** eller bare **veldig**.

> Det er helt jævlig.
> et helt jævla år

Her vil Kristian si at han ikke er glad for å miste et helt år, for han synes det er veldig lang tid.

> jævlig vanskelig = veldig vanskelig
> tåpelig = idiotisk
> en tosk = en veldig dum person
> faen

Uttrykket **faen** bruker man gjerne alene (altså ikke i en setning) for å uttrykke at noe veldig dumt eller veldig dårlig har skjedd.

> forbanna (egentlig: **forbannede**, men slik kan man ikke si det på dialekt) – betyr omtrent det samme som **jævlig**, altså **veldig dårlig**

Utdanning i Norge

Nettsider som hjelper deg med utdanningen din
Hva kan du gjøre hvor? Gå på de følgende tre nettsidene for å sjekke hvilken beskrivelse som passer.

- Her kan du søke om å få godkjent den utenlandske utdanningen din hvis du vil arbeide i Norge.
- Hvis du vil studere i Norge på bachelornivå, må du søke om studieplass her.
- Hvis du ikke vet hva du vil bli, kan du få mer informasjon her.

å godkjenne, -kjente, har - kjent	å anerkjenne som gyldig
utenlandsk	som er fra andre land enn det man bor i
(et) bachelornivå	når man studerer på universitetet begynner man vanligvis på bachelornivået, dvs. man studerer for å få en bachelorgrad

175

Politikk

Hvem – tror du – stemmer på hvilket parti?
FrP – Høyre – Venstre – Arbeiderpartiet – KrF – Miljøpartiet De grønne – Senterpartiet

... er 43 år gammel, har familie og er aktiv i menigheten. Han tjener 340 000 kr / året og synes at alle unge mennesker kan finne jobb hvis de bare ønsker å bidra til samfunnet. Mye av utviklingen i det moderne Norge er ganske skremmende, synes han. Det er få som går i kirken om søndagen, og nå kan til og med lesbiske og homofile par gifte seg. Hvem ville trodd det for 20 år siden? Nei, ikke alt som er moderne, er så bra, synes Jon.

... er 23 og studerer sosialantropologi. Hun spiser vegansk mat og er engasjert i Greenpeace. Når hun reiser i Norge, tar hun aldri fly, for hun synes det er skadelig for klimaet. I byen sykler hun, og hun varmer ikke opp leiligheten til mer enn 16 grader om vinteren for å redusere engergiforbruket. Noen av vennene hennes vil ikke besøke henne om vinteren lenger, men hun synes det bare er positivt – da blir det lettere å finne ut hvem som er hennes virkelige venner.

... er 35 og jobber som IT-konsulent i et stort internasjonalt selskap. Han tjener 860 000 kr i året og jobber veldig hardt, men han synes han nesten er fattig siden han må betale så mye i skatter og avgifter. Han har jo knapt råd til en treromsleilighet på Aker Brygge! Skattenivået er altfor høyt. Alle som vil leve godt, må også akseptere å jobbe like hardt som han, synes han. Han reiser mye i Europa og synes det er kjedelig at det fortsatt finnes tollkontroll ved grensene til Norge. Da kan han ikke ta med så mye italiensk vin som han vil. Han synes uansett at Norge burde ha blitt med i EU for lenge siden.

et parti	*her*: en politisk bevegelse som kan velges f.eks. i stortingsvalgene
FrP	*forkortelse for* **Fremskrittspartiet**, et politisk parti i Norge som står på høyre siden av det politiske spektret
KrF	*forkortelse for* **Kristelig Folkeparti**, et kristelig konservativt parti i Norge
en menighet	gruppe av folk som går til gudstjeneste og engasjerer seg i aktiviteter organisert av kirken
å bidra, bidro, har bidratt	å hjelpe aktivt til med noe
en utvikling	måten ting forandrer seg på
vegansk	når man ikke spiser, drikker eller bruker produkter som er laget av dyr
å redusere, reduserte	å gjøre mindre
en konsulent	en profesjonell rådgiver innenfor et visst fagområde
en skatt	offisiell avgift
en avgift	et gebyr
en tollkontroll [tåll-]	ved ei grense kontrolleres om man forsøker å importere mer ev en vare (f.eks. alkohol eller tobakk) enn man har lov til

176

Johan

... er 57 og tjener ikke særlig godt. Han er nemlig arbeidsløs. Han mener det er fordi det er så mange utlendinger i Norge som tar arbeidsplassene fra nordmenn. Selv strever han med å skrive riktig norsk, men han mener at utlendingene i det minste burde kunne flytende norsk – men helst burde de alle dra tilbake til hjemlandene sine. Uansett skjønner han ikke hvorfor han får så lite i dagpenger når Norge er et såpass rikt land. Hvorfor ikke gi pengene til arbeidsløse nordmenn slik at de kan kjøpe seg leilighet i Spania?

Merethe

... er 62 og arbeider som engelsklærer på en ungdomsskole i Bergen. Hun har reist mye og er opptatt av mange internasjonale spørsmål. Hun vil gjerne at Norge åpner seg mer for andre land enn før, og hun synes det er spennende at det kommer folk fra forskjellige kulturer til Norge. Merethe er også miljøbevisst, hun kildesorterer og sykler, men den årlige ferieturen tar hun helst med fly, og i garasjen har hun en Mercedes SUV. Hun vil jo ikke overdrive heller.

Jan

... driver sin egen gård med 80 sauer og 35 kyr i Nord-Trøndelag. Det er en vanskelig og krevende jobb, og Jan synes at han blir betalt ganske lite for det. Derfor vil han innføre totalforbud mot import av utenlandsk mat. At Norge melder seg inn i EU? Det hadde bare manglet! Hvem trenger fransk ost eller belgisk sjokolade så lenge vi har brunost og Kvikk Lunsj? Han skjønner jo at folk blir litt sure når de ikke kan kjøpe smør i hele landet i noen uker, men man burde ikke spise så mye fett uansett.

Siv

... er 38 år gammel og jobber i en stor bedrift som produserer elektroniske apparater for helsevesenet. Hun har vært medlem av LO siden hun var 21 og har alltid vært opptatt av arbeidstakernes rettigheter. Det er jo arbeiderne som har bygget landet! Hun er særlig opptatt av at kvinner blir likestilt i arbeidslivet. Derfor stilte hun også opp som kandidat til å bli den nye tillitsvalgte i bedriften sin i fjor. På nattbordet hennes står det et bilde av Gro Harlem Brundtland, for hun er Sivs store forbildet. Siv synes også det er typisk norsk å være god, men det sier hun ikke til sine utenlandske kolleger.

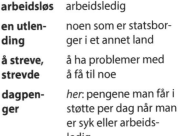

arbeidsløs	arbeidsledig
en utlending	noen som er statsborger i et annet land
å streve, strevde	å ha problemer med å få til noe
dagpenger	*her*: pengene man får i støtte per dag når man er syk eller arbeidsledig
årlig	hvert år
miljøbevisst	når man tar hensyn til miljøet
en gård	*her*: land og bygninger som drives av en bonde for landbruk
et forbud	når man forbyr noe
å melde seg inn, meldte, har meldt	når man offisielt blir med f.eks. i en organisasjon
det hadde bare manglet	*her*: uttrykk for at man er totalt imot noe
en brunost	en særnorsk type ost som har brun farge og smaker litt søtt
sur	*her*: sint, ufornøyd
(et) helsevesen	organisasjoner eller bedrifter som er tilknyttet helsetjenester
en arbeidstaker	noen som ikke jobber selvstendig men er ansatt av en arbeidsgiver
en rettighet	det man har rett til/på ved lov
en kandidat	person som stiller til valg f.eks. for å få et (politisk) verv
tillitsvalgt	person som skal representere interessene til de ansatte i en bedrift

177

Hvilket slagord passer til hvilket parti?

Mange partier velger slagord – enten for hele politikken de står for eller for enkelte områder. Det kan ofte være veldig vanskelig å forstå hva disse slagordene egentlig betyr. Utover det er det politiske spektret i Norge ikke så bredt som i andre land. Nesten alle partiene som er på Stortinget, er mer eller mindre sosialdemokratiske.

Klarer du å finne det passende slagordet til hvert parti?

Alle slagordene er hentet fra partienes nettside (i november 2014), men ett slagord ble lagt til av Nils. Finner du det også?

KrF – Venstre – Høyre – FrP – Arbeiderpartiet – Nils – Senterpartiet – SV

- En enklere hverdag for folk flest
- Vi tar hele Norge i bruk
- Ja til mangfold, nei til sortering
- Gründerhjelp i hele landet
- Sats på kunnskap
- Styrke det sosiale sikkerhetsnettet
- Ja til fremtiden
- Vi kjemper for miljø og rettferdighet

et slagord	et slogan, en kort setning som kan brukes f.eks. til reklame
et mangfold	stort utvalg av forskjellige alternativer
(en) gründerhjelp	støtte til personer som bygger opp en ny bedrift
å styrke, styrket	å gjøre sterkere
(en) rettferdighet	når noe er rettferdig, dvs. at det er like fair ovenfor så mange mennesker som mulig; Lovsystemet har som mål å være så rettferdig som mulig

Mange – få – mye – lite

Det motsatte av **mange** er **få**, og det motsatte av **mye** er **lite**. Det er klart, ikke sant? Når vi kan telle, sier vi **mange/få**, og når vi ikke kan telle, sier vi **mye/lite**. Husk hvordan vi gradbøyer disse ordene:

mange – flere – flest
få – færre – færrest
mye – mer – mest
lite – mindre – minst

Litt – lite

Litt betyr **noe**. **Lite** betyr **ikke mye**.
Det er kanskje det samme, tenker du? Nei, ikke helt. **Litt** er mer enn **lite**. Når du sier **lite**, mener du **mindre enn forventet** eller **mindre enn normalt** eller noe som kjennes som en mangel. Når du sier **litt**, er det nøytralt.

Jeg har litt å gjøre i dag.
= Jeg har noe å gjøre – ikke særlig mye, men likevel må jeg arbeide en del.
Jeg har lite å gjøre i dag.
= Jeg har egentlig nesten fri.

Jeg har litt å leve av. = Jeg er ikke rik, men jeg klarer meg.
Jeg har lite å leve av. = Jeg er fattig.

Det ligger litt snø her.
= en del snø - ikke særlig mye, men noe snø
I år er det lite snø.
= Vanligvis er det mer snø.

Husk at **lite** også er intetkjønnsformen for adjektivet **liten**:
Her står det et lite hus.

I skogen er det litt snø, men det er for lite snø for å lage snømann.

Han har litt penger
– han kan kjøpe
seg iskrem.

Han har lite penger
– han kan ikke kjøpe
seg iskrem.

179

1 Nå kan du allerede så mye norsk at du kan begynne å si ting på en diploma-tisk måte. De følgende setningene er ganske stygge. De inneholder banneord, og mye blir sagt for direkte. Kan du omformulere dem slik at de høres litt pene-re ut?

Eksempel: Faen, så stygt dette huset er! → *Jeg synes egentlig ikke at dette huset ser fint ut.*

Denne øvelsen er jævlig vanskelig.

Jeg er så lei av det forbanna regnet.

Kan du ikke jobbe litt raskere, for faen!

Hvem er den gamle tosken der borte som har pratet tull i timevis?

Du sier du har vasket gulvet? Det er skittent som faen!

Jeg synes det er helt tåpelig at du vil gå på vernisasjen med meg. Det blir jævlig
  kjedelig!

Du kan jo virkelig ikke danse.

Jeg synes at kaka du har bakt smaker helt for jævlig.

Er du blind, eller? Hvorfor går du ut gjennom døra der det står «inngang»?

Har du ikke ringt Knut ennå? For en tosk du er! Du glemmer alt man sier til deg!

2 Sett inn *lite* eller *litt*

a) Kan jeg få låne ... mel? Jeg har veldig ... igjen og trenger ... mer for å bake et ... brød.

b) Kjell bor i et ... hus med for ... plass til gitarsamlingen sin. Han vil gjerne flytte til et ... større hus, men det blir ... for dyrt siden han tjener veldig ... .

c) Når jeg blir ferdig med skolen, vil jeg reise ... . Hittil har jeg sett ... av verden og øn-sker å se ... mer. Jeg vil særlig reise ... i Asia for å bli ... bedre kjent med de forskjellige kulturene. Det finnes så mye å oppdage og jeg håper jeg rekker å se ... av hvert. Det kan fort bli ... kjedelig å reise alene. Derfor spurte jeg en venn om han ville være med, men det virker som han har ... lyst til det.

3 Sett inn riktig form av *mange/mye/få/lite* – evt. gradbøyde former som f.eks. *flere, flest* osv.

I Oslo bor det ... mennesker enn i Stavanger.

Stavanger er ... enn Bergen.

Den ... byen i Norge er Kolvereid.

Norge har ... innbyggere enn Sverige.

En leilighet i de store byene koster ganske .... Men en enebolig koster enda ....

De ... nordmenn er buddhister.

Ganske ... nordmenn er medlem i Den norske kirke.

Ved Norskekysten er det veldig ... regn.

Det er ... sannsynlig at Norge kommer til å bli medlem i EU.

... nordmenn reiser ofte med fly.

Nord for Bodø er det ... jernbanestasjoner enn flyplasser.

Det er bare ... steder i Norge hvor det ikke er snø om vinteren.

diploma-tisk	*her*: på en måte som ikke skaper debatt men prøver å være vennlig eller nøytral
(et) tull	noe som ikke gir me-ning, som er dumt
timevis	en periode som varer over flere timer
skitten	ikke ren
en verni-sasje	en åpning til en utstilling
blind	når man ikke kan se

Det bor ... folk ved kysten enn inne i landet.

De ... nordmenn feirer jul selv om de ikke går i kirken.

Det er ... populært å gifte seg tidlig i Norge enn det var før.

Om vinteren er det ... eller ingen sol i Nord-Norge.

Hvis man blir syk i Norge, betaler man veldig ... for behandlingen selv – det ... betales av staten.

4 Grunnlegg ditt eget parti!

Tenk at du kunne grunnlegge et parti i Norge. Hva vil partiet ditt stå for? Skriv et politisk program for partiet ditt.

5 Bergenstest-oppgave

Hvis du vil ta Test i norsk – høyere nivå (Bergenstesten), burde du øve deg på lengre skriftlige oppgaver. Disse oppgavene kan du også sende til oss og få dem rettet og kommentert av en lærer. For mer informasjon ta kontakt med info@skapago.eu

Du kan selvfølgelig også løse oppgavene uten at du tar Bergenstesten.

Den følgende oppgaven er et eksempel på hvordan delprøven i skriftlig produksjon kunne se ut i Bergenstesten.

Kildestoff:

Norge har stort behov for utenlansk helsepersonell, og mange utenlandske leger og sykepleiere kommer til landet for å arbeide. Det er derimot ikke lett å få autorisasjon som lege/sykepleier hvis man ikke har tatt utdanning i Norge.

Noen argumenterer derfor for at alle sykepleiere og leger som har tatt utdanningen i utlandet, skal få automatisk autorisasjon i Norge. Andre derimot er uenige i en slik ordning.

Oppgave:

Diskuter fordeler og ulemper ved automatisk godkjenning av utenlandsk autorisasjon for leger og helsepersonell. Bruk omtrent ⅓ av teksten for å presentere emnet. Du kan bruke kildestoff om du vil. Resten av teksten bruker du for å diskutere fordeler og ulemper ved automatisk godkjenning.

6 Sett følgende setninger i preteritum:

Erna (å bære) en tung koffert.

Jeg (å dra) hjem.

Jeg (å treffe) Sivert.

Per (å brekke) armen sin.

Susanne (å be) Lise om hjelp med leksene. Hun (å hjelpe) henne med dem i går også.

Jeg (å høre) så mye bråk mens jeg (å ligge) på sofaen. Hva (å drive) du med?

I går (å legge) Kristian seg tidlig, men han (å sove) dårlig.

Siv (å le) godt da hun (å se) at jeg ikke (å finne) vinflaska selv om den (å stå) midt på bordet.

Hege (å komme) for sent og (å rekke) ikke bussen.

Rune (å drikke) en øl før han (å forsvinne) ut av døra.

en behandling	*her*: terapi man får når man er syk for å bli frisk igjen
å grunnlegge, -la, har -lagt	å begynne på noe, å bygge opp noe nytt
en gjest	noen som kommer på besøk eller en kunde f.eks. på en restaurant
å motivere, motiverte	å gi en grunn til å gjøre noe
et personell	de ansatte i en bedrift
en autorisasjon	en offisiell godkjenning, f.eks. av kvalifikasjoner
å argumentere, argumenterte	å legge fram sine synspunkter i en diskusjon
automatisk	av seg selv, uten at man må gjøre noe
en fordel	noe som gjør at et alternativ er bedre enn et annet
ei ulempe	noe som gjør at et alternativ er verre enn et annet
en ordning [å]	et system; hvordan noe er ordnet
et emne	et tema

TYPISK NORSK: HÆ?

Nordmenn liker korte ord. Når man ikke blir forstått, hører man ofte et høyt «Hæ?»

Mens dette er fullstendig uakseptabelt i andre land, hører du det i Norge til og med i relativt formelle sammenheng.

Jeg synes likevel at det er *så* stygt – så jeg ber deg: vær så snill og si **Hva sier du?** eller **Unnskyld?** isteden.

Hvorfor er det så komplisert med mobiltelefoner?, tenker Jørgen.

Han har prøvd å trykke på alle mulige knapper, men han finner ikke det han leter etter. Det er ikke så lenge siden han fikk mobiltelefonen. Egentlig har han ikke sett nytten i den, men sønnen hans mener han må følge med i tida. Han er egentlig enig med sønnen, men akkurat nå klarer han ikke å finne oversikten over mottatte anrop. Han finner bare «ubesvarte anrop», men det hjelper ikke.

Der! Endelig ser han en oversikt over alle anropene. Nå må han bare finne frem nummeret til denne læreren – hva var navnet hennes? Katrin? Karin Barke? Noe sånt.

Selvfølgelig kan det være en tilfeldighet med nissen. Men da han så sparkebuksa igjen, fikk han plutselig en idé: kan det være mulig at det er en sammenheng i alt dette? Sparkebuksa med nissen – det eneste minnet etter foreldrene – og nå en nisse med adressen hans og ei gammel dame som leter etter ham? Sannsynligvis har det ingenting å si, men nå vil han vite det.

«Ja hallo, det er Jørgen Moe her. Unnskyld at jeg ringer – du husker at vi snakket i morges? Du ringte meg på grunn av en nisse med adressen min ... Ja ... Det høres kanskje litt rart ut nå, men jeg kom på noe etter at du hadde ringt. Kanskje jeg har noe å gjøre med denne nissen likevel. Jeg lurer på om det var mulig å se nissen? ... Ja, det er kjæresten din som har nissen? Nei, jeg vil ikke forstyrre ham ... Ikke? Det hadde jo vært fint, selvfølgelig ... Ja, det er hyggelig om du gir beskjed til ham ... Ja, han må gjerne ringe tilbake. Jeg ser frem til å høre fra ham. Takk skal du ha!»

Jørgen legger på. Nå er han virkelig nysgjerrig.

(en) nytte	det positive man kan få ut av noe
et anrop	når telefonen ringer får man et anrop
hallo	et ord man bruker når man svarer på telefonen eller presenterer seg selv
å ha noe å gjøre med	å ha sammenheng med

Det tar ikke lang tid før kjæresten til læreren ringer tilbake. Han sier at han er hjemme og at Jørgen er velkommen. Jørgen har tid, så han drar med en gang til adressen han har fått.

Det er en av de få høyblokkene midt i Tromsø.

Den unge mannen som åpner døra, holder nissen i hånda allerede. Jørgen er forbauset: nissen ser nøyaktig slik ut som nissen på det lille bildet på sparkebuksa. Er det virkelig en tilfeldighet? Kan det være at han har funnet det som han har savnet i så mange år – nei, i så mange tiår?

Han må bare finne det ut. «Dette er virkelig litt overraskende», sier han til den unge mannen som har sagt at han heter Kristian.

«Er han din?» spør Kristian.

«Nei, han er ikke det. Men kan jeg få likevel lov til å låne denne nissen i et par dager?»

«Ja, selvfølgelig. Hva er det som knytter deg til ham? Har du laget ham?»

«Nei, jeg har aldri sett denne nissen før, men jeg tror likevel at jeg har noe med ham å gjøre. For å si det sånn – det er en lang historie, og jeg ønsker egentlig ikke å si så mye om den. Men jeg lover å bringe nissen tilbake så snart jeg kan.»

ei høy-blokk	en høy bygning med mange leiligheter
et tiår	en periode på ti år (f.eks. 2000–2010)
å love, lovet [å]	*her*: å si at man garantert skal gjøre noe

Spørsmål til teksten

Hvorfor vil Jørgen finne listen over mottatte anrop på mobiltelefonen sin?

Hvor gammel – tror du – Jørgen er? Hvorfor tror du det?

Hva slags sammenheng ser Jørgen?

Hvorfor – tror du – at han vil låne nissen?

Datavern og personvern

Gå på de følgende nettsidene og besvar spørsmålene for hver nettside.

ask.fm
penest.no
spotify.com
facebook.com
underskrift.no
zoosk.com

1. Hva kan man gjøre på dette nettstedet?
2. Hva slags personlig informasjon kreves når man vil registrere seg?
3. Ville du bruke dette nettstedet? Hvorfor/hvorfor ikke?
4. Synes du nettstedet virker seriøst? Har du bekymringer med å oppgi din personlige informasjon?

et vern	en beskyttelse
seriøs	*her*: tillitsvekkende
ei bekym-ring	en engstelse
en vare	noe man kan kjøpe
å laste ned, lastet	man kan laste ned filer på Internett (**download**)
å benytte seg av, be-nyttet	å bruke noe
et passord	en kombinasjon av bokstaver eller tall man trenger for å melde seg på f.eks. en nettside

Hvilket råd gir du til de følgende personene?
Tenk deg at du kjenner de følgende personene godt (for eksempel kan de være venner eller familie). Bruk prinsippene du har lært i kapittel 36.

Liv har et eget lite firma som driver med salg av matvarer. Nå lager hun nettside til firmaet sitt. Hun trenger mange bilder til nettbutikken. Siden hun ikke har lyst til å ta bilder av alle produktene selv, laster hun bare ned noen bilder hun finner på nettet.

Runar og Kristine har to barn. De er tre og fem år gamle. De er veldig glade i dem og tar bilder i alle mulige livssituasjoner, bl.a. når de spiser, vasker barna, mens barna sover osv. Vanligvis legger de ut bildene på Facebook med én gang.

Vegard bruker Internett ganske mye: selvfølgelig har han nettbank, Facebook, Spotify, PayPal ... I en lengre samtale snakker han om at han er ganske lei av å huske så mange passord. Nå bruker han bare **Vegard** som passord for alle tjenester han benytter seg av.

Ingrid er litt redd for å gå til legen. Når hun blir syk eller føler at noe er rart med kroppen, går hun bare inn på Google eller Wikipedia og prøver å finne ut hva slags sykdom hun har.

Enig!

Å være enig betyr **å mene det samme**.

Du kan være *enig med en person*, dvs. du synes det samme som denne personen synes:

>Peter: Jeg synes det er dyrt å leve i Norge.
>Marthe: Jeg er enig med deg.

Du kan være *enig i en idé* eller en tanke:

>Marthe er enig i at livet i Norge er dyrt.

Sammen med en annen person kan du *bli enig om en avgjørelse*:

>Marthe og Peter ble enige om å flytte til Sverige.

Alternativ til genitiv

Allerede i kapittel 27 har du lært om genitiv (f.eks. Kristians store bil). Synes du at genitiv er ganske vanskelig? Det gjør faktisk mange som lærer norsk. Men jeg har gode nyheter! Det finnes en del alternativer til genitiv – men du må bruke dem på riktig måte.

Noe som hører til en person

Hvis vi snakker om at noen eier eller har en ting eller hvis det er snakk om et veldig personlig forhold, så kan vi bruke en konstruksjon med **til**:

> den store bilen til Kristian = Kristians store bil
> søstera til Kristian = Kristians søster
> problemene til Kristian = Kristians problemer

Du skjønner at Kristian eier verken problemene eller søstera, men det er altså det jeg mener med et veldig personlig forhold.

Du kan også bruke en konsktruksjon med pronomenet **sin**, men dette er ganske muntlig:

> Kristian sin store bil
> Kristian si søster
> Kristian sine problemer

Noe som hører til en ting

Når vi snakker om et forhold mellom ting, er det vanlig å bruke andre preposisjoner enn **til**:

> hovedstaden i Norge = Norges hovedstad (fordi Oslo ligger *i* Norge)
> lederen for partiet = partiets leder (fordi han arbeider *for* partiet)
> størrelsen på genseren = genserens størrelse (fordi det er et tall, se kap. 35)

Her bruker vi *ikke* genitiv

I mange andre språk er det vanligere å bruke genitiv enn det er på norsk. Nå kommer det en situasjon hvor vi ikke bruker genitiv på norsk, men hvor det er ganske vanlig å bruke genitiv på andre språk. Når vi snakker om en del av noe større, bruker vi **av**:

> de fleste av studentene
> tre stykker av denne kaka
> begynnelsen av filmen

et forhold
[fårhåll]
her: en forbindelse mellom personer

Indirekte tale

Han sier: «Jeg er hjemme.»
→ Han sier at han er hjemme.

konsekvent   når man bruker samme system hele veien

Den andre setningen kaller man gjerne for indirekte tale, for vi sier ikke direkte hva han sa, men vi setter alt inn i en leddsetning.
Dette er ikke særlig vanskelig. Tenk bare på to ting:

1) Rekkefølgen i leddsetningen. Se på det følgende eksemplet:
Han sier: «Jeg er ikke hjemme.»
→ Han sier at han ikke er hjemme.

2) Tida du bruker i leddsetningen, burde være konsekvent. For eksempel:
Han sa: «Jeg er hjemme».
Han sa at han var hjemme.

Eller tenk på det følgende eksemplet:
Han sa (på mandag): «Jeg var hjemme i går.»
Han sa (på mandag) at han hadde vært hjemme dagen før/på søndag.

Her er det naturlig å bruke preteritum perfektum i leddsetningen, for han hadde jo vært hjemme enda tidligere enn da han snakket om det. Utover det bytter jeg ut **i går** med **dagen før** eller **på søndag**, for det kan jo være at han sa dette allerede for noen dager siden. Da blir det ulogisk å si **i går**, hvis du tenker deg f.eks. at det allerede er onsdag eller torsdag i dag.

Når du setter et ja/nei-spørsmål i indirekte tale, bruker du **om**:
Han spør: «Er du hjemme?»
→ Han spør om jeg er hjemme.

Når du setter et annet spørsmål i indirekte tale, bruker du spørreordet som subjunksjon (evt. sammen med **som**, se kap. 30):
Han spør: «Hvor er du?»
→ Han spør hvor jeg er.

1 Sett inn riktig preposisjon.

- Jeg synes at filmen er ganske kjedelig. – Jeg er enig ... deg.
- Bjørg snakket med kjæresten sin, og de ble enige ... å gifte seg til våren.
- Solveig er enig ... Ida ... at det er viktig for barn å lære mye om datamaskiner.
- Morten snakket lenge med arbeidsgiveren sin, og til slutt ble de enige ... at han skulle få høyere lønn fra neste år.
- Arbeiderpartiet foreslo å øke skattene, og de fleste andre partiene var enige ... forslaget.

2 Sett frasene i indirekte tale.

Eksempel: Han spør meg: «Er du hjemme?» → Han spør meg om jeg er hjemme.

Peter sier: «Jeg er glad i svenske romaner.»

Jeg svarer: «Jeg er ikke enig.»

Den portugisiske kollegaen min spurte meg: «Sto dette lille huset her i fjor også?»

Han tenker: «Jeg må dra til Norge oftere fordi jeg synes at det er et såpass fint land.»

Han tenker også: «Det koster egentlig ikke så mye å ta fly til Norge.»

Jeg lurer på: «Hvordan er været i Portugal om vinteren?»

Jeg vil også vite: «Hvem er den nye presidenten i Portugal?»

Jeg spør ham: «Hva vil du gjøre i Norge denne gang?»

Han svarer: «Jeg har faktisk ikke så mange planer ennå.»

Marthe fortalte i går: «Jeg så en rev på fjellet i går.»

Hun sa: «Jeg tar aldri bussen.»

Hun ville vite: «Er det ikke billigere å ta tog?»

Hun tenkte: «Dyrest er det sikkert å kjøre med egen bil.»

Hun sa: «Jeg kan egentlig selge bilen min fordi jeg ikke har behov for den lenger.»

Jeg svarte: «Jeg vil kanskje kjøpe bilen din.»

Jeg spurte henne: «Hvor mye skal den koste?»

Hun sa: «Jeg må tenke meg om.»

Jeg spurte: «Kan du ringe meg når du vet det?»

Hun svarte: «Det skal jeg gjøre.»

3 Bruk en annen formulering enn *genitiv/eiendomsord + adjektiv*.

Eksempel: Du kan kjøpe Marthes gamle bil hvis du vil.
→ Du kan kjøpe den nye bilen til Marthe hvis du vil.

Hammerfest er Norges nordligste by.

Sveriges regjering avslo forslaget om et forenklet skattesystem.

Du kan nok ikke hjelpe Marthe med å løse hennes store problemer.

Liker du Jens Bjørneboes bok «Jonas»?

Arbeiderpartiets nestleder virker ganske sympatisk.

Bilens dekk må skiftes.

Har du sett Turids nye kjæreste?

Hvor får man Oslos beste pizza?

å foreslå, -slo, har -slått	å presentere en idé som et alternativ man kan bli enig om
en frase	en fast måte å si noe på
en rev	et rovdyr som er rød–oransje i fargen
en nestleder	personen som kommer etter lederen i en hierarkisk struktur
en veranda	et tilbygg på et hus, et sted hvor man kan sitte ute

Jeg liker ikke verandaens gulv, selv om det sikkert var dyrt.
Bokas papir er ganske tynt.
Er du glad i Steven Spielbergs filmer?
Hva synes du om Sivs grønne genser?
Når har du tenkt å flytte inn i ditt nye hus?
Min tantes sønn er min fetter.
Min farfars bror er min fars onkel.

4 Sett inn riktig form for adjektiv og substantiv i parentes. Husk å bruke den riktige artikkelen der det er nødvendig.

Mange (ung, menneske) sliter i dag med å finne (riktig, yrke). De har (god, karakter) fra videregående skole, er interessert i mange (forskjellig, ting), men sliter med å velge (utdanning) som passer best for dem.

En av (grunn) til dette kan være at man har flere (mulighet) i dag enn man hadde for 30 eller 40 (år) siden. Den gang var man fornøyd når man overhodet kunne tjene nok penger til å livnære seg selv og (familie) sin. Men i dag forventer de fleste (ung, voksen) mer av (liv): De vil finne mening i (jobb) sin, de vil bruke sine (talent) og de vil ha (spennende, oppgave). Likevel synes mange at det fortsatt er viktig med (sikkerhet) og (god, lønn).

Det er ikke vanskelig å se at noen eldre i (samfunn) synes at de (ung) har altfor (høy, forventning). Samtidig sier de yngre at de på en måte har det vanskeligere enn sine (mor) og (far) – når man har flere (valg), har man også flere (problem) med å velge det (riktig).

5 Skriv setningene på nytt slik at de betyr omtrent det samme. Ikke bruk de understrekede ordene.

Naboen min kommer fra Australia.
Nå er jeg nesten ferdig.
Jeg må nok spare litt før jeg kan kjøpe meg ny sykkel.
Vil Morten kjøpe huset ditt fremdeles, eller har han ombestemt seg?
Huset koster omtrent tre millioner kroner.
Mange utlendinger som kommer til Norge, har behov for opplæring i norsk.
Denne hagen er pen, synes jeg.
Jeg vil gjerne dra på dykkerkurs i Marokko, men jeg har ikke penger.
Har du prøvd å få deg jobb?
Du kan få ganske mye rabatt på flybilletter akkurat nå.
Skal Helene reise til Haugesund i april?
Hvis du ikke skynder deg, rekker vi ikke bussen.
I butikken i Strandgata har de ganske rimelige grønnsaker.
Du behøver ikke å rope så høyt – jeg hører deg ganske bra.

å livnære seg, -næret/-nærte	det man gjør for å ha inntekt og for å kunne betale for alle utgifter man har
en hage	et lite grøntområde med gress, trær, blomster f.eks. rundt et hus
å dykke, dykket	å svømme under vann
ifølge	etter denne meningen

6 Bergenstest-oppgave

Nettdating er blitt mer og mer vanlig i de siste årene. Ifølge en stor norsk avis sa 23 prosent av dem som hadde funnet ny kjæreste de siste fire år at de hadde funnet kjæresten på nettet – og dette er tall fra 2010 som sikkert har økt i mellomtida. Noen hevder dette hjelper introverte mennesker med å bli kjent med noen, mens andre hevder at nettdating er veldig lite personlig.

Oppgave:

Kunne du tenke deg å finne en partner på Internett? Fortell om fordelene og ulempene ved denne metoden for å bli kjent med nye mennesker.

å hevde, hevdet — å mene bestemt

introvert — innadvent, når man har vanskeligheter med å være åpen og snakke med folk man ikke kjenner

NAV befinner seg i et stygt grått hus fra 1960-tallet. Kristian går inn. En vekter, som tydeligvis kjeder seg veldig, står ved inngangen. «Hei, jeg er ute etter å finne meg lærlingplass», sier Kristian til ham. «Ta en kølapp, du.» Vekteren viser til en liten maskin hvor man kan ta en papirlapp med et nummer på. 234 står det der. «Når nummeret ditt kommer opp på skiltet der, er det din tur.» Kristian ser opp på et elektronisk skilt. Nummeret som vises der, er 178. Da må han vente lenge.

Han setter seg i en liten stol under skiltet og ser på menneskene på det store kontoret. Det virker ikke som om de har det veldig travelt.

Endelig er det hans tur.

«Ja, vær så god?», sier mannen som tar kølappen.

«Hei, jeg vil gjerne få meg lærlingplass.»

«Ja, hva slags jobb skal det være?»

«Jeg er litt usikker. Jeg har VG1 bygg og anlegg og VG2 treteknikk. Hva kan jeg bruke det til?»

«Ja, da blir du vel snekker eller tømrer, ikke sant?»

«Ja, det virker jo ganske logisk. Er det lærlingplasser for det i Tromsø?»

«Skal vi se. Har du vitnemålene dine?»

«Ja.»

«Kan jeg få se dem?»

«Ja, altså jeg har dem hjemme.»

«Å ja, men jeg må ha dem før jeg kan finne deg en lærlingplass.»

«Men finnes det lærlingplasser for snekrere eller tømrere i Tromsø? Det kan du vel si uten vitnemålene mine?»

Mannen skriver noe på datamaskinen sin. Så rister han på hodet og

en vekter	person som jobber i sikkerhetstjeneste
en inngang	dør der en går inn
en kø	ventende personer danner en kø når de står etter hverandre
en kølapp	papir som viser hvilket nummer man har i kø
en maskin	et apparat
et skilt	en tavle som viser noe
(en) tur	*her*: plass i en rekkefølge
et anlegg	noe som er bygd
en tømrer	person som feller / skjærer ned trær i skogen
et vitnemål	et dokument som viser karakterer
å riste på hodet	å bevege hodet for å si «nei»

sier: «Nei, for i år har jeg altså ingen lærlingplasser i databasen. Kanskje til neste år. Du er ganske sent ute, vet du. Vil du ha en lærlingplass, må du være tidligere ute.»

«Men hva skal jeg gjøre nå? Jeg har ingen jobb, er nesten blakk og kan ikke studere videre heller.»

«Studere? Har du studert?»

«Ja, men jeg har strøket til eksamen. Jeg kan ikke studere videre nå. Og egentlig vil jeg ikke heller.»

«Tja, men jeg frykter at jeg ikke kan hjelpe deg så mye. Du kunne prøve å finne deg en jobb som ufaglært, men det vil du vel ikke?»

«Egentlig ikke, nei.»

«Da er det vel best at du prøver å søke på egen hånd. Skriv søknader til alle snekkerbedrifter i Tromsø, og husk å legge ved CV og vitnemålene dine. Kanskje det er lurt å stikke innom personlig. Det gir et godt inntrykk. Og du må absolutt ha referanser, så snakk med tidligere arbeidsgivere, for eksempel fra sommerjobber, eller med lærere. Dette er veldig viktig, vet du», sier rådgiveren.

«Har du kanskje en oversikt over snekkerbedriftene i Tromsø?»

«Nei, det har jeg ikke, men du kan finne dem på nettet. Det er bare å bruke søkeord som **snekker** og **Tromsø**. Men for å være ærlig tror jeg, som sagt, ikke at du lykkes før til sommeren neste år. Beklager at jeg ikke kan hjelpe deg.»

Kristian er litt skuffet. Dette høres komplisert ut. Men han er villig til å prøve.

«Takk skal du ha likevel. Ha det bra!»

Han går ut av bygningen og tenker. Dette blir ikke lett.

en database	en mengde av samlet data som hjelper å finne noe
ufaglært	som ikke har en yrkesutdannelse
å stikke innom	å besøke
en arbeidsgiver	en arbeidsgiver har arbeidstakere
en rådgiver	person som har som jobb å gi råd
et søkeord	et ord som man kan søke på i en database
å lykkes, lykkes, lyktes, har lyktes	å fungere, å føre til et godt resultat
å være vilig til	å gjerne gjøre noe

Spørsmål til teksten

Hvorfor er Kristian på NAV-kontoret?

Hva er en kølapp?

Hva slags yrke vil Kristian lære?

Hvorfor er det vanskelig å få en lærlingsplass som snekker eller tømrer?

Lovreguleringer i arbeidslivet

Gunnar jobber i en mellomstor fabrikk i Kristiansand med omtrent 180 ansatte. Han er ikke særlig fornøyd med forholdene der. Er det som Gunnar opplever på arbeidsplassen lovlig i Norge? Hva er lovlig, og hva er ulovlig? Hva slags råd kan du gi til Gunnar? En nettside som kan hjelpe deg med nødvendig informasjon kan f.eks. være: www.samfunnskunnskap.no

Han forteller:

Du aner ikke hvor ille det er på jobben min. Det trekkes bare skatt for 25 timer per uke for meg, men i år har jeg jobbet minst 50 timer per uke.

Offisielt jobber jeg jo deltid – det vil si, offisielt og offisielt, jeg har jo ikke en gang skriftlig arbeidskontrakt. Men det er i hvert fall det sjefen og jeg er blitt enige om.

Lønn får jeg også bare for 25 timer, og selvsagt ikke når jeg er syk.

Jeg har bare to uker ferie per år, og dem må jeg ta i fellesferien!

Jeg forsøker jo å si at nok er nok, og jeg skulle gjerne meldt meg inn i fagforeningen, men da må jeg betale medlemskontingent, sier de.

Men han skal snart få se at jeg mener alvor. Nå har sjefen sagt at jeg sannsynligvis må dra på opplæring til Sandnes snart. Hvis han virkelig forventer det av meg, sier jeg opp umiddelbart.

en lovregulering	når man tillpasser en lov
mellomstor	ikke helt stor, middelstor
en fabrikk	en produksjonsbedrift
en arbeidsplass	plass som man arbeider på
ulovlig	å ikke være offisielt mulig ved lov
å trekke, trakk, har trukket	å dra; *her*: å ta betalt
offisiell	formell
en arbeidskontrakt	offisiell avtale mellom arbeidsgiver og arbeidstaker
en fellesferie	tre uker i juli når mange norske bedrifter stenger
å forsøke, forsøkte	å prøve
en fagforening	sammenslutning av personer som representerer interessene til arbeidstakerne i en bransje
en medlemskontingent	avgift som medlemmer må betale

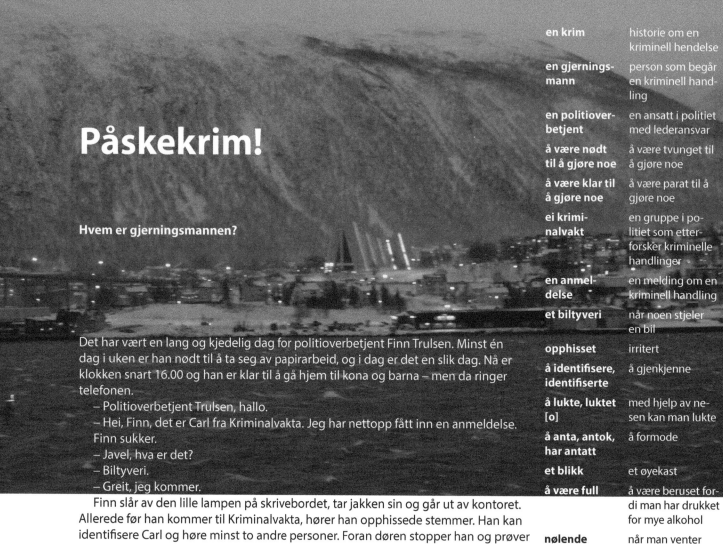

Påskekrim!

Hvem er gjerningsmannen?

en krim	historie om en kriminell hendelse
en gjernings-mann	person som begår en kriminell handling
en politiover-betjent	en ansatt i politiet med lederansvar
å være nødt til å gjøre noe	å være tvunget til å gjøre noe
å være klar til å gjøre noe	å være parat til å gjøre noe
ei krimi-nalvakt	en gruppe i politiet som etterforsker kriminelle handlinger
en anmel-delse	en melding om en kriminell handling
et biltyveri	når noen stjeler en bil
opphisset	irritert
å identifisere, identifiserte	å gjenkjenne
å lukte, luktet [o]	med hjelp av nesen kan man lukte
å anta, antok, har antatt	å formode
et blikk	et øyekast
å være full	å være beruset fordi man har drukket for mye alkohol
nølende	når man venter litt før man gjør noe fordi man er usikker

Det har vært en lang og kjedelig dag for politioverbetjent Finn Trulsen. Minst én dag i uken er han nødt til å ta seg av papirarbeid, og i dag er det en slik dag. Nå er klokken snart 16.00 og han er klar til å gå hjem til kona og barna – men da ringer telefonen.

– Politioverbetjent Trulsen, hallo.

– Hei, Finn, det er Carl fra Kriminalvakta. Jeg har nettopp fått inn en anmeldelse.

Finn sukker.

– Javel, hva er det?

– Biltyveri.

– Greit, jeg kommer.

Finn slår av den lille lampen på skrivebordet, tar jakken sin og går ut av kontoret. Allerede før han kommer til Kriminalvakta, hører han opphissede stemmer. Han kan identifisere Carl og høre minst to andre personer. Foran døren stopper han og prøver å lytte litt. Men så ombestemmer han seg – det er sikkert best å få det overstått så fort som mulig. Han åpner døren bestemt og går inn i rommet. Han ser fire personer. Den første han ser, er den unge kollegen Carl, som virker litt sliten. Ved siden av ham står det en omtrent førti år gammel mann som har en ganske skitten arbeidsfrakk på. Det lukter også fisk i rommet, så Finn antar at det muligens er en fisker. På den andre siden av rommet står det to menn, litt eldre enn den antatte fiskeren, kanskje mellom 50 og 60 år. De er røde i ansiktet, og blikket deres er uklart. Finn skjønner med en gang at de er fulle.

– God dag, jeg er politioverbetjent Finn Trulsen. Hvem har kommet for å anmelde biltyveri?

En av de to fulle mennene, den minste av dem, kommer nølende et skritt frem mot Finn, hever hånden på en overdrevent høytidelig måte og sier lavt:

– Det er meg, politimester.

– Politioverbetjent. Så du sier noen har stjålet bilen din?

– Ja, og jeg vet allerede hvem som har gjort det. Han!

Det siste ordet skriker han nesten ut mens han peker opprørt på den yngre mannen i arbeidsfrakk.

Finn går mellom dem og sier:

– La oss ta det fra begynnelsen.

Mannen blir litt roligere igjen. Han setter seg på en stol og forteller sakte.

– Ja, altså, det var i morges, ja. Jeg kjørte jo inn til byen for å besøke Per.

– Hvem er Per? avbryter Finn.

– Det er han der, sier mannen og peker på den andre berusede mannen.

– Aha. Dere kjenner hverandre?

– Kjenner? Ja selvfølgelig, politimester, vi har vært gode venner i mer enn 35 år!

Finn gir opp å forklare at han ikke er politimester. Isteden spør han:

– Du kjørte altså direkte til Pers hus?

– Ja. Og så satt vi og tok oss en dram og snakket om gamle tider. Det var jo kjempekoselig, men etter to timer sa jeg til Per: Per, sa jeg, nå kan jeg ikke kjøre lenger, nå må jeg ta toget hjem.

Per og vennen hans ler høyt. Finn forstår at det må ha vært litt mer enn bare én dram. Det finnes jo ikke jernbane i Tromsø. Men han velger å ikke diskutere med mannen – med fulle folk er det ofte best slik, har han lært av erfaring.

– Du ville altså ta toget hjem, men så fant du ikke bilen din?

– Nei, det var først etter at jeg var på stasjonen.

– På stasjonen?

– Ja, så klart, vi ruslet ned til stasjonen! Kan vel ikke ta toget fra Pers hus, ikke sant?

– Selvsagt ikke.

– Men etter at jeg kom ut fra stasjonen, fant jeg ikke bilen.

– Aha. Du gikk altså ut fra stasjonen igjen. Da lette du vel etter bilen din?

– Overalt i sentrum! Men jeg fant den ikke. Det er jo også klart, for han har stjålet den!

Samtidig peker han på den yngre mannen i arbeidsfrakk. Carl kommer over til Finn og hvisker:

– Dette er en russisk fisker. Han forstår dessverre verken norsk eller engelsk, men jeg har allerede ringt etter tolk.

– Aha, og hva har han å gjøre med saken?

– De to sier at de har «pågrepet» ham. Mens de lette etter bilen sin, så de at russeren sto på fortauet og prøvde å åpne enda en bil. Så tenkte de at siden han forsøkte å stjele denne bilen, var det sikkert han som også hadde stjålet deres bil. Derfor tok de ham med hit. Men vi har ikke grunn til å mistenke ham. Utover det skjønner jeg fortsatt ikke hvor de egentlig har vært. Alt dette snakket om tog og jernbane – vi må nok først finne ut hvor de virkelig var.

– Hva hvisker dere om? skriker den fulle mannen da.

– Jeg vet allerede hva som kommer til å skje! Tyven blir løslatt uten kausjon, og så

overdreven [å]	som er for mye / for stor ...
høytidelig	formelt, med alvor
en politimester	sjef i politiet
opprørt	rasende
beruset	å være full (på alkohol)
en dram	et lite glass brennevin
en tolk [å]	en person som oversetter muntlig fra et språk til et annet språk
pågrepet	når politiet fører bort en person
å mistenke noen	å formode at noen har gjort noe
en tyv	person som stjeler noe
å løslate, -lot, har -latt	å sette noen fri
en kausjon	en sikkerhet, en garanti (som man betaler)

er han borte for godt.

Finn vil svare, men før han rekker det, åpner døren seg, og ei ung dame kommer smilende inn.

– Hei, jeg heter Irina Vassaljeva. Jeg er tolken.

– Godt at du kommer. Jeg er Finn Trulsen. Hyggelig. Kunne du spørre denne mannen hva han heter, hvor han kommer fra og hvorfor de to andre mennene tok ham med hit til politistasjonen?

Irina snakker med den russiske mannen i en stund og sier så til Finn:

– Han heter Evgenij Petrov og sier at han har jobbet i Tromsø på en fiskebollefabrikk i to måneder. Han har opphols- og arbeidstilllatelse og kan bekrefte det hvis du ønsker det. Han var på vei fra jobben til norskkurset sitt da han så de to mennene som kom mot ham, pekte på ham og ropte noe. Etter det tok de ham bare i armen og dro ham opp hit til politistasjonen. Han var så overrasket at han ikke en gang prøvde å forsvare seg.

– Men kan du spørre ham hvorfor de to tror at han har stjålet biler?

Irina vender seg tilbake til russeren. Etter en stund forklarer hun:

– Han sier at han gikk til sin egen bil som han hadde parkert i Strandgata. Han ville bare hente den nye norskboka si, **Mysteriet om Nils**, som han hadde glemt i bilen. Men han klarte ikke å åpne bilen fordi låsen var frossen. Og i dette øyeblikket ble han stoppet av de to mennene.

Strandgata? Jernbanestasjon? Plutselig skjønner Finn sammenhengen. Han sier til de andre i rommet:

– Et øyeblikk, jeg skal bare ta en kort telefon.

– Med hvem? roper mannen som savner bilen sin. Med politiadvokaten? Er du kanskje ferdig med avhøret allerede? Blir det snart tiltale?

Men Finn ignorerer ham bare. Carl, Irina, russeren og de to fulle nordmennene blir sittende i værelset.

Etter en liten stund kommer Finn tilbake, smilende.

– Hvem har du snakket med? spør Carl.

– Tromsø jernbanestasjon, sier Finn. Og jeg vet hva som er skjedd med bilen din.

De andre ser på ham, forbauset og imponert.

Hvem har stjålet bilen? Hva har skjedd?
*Prøv å finne informasjon om **Tromsø jernbanestasjon** og **Strandgata** i Tromsø på Internett. Så forstår du kanskje også hvordan Finn Trulsen har klart å løse saken.*

en opp-holdstilllatelse	dokument som bekrefter at man kan bo i et land
en arbeidstilllatelse	dokument som bekrefter at man kan arbeide i et land
å forsvare seg, forsvarte	å sette seg til motverge
å vende seg (tilbake), vendte	å snu seg (tilbake) til noen eller noe
en lås	en lukkemekanisme
et avhør	når politiet forhører noen
en tiltale	en anklage
å ignorere noe eller noen, ignorerte	å ikke bry seg om noe eller noen
et værelse	et rom

TYPISK NORSK: PÅSKEKRIM

Norge er et veldig farlig land – i hvert fall i bokhandelen. Det er ikke mange land hvor det blir skrevet så mange kriminalromaner.

I påsken, når (nesten) *alle* nordmenn er på ferie, er det en tradisjon hos mange å ta med en ny krimbok til hytta. Der leser de den og kan ikke stoppe siden den er så spennende (og da blir det noen søvnløse netter).

Århundre og tiår

Når vi vil snakke om et bestemt århundre, har vi to muligheter å si det på.
> Norges grunnlov ble skrevet i 1814.

Når vi ikke vil være så nøye, kan vi si:
> Norges grunnlov ble skrevet i det 19. (nittende) århundre.

eller vi kan også si:
> Norges grunnlov ble skrevet på 1800-tallet (attenhundretallet)

Du lurer kanskje på hvorfor det er **det 19. århundre**, uten bestemt artikkel (århundre**t**). Det er fordi abstrakte og faststående begrep gjerne blir brukt uten den andre bestemte artikkelen. Du kan lese litt mer om det i kapittel 42.

Vi snakker om det samme århundret, men vi bruker ulike tall for å uttrykke det. Begge uttrykkene er riktige, men det er mye vanligere å bruke **1800-tallet** enn **det 19. århundre**, særlig i dagligtale. Husk å bruke riktig preposisjon. Det er alltid **på** 1800-tallet, og **i** det 19. århundre.

Og hvordan sier vi det, når vi vil snakke om et bestemt tiår? Det er veldig enkelt:
> Lise ble født i 1974.
> Lise ble født i 1970-årene.

Men det er jo egentlig klart at hun ble født på 1900-tallet og ikke på 1800-tallet, for da ville hun være godt over hundre år gammel! Derfor er det vanlig å skrive:
> Lise ble født i 70-årene.

I dagligtale vil du også høre:
> Lise er født på 1970-tallet.
> Lise er født på 70-tallet.

Legg igjen merke til at det alltid er **i 70-årene**, men **på 70-tallet**.

et begrep   et uttrykk

ulik   som er annerledes, som ikke er lik

199

Droppe *ha* og *hvis*

Jeg skulle gjerne meldt meg inn i fagforeningen.

Egentlig må vi si:
Jeg skulle gjerne ha meldt meg inn i fagforeningen.

Men vi kan droppe denne **ha** når vi har et modalverb (her: **skulle**) og et partisipp (her: **meldt**). Vi kan gjøre dette slik at det ikke er så mange verb i setningen – to er nok, synes du ikke det samme? Se noen flere eksempler:
Hvis han hadde solgt bilen, måtte han (ha) kjøpt seg ny bil.
Hvis jeg hadde giftet meg med ei rik dame, kunne jeg (ha) sluttet å jobbe.
Hvis Per hadde blitt far, ville han (ha) kjøpt seg større leilighet.

I kap. 30 står det om Nils:
Hadde han visst det, hadde han ikke sovet i et eneste sekund.

Egentlig må det ha stått:
Hvis han hadde visst det, hadde han ikke sovet ...

I hypotetiske setninger og i vanlige betingelser kan vi droppe **hvis**, i hvert fall når vi begynner med leddsetningen (altså når vi begynner med **hvis**). Dette høres da ganske elegant ut.
Er du usikker, sier du det på en annen måte.
= Hvis du er usikker, sier du det på en annen måte.

Når vi allerede begynner å droppe ord, så dropper vi gjerne både **hvis** og **ha**. Se hva dette gjør med eksempelsetningene:
Hadde han solgt bilen, måtte han (ha) kjøpt seg ny bil.
Hadde jeg giftet meg med ei rik dame, kunne jeg (ha) sluttet å jobbe.
Hadde Per blitt far, ville han (ha) kjøpt seg større leilighet.

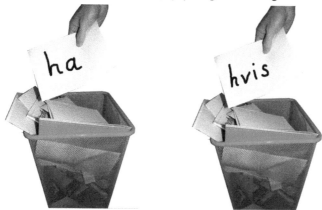

1 Sett inn riktig preposisjon.

... det 14. århundret ble Norge en del av Kongeriket Danmark.

... tirsdag, den 17. mai 1814, ble Norges grunnlov vedtatt.

... 1905 ble unionen med Sverige oppløst.

... 1960-tallet fant man olje i Nordsjøen.

... 80-tallet var det relativt høy arbeidsledighet i Norge.

... 1990-årene ble Norge rammet av en bankkrise.

... november 1994 var det en folkeavstemning om Norges EU-medlemskap.

2 På norsk har vi mange ord som er nesten like – men de betyr helt forskjellige ting. Velg det riktige ordet.

får/for/før

... å spise varm lunsj i kafeteriaen må du komme ... kl. 13 – ellers ... du bare kalde retter.

sa/så

Kristian ... at han ... deg på festen i går.

nyte/nytter

Det ... ikke å gå på fjelltur i tåke – da kan du ikke ... utsikten.

og/å

Jeg har lyst til ... lære ... spille gitar ... danse salsa.

bare/bære

Kan du ... hjelpe meg i fem minutter med å ... denne tunge esken til bilen min?

eller/ellers

Jeg liker champagne ... Baileys, men ... drikker jeg ikke alkohol.

fylle/fulle

Du kan ikke ... mer bensin på den ... tanken.

her/har

... legen vært ... allerede?

men/mens

... jeg dusjer, synger jeg ofte, ... aldri om kvelden etter kl. 22.

mine/minne

Kan du ... meg på at jeg må ringe ... kolleger?

å vedta, -tok, har -tatt	å akseptere
en union	en forening, et forbund
(en) ar-beidsledig-het	det å ikke ha jobb
å ramme, rammet	å treffe hardt
en krise	en vanskelig situasjon
en folkeav-stemning	et referendum
å fylle, fylte	å gjøre full
en tank	en lukket beholder for bensin

neste/nesten
... gang vi ses, er det ... jul.

nå/når
... skal vi snakke om Marokko-turen vår? ... eller i kveld?

pusse/puste
Jeg skal ikke ... tennene med denne tannkremen igjen. Den lukter så vondt at jeg nesten ikke får ...

redd/rett
Unnskyld, hvor er posten? – Det er bare å gå ... fram gjennom denne lille mørke gata. Er det ikke farlig? – Neida, ikke vær ...

reker/rekker
... vi å spise noen ... før bussen går?

sent/sendt
Jeg har ... deg en pakke, men jeg tror den kommer for ... til jul.

vare/være/verre/været
Tenk så uheldige vi er som må ... ute i dette fryktelige ...!
Ja, men dette regnet kan ikke ... lenge.
Om det hadde blåst også, hadde det blitt mye ....

viste/visste
Har du fortalt Lars at jeg er gravid? Han ... i hvert fall ikke til meg at han ... det.

3 I Norge er det mange ting staten betaler for som ikke er gratis for borgere i andre land. Eksempler på dette er universitetsstudier, sykehusbehandling, dagpenger ... Prisen for dette er at skattene i Norge er ganske høye. Hva synes du om den norske velferdsstaten? Diskuter.

4 Omformuler setningene. Dropp *hvis*.
Hvis du har tid, kan vi gå på museet.
Hvis du ikke har tid, kan vi dra hjem med en gang.
Hvis han hadde jobbet mer, hadde han bestått eksamen.
Hvis han ikke kommer før kl. 10.00, skal jeg dra alene.
Hvis elevene ikke hadde bråket så mye, kunne læreren allerede ha avsluttet temaet.

en tur	en reise
en velferds-stat	en stat som sørger for den sosiale velferden til innbyggerne, som betaler f. eks. for utdannelse eller helse
vekk	bort
et museum, museet, museer, museene	en bygning med en samling av f. eks. malerier

Jørgen er klar for besøket. På skrivebordet hans ligger det noen planer og fotografier av kommoder han har laget. To kaffekopper og en liten asjett med frukt og kjeks står også på bordet.

Til venstre for kaffekanna har han lagt sparkebuksa og nissen. Han er mye mer nervøs enn han hadde trodd. Kommer de til å snakke om kommoden – eller også om nisser?

Klokka er fem over fire. Kanskje kommer hun ikke likevel? Jørgen kan ikke sitte stille. Hvem er det han kommer til å bli kjent med?

Han har gått gjennom hele korrespondansen med sykehuset én gang til. Det var absolutt ingenting der som kunne hjelpe ham. Alt er bare et mysterium. Som ung mann hadde han ikke brydd seg, men jo eldre han ble, desto viktigere ble plutselig fortida hans. Etter hvert hadde han følt all denne usikkerheten som et stort savn, men de siste årene var han blitt overbevist om at han bare måtte bli vant til det.

Klokka ringer og vekker ham fra dagdrømmene. Han føler hjertet banke hardt. Han går til døra og åpner.

Ei gammel, elegant dame står foran ham. Hun er 75 eller 80, tenker han, men hun virker fortsatt sprek. Hun er ikke særlig tynn, men ikke tjukk heller. Håret er grått, og hun er velkledd: ei lang brun kåpe, skinnsko og håndveske i farger som passer.

«God dag», sier hun etter å ha sett på ham – litt for lenge kanskje? Han prøver å lese i øynene hennes. Er hun også nervøs?

«Hei. Jeg er Jørgen Moe. Bare kom inn.»

Den eldre dama gir ham hånda. «Erna Langvik. Hyggelig.»

«Jeg, eh ... jeg har allerede forberedt noe for deg. Kom til verkstedet, der har jeg noen planer og bilder av kommoder.»

et fotografi	et bilde tatt med et kamera
en asjett	en liten tallerken
ei kaffekanne	en beholder man serverer kaffe av
jo ... desto	jo eldre han ble, desto viktigere ble fortida hans = mens han ble eldre, ble fortida viktigere og viktigere
et savn	det som man savner, det som man gjerne vil ha
å overbevise, -viste	å få noen til å innse noe
å vekke, vekket	få til å våkne
sprek	i god fysisk form, sterk
tynn	mager
en kåpe	en frakk for damer
(en) skinnsko	sko laget av fell/pels
å forberede, forberedte	å tilrettelegge, å gjøre klart

Erna og Jørgen går inn. Hun tar av seg kåpa. Jørgen henger den opp i garderoben.

«Vær så god, sett deg.»

Jørgen tenker det er godt å begynne samtalen med det tekniske.

«Når det gjelder kommoden, så burde vi kanskje snakke litt om hva slags møbler du har i leiligheten ellers. Det er viktig at materialet og fargen passer inn, ikke sant? Størrelsen er ikke så viktig ennå. Kan du beskrive leiligheten din litt nærmere?»

Erna setter seg og ser på bildene som Jørgen har lagt på bordet. Hun begynner å beskrive leiligheten: møblene hun har arvet etter foreldrene til faren; gamle stilmøbler, helt fra Unionstiden.

Da hun er ferdig, sier Jørgen:

«Ja, da har jeg fått et godt inntrykk av leiligheten din. Jeg skal foreslå noen materialer for deg – må bare hente noen mønstre. Vil du ha en kopp kaffe i mellomtida?»

«Ja, takk, gjerne.»

Jørgen tar kaffekanna og skjenker i koppen til Erna. Hun begynner å småprate: «Det har jo vært så fint vær de siste dagene, ikke sant? For noen dager siden var jeg på en fjelltur sammen med ...» Hun stopper brått. Blikket hennes har falt på sparkebuksa og nissen. Uten å si noe plukker hun opp sparkebuksa, med skjelvende hender.

Jørgen venter litt. Ikke spør henne, la henne fortelle, tenker han.

Da Erna ser opp igjen, har hun tårer i øynene.

«Denne sparkebuksa ...» sier hun uten å fullføre setningen.

«Ja?» sier Jørgen, og så spør han likevel: «Hva er det med den? Og med denne nissen som sitter ved siden av den?»

Men Erna svarer ikke. Etter en liten stund spør Jørgen langsomt og med lav stemme:

«Er det kanskje noe annet du ville snakke med meg om? Bortsett fra kommoder?»

Erna venter litt, så puster hun dypt inn og sier endelig: «Jørgen, du er sønnen min.»

et materiale	et emne, et råstoff
å arve, arvet	å ta over noe (fra en avdød person)
et mønster, mønstret, mønstre, mønstrene	forbilde, eksempel
å skjenke noe i noe, skjenke	å fylle f. eks. en kopp med kaffe
å småprate, -pratet	å snakke avslappet
brått	*her:* plutselig
å skjelve, skjelver, skalv, har skjelvet	å dirre
å fullføre, -førte	å gjøre ferdig
bortsett fra ...	annet enn ...

Spørsmål til teksten

Hva handler «korrespondansen med sykehuset» om, tror du?

Hva er et mysterium for Jørgen?

Beskriv hvordan du tror dette mysteriet føles for Jørgen.

Hvorfor har Jørgen lagt sparkebuksa og nissen på bordet?

Hvorfor – tror du – Erna aldri har tatt kontakt med Jørgen før?

*Forfatteren Khalid Hussain er født i Pakistan i 1969, men kom til Norge som barn. Som 16-åring skrev han romanen **Pakkis** som forteller om livet til Sajjad, en gutt fra Pakistan som bor med familien i Oslo. I det følgende utdraget leser du om en samtale Sajjad har med faren sin.*

Pakkis

Det var søndag. Klokka var rundt tre-fire på dagen. Sajjad satt på rommet sitt og leste i et fotballblad, idet faren ropte på ham fra stua.

– Ja, hva er det? Spurte han, stående i døra.

– Sett deg, jeg vil snakke med deg.

Måten faren snakket på var dødsens alvorlig. Han hadde hørt faren snakke slik en del ganger før. Da pleide det alltid å skje noe rart med Sajjad. Han pleide å få en redsel i seg. Bare måten faren snakket på gjorde vondt. Det føltes som om hjertet hans skulle falle ut når som helst, tvers gjennom brystkassen.

– Er du muslim? Spurte faren kaldt og rolig.

– Ja jeg er muslim. Sajjad begynte å få klumper i halsen.

– På hvilken måte er du muslim – pleier du å dra til moskeen for å be – eller be hjemme en gang i blant?

Faren visste godt at Sajjad aldri pleide å be, men forlangte allikevel et svar. Det var for å gjøre ham skamfull.

– Nei. Svarte Sajjad kort.

– Hvorfor ikke det?

– Nei, jeg har vel ikke tid.

– Har vel ikke tid? Det er ikke noe svar! Kan du forresten be, eller har du glemt det også? Få høre! Begynn fra starten.

Sajjad begynte å be høyt. I det tredje verset begynte han å få problemer. Faren så ikke så blid ut.

– Og dette kaller du bønn? Du kan jo ingenting! Du kan ikke forestille deg hvor skuffet jeg er. Det er rett og slett flaut. Hva om du engang havnet i en stor forsamling og de bad deg å be høyt? De ville ikke sett på deg etter bønnen, men på meg. For det er jeg som er faren din. De i forsamlingen hadde sagt til meg: «Hva er det? Du har jo ikke lært ham å be engang.» Det ville de ha sagt til meg. Jeg ville ikke være i stand til å vise ansiktet mitt til de folka. Jeg ville nesten dø av skam. Men for deg gjør det vel ingenting?

Sajjad visste ikke helt hva han skulle svare. Nå hatet han seg selv. Hatet hele verden. Han hadde hatt den samme følelsen før også når faren hadde snakket til ham på denne måten.

Han bare satt der, han verken sa eller gjorde noe. Han stirret rett ned i gulvet. Tenkte på at dette var det verste han visste. Det føltes igjen som om faren hakket på ham og det begynte å gjøre vondt. Han merket at han snart ikke greide å holde ut lenger. Faren begynte å snakke igjen.

– Synes du det er vanskelig å lære bønnen utenat? Hadde dette vært i Pakistan, så kunne du spørre en hvilken som helst tre-fireåring på gata. Han hadde

dødsens	*her:* brukt som forsterkelse, dvs. veldig alvorlig
en redsel	en angst
tvers	som går vinkelrett på lengderetningen
en brystkasse	skjelettet i brystet
en muslim	en tilhenger av islam
å få klump i halsen	en følelse som man har når man er nervøs
å pleie, pleide	*her:* å bruke, å ha for vane, gjøre ofte
en moské	et islamsk gudshus
å forlange, forlangte	å kreve
et vers	en strofe
en bønn	når man ber til Gud
rett og slett	bare, enkelt og greit
å havne i noe, havnet	å komme, å lande
en forsamling	en samling av mange personer
å være i stand til å gjøre noe	å kunne gjøre noe, å greie noe
å hakke, hakket	å slå

kunnet dette til og med.

– Jamen, dette er ikke Pakistan, men Norge.

– Hva mener du med det? Faren ble ordentlig irritert på ham.

– Ja, det at ingen av de pakistanske guttene som jeg pleier å være sammen med kan be, de sier i hvert fall det.

– Nå må du ikke begynne å sammenlikne deg selv med andre gutter. Det at de ikke kan be, det er ikke mitt problem, men det er mitt problem at du ikke kan be. Tenk litt på hjemlandet ditt. Du er ikke nordmann! Selv om du kler deg som dem og oppfører deg som dem, kommer du aldri til å bli som dem. Du er Pakistaner, få det inn i hodet ditt. Det er derfor jeg vil sende Nadia til Pakistan for at hun ikke skal bli som deg. Du kan gå nå. Jeg håper du har fått noe å tenke på.

Sajjad reiste seg opp. Det føltes som om han hadde frosset til is, og for å bevege seg måtte han bryte ut av isen. Med stive ben og masse rot oppi hodet beveget han seg mot rommet sitt.

Faren ropte etter ham med bitter stemme:

– Du blir med til moskeen på tirsdag!

– Tirsdag? Da skal jeg på fotballtreninga.

– Fotballtreninga? Den jævla fotballen! Da tar vi det på onsdag eller torsdag, og husk at du slipper ikke unna. Heretter skal du dra til moskeen regelmessig.

Sajjad nikket. Han stod i gangen og tenkte på noe. Begynte å gå mot kjøkkenet i stedet.

jamen/ja men	sannelig
(en) is	frosset vann
stiv	som (nesten) ikke lar seg bøye
masse	*her:* mye
(et) rot	uorden
bitter	noe som smaker skarpt; *her:* hard
å slippe unna	å bli fri fra noe ubehagelig
heretter	fra nå av
i stedet	til erstatning

Kilde: Khalid Hussain, **Pakkis**
© Khalid Hussain / Tiden Norsk Forlag 2005
ISBN 9788205340565

Spørsmål til teksten

Hvor gammel – tror du – Sajjad er?

Hvorfor tenker faren at Sajjad ikke er en god muslim?

Hva er problemet med dette (for faren)?

Tror du at Sajjad føler seg mest pakistansk eller mest norsk?

Hvordan ville du karakterisere forholdet mellom Sajjad og faren?

Slik/sånn

Slik og **sånn** betyr egentlig det samme. Men **slik** er litt mer elegant. Du kan huske:
> Vi sier **sånn**, men vi skriver **slik**.

Disse ordene kan vi bruke ...
* som adverb: da betyr det **på denne måten**:
  > Denne kofferten åpner man slik.
* som adjektiv:
  > En slik bil vil jeg også ha.
  > **Slik** betyr her **som er som** ... Altså:
  > Jeg vil ha en bil som er som denne bilen her.

Når vi ikke kan telle eller når vi ikke vet nøyaktig hva vi egentlig snakker om, kan vi også si **noe slikt / noe sånt**.
> Har du sett dette? Noe slikt vil jeg også ha.

Sånn alene sier vi også når vi er ferdige med noe:
> Sånn. Nå har jeg ryddet opp på kjøkkenet.

Dette er ganske muntlig, så her burde du ikke si **slik**.

Substantiv som slutter på -*um*

et museum
museet
(mange) museer
museene

Disse substantivene har en litt spesiell bøyning:

| et mysterium | mysteriet | mange mysterier | mysteriene |
| et sentrum | sentret | mange sentre | sentrene |

I bestemt form entall kan du også høre **mysteriumet** eller **sentrumet** istedenfor **mysteriet** eller **sentret** noen ganger, men mange nordmenn synes at det høres litt rart ut.

1 Sett in riktig form av ordet (entall, flertall, bestemt, ubestemt).

Bygdøy i Oslo er kjent for sine mange ... (museum). Det største ... (museum) er Norsk folkemuseum, men jeg synes et av de fineste ... (museum) er Fram-museet.

2 Sett følgende setninger i preteritum.

Jeg (å treffe) Eirik i byen og (å bli) invitert på fest. Tone (å skrive) at hun ikke (å kunne) komme. Først (å være) Eirik litt skuffet, men det (å bli) en interessant kveld likevel. Helge (å sette) på ei plate som ingen (å ville) høre, men han (å nyte) musikken likevel. Kjartan (å fortelle) at han (å få) sparken fra jobben fordi sjefen (å se) at han (å stjele) fra kassa. Men Kjartan (å si) at han ikke (å gjøre) det. Han (å selge) huset sitt fordi han ikke (å ha) noen penger. Jeg (å spørre) om han (å ville) være med på turen neste helg, men han (å avslå) invitasjonen så jeg (å trekke) på skuldrene og (å gi) blaffen i ham. Jeg (å tro) ikke at en fest (å kunne) være så kjedelig. Jeg (å ville) egentlig dra, men til slutt (å ta) det helt av: Artur (å skjære) seg selv i hånda da han (å prøve) å åpne ei ølflaske uten flaskeåpner. Han (å stryke) av blodet på sofaen, men han (å slippe) å rydde opp etterpå fordi han var den første som (å gå) hjem. Alma (å komme) hjem sent fordi hun ikke (å rekke) den siste bussen så hun (å snike) seg forbi stua hvor mora hennes (å sitte) og (å sove).

3 Sett verbene i parentes i perfektum partisipp:

Hvor er Per? – Han har (å dra) hjem.

Sivert kan ikke arbeide, for han har (å brekke) armen sin.

Har du (å gjøre) leksene alene, eller har mora di (å hjelpe) deg igjen?

Du trenger ikke å lete etter brillene mine lenger – jeg har (å finne) dem.

Har du (å se) politibilen som har (å stå) foran huset i to timer?

Har Karina (å komme) tilbake allerede?

Jeg kan ikke kjøre deg – jeg har (å drikke) for mye.

Har Morten (å fortelle) deg at han er blitt far?

Hvem har (å skrive) denne e-posten?

Jeg har aldri (å si) at du har (å prøve) å stjele fra kassa. Det er sikkert en kunde som har (å stjele) pengene.

Nå har jeg (å selge) huset for jeg har (å få) jobb i Trondheim.

Har du (å gi) vekk alt du har (å tjene)?

Jeg har (å spørre) Torstein fire ganger om han vil være med, men han har alltid (å si) nei.

Jeg har (å slå) av TVen. Jeg har (å få) nok av disse dumme seriene.

ei plate	ei «skive» med musikk (før man hadde CD)
å avslå, -slo, har -slått	å si nei til noe
en invitasjon	når man inviterer personer, får de en invitasjon
å gi blaffen i noe	(muntlig) å ikke bry seg om noe
(et) blod	det som flyter gjennom kroppen
dobbel	to deler av noe; noe man har to ganger
et statsborgerskap	nasjonalitet; det å «høre» til et bestemt land
viss	bestemt, sikker
en forutsetning	en betingelse

4 Bergenstest-oppgave

Tema: dobbelt statsborgerskap

Kildestoff:

I Norge kan du kun ha dobbelt statsborgerskap under visse forutsetninger, f.eks. hvis en av foreldrene dine ikke er norske, hvis du gifter deg i utlandet eller hvis du har søkt om norsk statsborgerskap og ikke kan løse deg fra det tidligere statsborgerskapet ditt. De som mener at det burde være strenge restriksjoner mot dobbelt statsborgerskap, mener ofte at forbudet mot dobbelt statsborgerskap fremmer lojalitet til staten og hjelper med å integrere utlendinger i Norge. Andre sier derimot at forbudet ikke står i forhold til den moderne realiteten.

Oppgave:

Hva synes du om dobbelt statsborgerskap? Diskuter fordeler og ulemper ved den nåværende ordningen.

TYPISK NORSK: KEBABNORSK

Aner du ikke hva ord som **ållø**, **kæbe** og **sjofe** betyr? Da er du ikke alene. Mange nordmenn forstår det heller ikke.

Ordene kommer fra en slags dialekt som stort sett brukes i Oslo av ungdom som har foreldre fra et annet land. De snakker selvfølgelig norsk, men de bruker enkelte ord hentet fra andre språk som for eksempel serbokroatisk, arabisk, urdu osv.

Kebabnorsk har ikke noe å gjøre med at ungdommene som bruker det, ikke kan «riktig» norsk – tvert imot: de er ganske stolte over at det er vanskelig å forstå dem når de bruker kebabnorsk.

Selve ordet **kebabnorsk** kan også tolkes som litt nedsettende. Det kan bety at noen ikke snakker bra norsk. Du burde altså ikke bruke det som et kompliment.

42

At han ikke hadde tenkt på dette før!

Kristian har ikke fått et eneste positivt svar. Han hadde funnet frem alle snekkerbedrifter i Tromsø som har en internettside. Så hadde han sendt søknad med CV og vitnemål – og ikke fått noe svar. Etter noen dager hadde han gått til alle bedriftene personlig. Nei, dessverre, de kunne ikke hjelpe ham, alle lærlingplassene var opptatt. Ja, til neste år, kanskje. Det var bare å søke igjen.

Til slutt var det Martha som hadde gjort ham oppmerksom på den siste sjansen hans. Hun hadde kommet og spurt etter nissen. Hun ville så gjerne ha nissen tilbake, og han hadde forklart at han skulle ringe til Jørgen Moe og spørre om hvordan det lå an, og da – hadde han husket at Jørgen Moe var snekker. Han tilhørte den eldre generasjonen og hadde ingen internettside. Men han hadde virket så hyggelig. Kanskje han ville gi ham en sjanse?

Han har bestemt seg for å besøke ham med en gang. Verkstedet er midt i byen, så det var bare noen minutter å gå.

Nå står han foran inngangsdøra til det vesle verkstedet og ringer på. En gang, to ganger – han er nær ved å gi opp og gå, men da blir døra åpnet. Jørgen står der, og Kristian kan se at ei eldre dame sitter ved skrivebordet i verkstedet. «Hei,» sier Kristian, «beklager at jeg forstyrrer – du har kanskje besøk?»

«Nei, det går helt fint. Det er bare å komme inn. Du vil spørre etter nissen, ikke sant? Beklager at jeg ikke har ringt tilbake. Men jeg er svært, svært takknemlig for at du har lånt den bort til meg.»

«Det går helt fint, takk. Egentlig ville jeg også spørre om noe annet.»

Kristian er litt forvirret. Hvorfor er denne nissen så viktig for snekke-

opptatt	*her*: ikke ledig
det er bare å ...	man må bare ...
å ligge an, lå, har ligget	hvordan ligger det an = hvordan er mulighetene
en generasjon	alle som er født i et visst tidsavsnitt
vesle	liten
å være nær ved å gjøre noe	å nesten gjøre noe

ren? Men siden han sier at han er så takknemlig, tenker han at det er en bra anledning til å snakke om lærlingplassen.

«Det er nemlig slik – jeg vil gjerne utdanne meg til snekker. Men jeg har ikke klart å finne lærlingplass, og nå har jeg kommet på at du jobber som snekker. Du har kanskje ikke mulighet til å ta inn en lærling, men jeg tenkte bare å spørre for sikkerhets skyld?»

«Javel – det er lenge siden jeg har hatt en lærling. Men vil du ikke komme inn først? Ta en kopp kaffe med oss, så kan vi snakke om alt.»

«Tusen takk», sier Kristian. Så går han til bordet og hilser på den eldre dama. Hun ser ut til å være en kunde – på bordet ligger det noen tegninger og fotografier av kommoder.

Men før han rekker å si noe, bringer Jørgen en stol til og ber Kristian sette seg ned. «Dette er Kristian, den unge mannen som fant Nils», sier han til dama. «Og Kristian, dette er Erna Langvik, hun er ... mora mi. Det er hun som har laget Nils.»

«Javel, det var du? Det er jo flott. Jeg fant nissen på Hurtigruten, og ingen savnet ham. Men hvem har du laget ham for?»

«Barnebarnet mitt. Men hun liker ham ikke. Jeg derimot ... Han betyr mye for meg.»

«Å ja. For meg også», sier Jørgen.

«Men nå vil vi snakke om deg, Kristian. Du vil altså utdanne deg til snekker? Har du relevant videregående utdanning?»

«Ja, det har jeg. Jeg har også tatt med vitnemålene ...»

Jørgen avbryter ham med en kort håndbevegelse. «Jeg er ikke så interessert i vitnemål. Jeg vil heller vite hvorfor du er interessert i dette yrket?»

en anledning	et passende tidspunkt
for ... skyld	på grunn av ...
å hilse på noen, hilste	å si **hei** til noen
en tegning	et bilde, ofte uten farge og gjort med blyant
å bringe, brakte, har brakt	å ha med seg
å be noen å gjøre noe, ba, har bedt	invitere noen til å gjøre noe
å være relevant	å være betydningsfull

Spørsmål til teksten

Hva har Kristian gjort for å finne lærlingsplass?

Hvordan kom han på tanken å spørre Jørgen Moe?

Hvorfor mener Kristian at det er en bra anledning til å spørre Jørgen Moe om en lærlingsplass?

Hvorfor – tenker du – er Jørgen ikke så interessert i å se Kristians vitnemål?

JOBBSØKNAD

Kristian Eik
Ringkøbingveien 433
9011 Tromsø
tlf. 91106368

Snekkerfirma Stor Sag AS
Sjøgata 433
9077 Tromsø

Søknad på lærlingsstilling som snekker

Heisann!
Jeg viser til annonse i Nordlys og søker herved på lærlings-
stilling som snekker.
Jeg er en glad gutt på 20 år og bor i Tromsø med mine
foreldre.
    Jeg er ganske flink til å arbeide med hendene mine, og
fra videregående skole har jeg både VG1 Bygg-og an-
leggsteknikk og VG2 Treteknikk som jeg fikk veldig gode
karakterer i og trivdes med. Se vedlagt vitnemål.
    Nå for tiden tar jeg tekniske fag på NTNU, men kunne
tenke meg å prøve noe nytt. Jeg tror at snekkeryrket er en
spennende og interessant jobb. Jeg har dessverre ingen
arbeidserfaring som snekker, men jeg er interessert i mye
og har lett for å lære. Tidligere har jeg jobbet som avisbud
for Nordlys, og jeg lærte å komme meg opp om morge-
nene. Jeg har også jobbet som selger på Elkjøp hvor jeg
måtte være serviceinnstilt og kundeorientert.
    Jeg er en aktiv, pratsom og livlig gutt, og liker at det
er travelt rundt meg. Jeg håper derfor at jeg passer som
lærling hos dere.

Jeg håper å høre fra dere snart.

Med vennlig hilsen
Kristian Eik

heisann!	hei! (*uformelt*)
vedlagt	som følger med (ved brev, pakke eller e-post)
for tiden	nå
et avisbud	en person som leverer aviser
en selger	person som selger artikler
å være pratsom	å like å snakke
vennlig hilsen	avslutning av et formelt brev eller e-post
å tilby , -bød, har -budt	å ville gi noe til noen

- Hva synes du om denne søknaden?
- Hva ville du skrive annerledes?
- Hva er bra, og hva er ikke så bra ennå?
- Hvis du hadde vært arbeidsgiver, hva slags spørsmål ville du stille Kristian før du tilbyr ham lærlingsplass?

Enda mer, aller vanskeligst ...

Det finnes noen adverb som kan gjøre adjektiv sterkere.

    Historien om Nils er ganske/svært/veldig vanskelig.

    Grammatikkforklaringene er enda vanskeligere.

    Men øvelsene er aller vanskeligst.

Husk at vi kan bruke **enda** bare med komparativ (**vanskeligere, større, dyrere, bedre ...**) og **aller** bare med superlativ (**vanskeligst, størst, dyrest, best ...**).

Denne båten er liten.

Denne båten er enda mindre.

Denne båten er aller minst.

Enda – ennå

Ordene **enda** og **ennå** ser ganske like ut, ikke sant? Mange nordmenn blander disse ordene og bruker dem der de ikke skal brukes. Men siden du har blitt så god i norsk, kommer du sikkert ikke til å gjøre de samme feilene.

Her kan vi bruke **enda** eller **ennå**:
> Jeg skulle (ha) møtt Vegard kl. 8, men han hadde enda ikke kommet.
> Jeg skulle møte Vegard kl. 8, men han har ennå ikke kommet.

Her fungerer **enda** og **ennå** som *tidsadverb* og kan byttes ut med **fremdeles**. Men ser du den lille forskjellen? Når du ser på tidsformene, forstår du sikkert hva jeg mener. **Enda** bruker vi i fortid, altså **da** som i en**da**, og **ennå** bruker vi i presens, altså **nå** som i en**nå**. Denne regelen blir imidlertid ikke fulgt veldig nøye, og til og med *Norsk Språkråd* sier at du kan velge om du vil bruke **enda** eller **ennå** i alle tidsformer dersom ordene blir brukt som tidsadverb. Du kan altså også si:
> Jeg skulle (ha) møtt Vegard kl. 8, men han hadde ennå ikke kommet.
> Jeg skulle møte Vegard kl. 8, men han har enda ikke kommet.

Her kan vi bare bruke **enda**:
> Nils frykter at det vil gjøre enda mer vondt.

Her sier vi ikke noe om tid, men vi sammenligner. **Enda** er dermed ikke tidsadverb, men *gradsadverb*. Derfor kan du ikke velge om du vil bruke **enda** eller **ennå**. Nils frykter altså ikke bare at det vil gjøre vondt (for det gjør det jo uansett), men han frykter at det vil gjøre *enda* mer vondt. Se på et annet eksempel:
> Trondheim ligger langt nord, men Tromsø ligger enda lenger nord.

Her kan du heller ikke velge om du vil bruke **enda** eller **ennå**, fordi her snakker vi heller ikke om tid.

Men **enda** kan brukes i enda flere situasjoner, for eksempel:
> Se på enda et eksempel.

Her betyr det *i tillegg*.

> Nils beveger seg enda han har store smerter.
> = Nils beveger seg selv om han har store smerter.

Her betyr det *selv om*.

Du ser, **enda** kan brukes i mange forskjellige situasjoner og det kan bety mange forskjellige ting. **Ennå** derimot kan kun brukes som tidsadverb.

1 Preposisjoner med verb. Sett inn riktig preposisjon/adverb.

a) I går kveld banket det ... døra ganske sent. Jeg måtte finne ... nøkkelen for å åpne. Det var Asbjørn. Jeg la merke ... at han var beruset og ba ham komme inn. Han tok ... seg jakka og begynte å fortelle ... det som hadde skjedd. Først skjønte jeg ikke så veldig mye, men etter hvert gikk det ... ... meg at han hadde blitt dumpet ... kjæresten.

b) Berit vil gjerne kjøpe et stort hus ... kreditt. Hun går til banken for å be ... lån. Hun gleder seg allerede veldig mye ... det nye huset. Men mannen i banken sier at hun må nøye seg ... et mindre hus siden hun ikke har råd ... drømmehuset sitt.

c) Kristian vil søke ... stillingene som står utlyst på nettet. Han har lett ... ny jobb i flere uker, men har ennå ikke blitt invitert ... et jobbintervju. Kanskje må han finne ... noe annet for å få seg jobb.

d) Jeg har lagt merke ... at jeg har lagt ... meg et par kilo i de siste månedene. Jeg må passe ... å ikke bli for lat.

e) Kollegaen min går ... ... pensjon, men vi er blitt enige ... at vi ikke skal miste kontakten.

2 Omformuler setningene med preposisjonen til slutt.

f.eks. Jeg kommer til å ha behov for det.
→ Det kommer jeg til å ha behov for.
Arne gleder seg allerede til det.
Vi er blitt enige om at vi skal dra til Svalbard i sommer.
Han har lyst til å utdanne seg til akkurat det.
Du må gjerne høre på den nye plata jeg kjøpte i går.
Barna ser fram til sommerferiene.
Jeg blåser i det.

3 Sett inn enda eller aller.

Stavanger er større enn Trondheim, men Bergen er ... større. ... størst av alle byene i Norge er Oslo.
Om vinteren er det kaldere i Norge enn i Danmark, men i Finnland er det ... kaldere. ... kaldest er det i Russland.

4 Skriv setningene på nytt slik at de betyr omtrent det samme. Ikke bruk de understrekede ordene.

Er det sant at det går isbjørner i gatene i Tromsø?
Jeg er ikke sikker på om jeg kan delta på møtet på torsdag, men jeg skal selvfølgelig gi beskjed til deg når jeg vet det.
Heldigvis røyker tanta mi bare sjelden.
Merethe er dessverre skikkelig forkjølet.
Jeg må fortelle deg hva som har skjedd i byen siden du var her sist.
Skjønner du ikke at det er vanskelig for Siv å tilgi Lars?
Vi må skynde oss med denne oppgaven.
Stadig flere elever strever med rettskriving.
Det er sunt å spise grønnsaker hver dag.

å bli dumpet	når en person forlater kjæresten sin, blir kjæresten dumpet
å utlyse noe, utlyste	å informere om at noe er ledig, f. eks. en stilling
en stilling	en (arbeids-) plass
et kilo	en vekt (kilogram)
å blåse i noe, blåste	å ikke bry seg om noe (uformelt)
en isbjørn	et stort hvitt dyr som lever i Arktis
et møte	en konferanse

Nå må jeg ringe en svært viktig kunde.

Denne butikken er åpen i tjuefire timer hver dag.

Denne melkflaska er tom.

Trenger du mer melk?

Jeg har bodd i Oslo i tre år og trives her.

Det er tungt å flytte hjemmefra og si farvel til familien og vennene sine.

Det spiller ingen rolle om du kan kjøre meg eller ikke – jeg skal bruke min egen bil uansett.

Det er ganske vanlig at det snør i Tromsø i mai.

Jeg så Lisbeth i morges – hun virker deprimert.

5 Sett inn *enda* eller *ennå*.

Jeg har … ikke spist middag.

Erna må sove … en gang på båten før hun ankommer Tromsø.

De hadde … ikke begynt å lage mat da han kom.

Ingen vil være med på fjelltur, … det er deilig vær.

… filmen har fått dårlige anmeldelser, vil jeg se den på kino i kveld.

Det står noen bøker i hylla som jeg … ikke har lest.

Vil du ha … ei brødskive?

… Ole var syk, gikk han på jobb i går.

Du har … ikke sagt om du vil komme på festen til helga.

… medisinen smaker vondt, må du ta den for å bli frisk.

å tilgi noen	å «glemme bevisst» at noen har gjort en feil
hjemmefra	bort fra plassen hvor man bor
farvel	ha det (bra)
deprimert	trist

Endelig har Jørgen lagt seg. Nils har ventet lenge på dette øyeblikket. Denne dagen har vært så uendelig lang! Nå må han snakke med Emil. Menneskene rundt ham har snakket om så mange interessante ting som han ikke har skjønt.

Han hadde egentlig regnet med at Kristian ville ta ham med hjem, men til slutt hadde Kristian glemt det. Han var så glad over å ha fått lærlingplassen at han ikke husket på å spørre etter Nils før han dro hjem.

Jørgen har vært oppe lenge etter besøket, og Nils kunne ikke risikere å bli sett eller hørt mens han snakket i telefonen. Men nå kan han ta sjansen. Forhåpentligvis er Emil fortsatt våken. Han tar ut telefonen og ringer ham.

«Hei, Nils! Går det bra med deg i Tromsø?»

«Ja takk, Emil! Enn med deg?»

«Det går kjempebra, takk. Hvor er du nå? Fortsatt hos denne studenten?»

«Nei, nå er jeg hos Jørgen. Du vet, denne Jørgen Moe. Det var hans adresse som sto på papirlappen. Han er snekker. Og tenk – han er Ernas sønn!»

«Ernas sønn? Men Nils. Erna har ingen sønn. Hun har bare ei datter, og det er Lise. Det vet du jo.»

«Nei, nei, Emil. Tenk, Erna fikk en sønn lenge før hun fikk Lise. Men ingen vet om det.»

«Saktere, Nils. Hva er det du forteller der? Erna har en sønn, og det er denne snekkeren? Men hvorfor i all verden har hun skrevet adressen hans på en papirlapp i magen din?»

Enn med deg?   Og med deg?

219

Nils forteller ham hvorfor – Erna har forklart til Jørgen at hun ville gi adressen til Lise, men at hun ikke turte å gjøre det direkte. «Men Nils, Erna har aldri sagt et eneste ord om denne sønnen. Derfor kan jeg nesten ikke tro det. Er du sikker på at du ikke har misforstått noe?»

«Neida. Dette har jeg forstått. Jeg satt rett ved siden av henne da hun fortalte om det. Likevel er det mye jeg ikke forstår. Hva er en soldat, Emil?»

«En soldat? Ja, altså, det er noen som jobber i forsvaret. Soldater må beskytte landet når det er krig. Det er veldig farlig, de må bruke våpen og kan dø.»

«Aha. Men hvorfor er det så flaut da?»

«Hva er flaut?»

«At Jørgens far var soldat?»

«Var han det? Hvorfor sier du *var*? Er han død?»

«Ja. Han var soldat, og han er død. Han døde før Jørgen ble født.»

«For så lenge siden? Men da måtte han ha vært veldig ung.»

«Ja, veldig ung, Emil. Bare 22 år. Han døde i krigen.»

«Det er jo tragisk. Men Nils – i krigen, sier du? Hvilken krig? Snakker vi om andre verdenskrig her? Hvor gammel er Jørgen?»

«Erna sa han ble født i juli 1945.»

«Å herregud. Jeg har en fryktelig mistanke. Hvor var Jørgens far fra, Nils? Sa Erna noe om det?»

«Det har jeg ikke helt forstått, Emil. Fiskland eller noe sånt.»

«Du mener kanskje Tyskland?»

«Ja, Tyskland! Det var det Erna sa. Og etterpå ble Jørgen helt stille.» Emil sier ingenting.

«Emil? Hvorfor sier du heller ikke noe?»

«Nils, vet du hva det betyr? At Jørgens far var en tysk soldat?»

«Nei, Emil. Hva er så ille med det? Bortsett fra at han er død?»

«Andre verdenskrig var den verste krigen i historien, og den ble forårsaket av Tyskland. Utrolig mange mennesker ble drept, og ikke bare i krigen, men i Tyskland drepte de for eksempel millioner av mennesker bare fordi de var jøder. Det vil si, de tilhørte en viss religion.»

«De ble drept bare av den grunn?»

«Ja. Det var fryktelige ting som skjedde under denne perioden. Tyskland den gang var et av de verste diktaturene noensinne.»

«Hva er et diktatur?»

«Altså, regjeringen i landet, de som hadde makten, de gjorde bare hva de ville. Ingen kunne kontrollere dem. Det er det man kaller for et diktatur.»

en soldat	en person i militæret som kjemper for et land når det er krig
å beskytte, beskyttet	å passe på
et våpen, mange våpen	man kan skyte med et våpen slik at en person dør
tragisk	veldig trist
å forårsake, forårsaket	å føre til et resultat
å drepe, drepte	å gjøre noe slik at noen dør, å ta livet av noen
en jøde	en person av den jødiske religionen (som ofte kommer fra Israel)
et diktatur	når én person har all politisk makt

«Å ja. Men Emil, tenker du at Jørgens far også var en av disse grusomme menneskene?»

«Det vet jeg ikke, Nils. Sannsynligvis ikke, siden Erna forelsket seg i ham. Det betyr ikke så veldig mye at han var soldat – det var jo alle unge menn i Tyskland. De kunne ikke velge om de ville dra i krigen eller ikke.»

«Og hvorfor var han i Norge da?»

«Sa Erna ingenting om det?»

«Nei. Hun sa bare at hun ble kjent med ham da han spurte henne etter veien til jernbanestasjonen foran en butikk i byen hun bor i nå. Tre uker senere møttes de igjen, tilfeldigvis – og da forelsket hun seg. Hun sa også at hun opplevde en rar situasjon på samme plass nå i vinter: En ung tysk turist spurte henne etter veien – hun ble helt forvirret.»

«Det kan jeg tenke meg. Altså, Jørgens far var i Norge fordi Norge var okkupert av Tyskland under krigen. Da var det mange tyske soldater her i landet.»

Emil er taus igjen. Så spør han: «Når døde han?»

«Hvis jeg har forstått det riktig, så døde han i de siste krigsmånedene. Han ble sendt til Polen, og Erna så ham aldri igjen. Hun fant ikke ut at han var død med en gang. Det var først mange år etter krigen at hun fikk vite det.»

«Så trist», sier Emil. «Men Nils, hvorfor visste ikke denne snekkeren at Erna var mora hans? Hvordan klarte hun å holde det skjult? Det er jo vanskelig å skjule at man venter barn.»

«Hun sa at da hun ble gravid, tenkte hun først å gifte seg med Jørgens far. Men så døde han, krigen var over, og da ble hun redd. Hun sa at det var veldig farlig å vente barn av en tysk far på denne tida.»

«Ja, det er sant. I Norge ble kvinner som hadde hatt forhold med tyske menn, veldig dårlig behandlet etter krigen. Mange fikk til og med fengselsstraff, og uansett ble de utstøtt av samfunnet. Jeg forstår godt at hun prøvde å holde det hemmelig. Men du har fortsatt ikke fortalt meg hvordan hun fikk det til.»

«Hun snakket om ei venninne her i Tromsø. Hun heter Helge, tror jeg.»

Emil ler. «Hege, Nils. Helge er jo et mannsnavn.»

«Å ja, Hege. Det var det. Heges foreldre eide ei hytte i Østerdalen, men de brukte den ikke, og Hege ordnet det slik at Erna kunne bo der inntil barnet ble født. Til Ernas foreldre fortalte de en eller annen historie om at hun måtte hjelpe Hege på en gård i nærheten av Røros. Tenk deg, Erna var helt alene under fødselen! Men i ukene hun var der, sydde

okkupert	et sted er okkupert når man på ulovlig vis besetter det; f.eks. Norge ble okkupert av Tyskland under andre verdenskrig
taus	helt stille
en fengselsstraff	når en person blir straffet ved at han/hun ikke får frihet i en lengre periode
å utstøte noen, utstøtte, har utstøtt	å utelukke noen; f.eks. fra et samfunn der vedkommende hadde vært medlem
en eller annen ...	noen ...

221

hun ei sparkebukse til barnet. På brystet sydde hun et bilde av en nisse. Og tre dager etter at Jørgen ble født, tok hun ham med og la ham foran inngangsdøra til sykehuset på Tynset, midt på natta. Da de fant ham, var sparkebuksa det eneste han hadde igjen etter foreldrene. Ingen klarte noensinne å finne dem.»

«Nei, såklart ikke. Hvordan reagerte Jørgen?»

«Han var ikke så overrasket som jeg hadde trodd. Jeg tror han ante noe. Etter det jeg har hørt, hadde Erna allerede ringt ham, og han hadde fått mistanke da. Men det som er morsomt – vet du hvor mye jeg ligner på denne nissen på Jørgens sparkebukse? Han ser nesten ut som meg!»

«Nils, jeg tror ikke det er en tilfeldighet ...»

Spørsmål til teksten

Hvorfor er Nils fortsatt hos Jørgen?

Hvorfor har Erna skrevet Jørgens adresse på en papirlapp og sydd den inn i Nils?

Erna og faren til Jørgen ble aldri gift – hvorfor ikke?

Hva var årsaken til at Erna aldri snakket om Jørgen og faren hans?

Hvordan møttes Erna og Jørgens far?

På hvilken måte skjulte Erna sin graviditet?

Hvilken forbindelse ser du mellom Nils, sparkebuksa og Jørgen?

Norsk historie i korte trekk

... eller ting du kanskje ikke visste om Norgeshistorien

VIKINGTIDA
ca. 800–1050 e. Kr.

- Folk i dag tror vikingene bare var brutale krigere som luktet vondt, men de fleste var bønder og handelsmenn. Vi kan se vikingskipene de brukte på vikingskips-huset i dag.

- Den første kongen av Norge, Harald Hårfagre, var til og med kjent for sitt lange, vakre hår (**Hårfagre** betyr nemlig **vakkert hår**).

- Mange tror også de hadde hjelmer med horn. Det hadde de ikke!

- Vikingene hadde mange guder. Blant de norrøne gudene finner vi Odin, Frøya og Tor. Mange av ukedagene våre er oppkalt etter disse gudene. F.eks. **Onsdag** er **Odins dag**.

- Kristendommen kom til Norge på 1000-tallet og markerer slutten på vikingtida.

brutal	hard (*om personer*)
en hjelm	beskyttelsesutstyr for hodet
et horn	noe som f.eks. kyr, sauer og rein har på hodet
norrøn	som tilhører til den gamle nordiske kulturen
å oppkalle, oppkalte	å nevne

223

UNION MED DANMARK
1397–1814

- I 1397 var Norge i en union med Danmark og Sverige under én konge, men det var faktisk en kvinne som trakk i trådene – nemlig dronning Margrete I, også kalt «kong Bukseløs». Sverige trakk seg etter hvert ut av unionen.

- Unionen ble senere kalt «400-årsnatten» i Norge fordi kongen og størstedelen av makta var i Danmark

- Christian 4. var den av de dansk-norske kongene som interesserte seg mest for Norge og besøkte landet flere ganger enn alle de andre unionskongene til sammen. Byene Christiania (nå Oslo), Kongsberg og Kristiansand er oppkalt etter ham.

- I 1814 måtte Danmark gi fra seg Norge fordi de hadde vært på den tapende side i Napoleonskrigene.

UNION MED SVERIGE
1814–1905

- I løpet av det turbulente året 1814 hadde vi tre konger: Frederik VI, Christian Frederik og Karl XIII.

- Grunnloven ble underskrevet 17.mai 1814 på Eidsvoll, og derfor feirer vi Norges nasjonaldag samme dag. I dag kan vi besøke Eidsvollsbygningen.

- Selv om Norge fikk en grunnlov, var vi ikke en selvstendig nasjon. Likevel var det en løsere union enn under Danmark. Bl.a. måtte svenskekongen samarbeide med det norske Stortinget.

- I 1905 erklærte Stortinget at den svenske kongen ikke lenger var Norges konge, og at unionen dermed var oppløst. Det brøt nesten ut krig mellom Norge og Sverige.

- Den danske prins Christian Frederik Carl Georg Valdemar Axel (kjært barn har mange navn!) ble valgt som ny konge i Norge. Han tok det norske kongenavnet Haakon.

å trekke i trådene	å kontrollere, evt. uten at andre skjønner det
bukseløs	uten bukse
å tape, tapte	å ikke vinne
turbulent	i bevegelse, kaotisk
å underskrive, -skrev, har -skrevet	å skrive sitt navn f. eks. under teksten på et dokument
å erklære, erklærte	å deklarere

ANDRE VERDENSKRIG
1940–1945

- Norge ble invadert av Tyskland 9.april 1940.

- Den norske kongefamilien og regjeringen flyktet til Storbritannia for å fortsette kampen derfra.

- Det vokste frem mange motstandsgrupper i Norge, både sivile og militære. En måte vanlige folk kunne vise sin motstand på, var å gå med rød topplue på hodet fordi det ble ansett som et nasjonalt symbol. Det ble derfor forbudt å vise seg offentlig med plagget i en periode!

- Andre måter folk viste motstand på og mer om den spennende historien i Norge under andre verdenskrig, kan vi i dag finne på «Hjemmefrontmuseet» på Akershus Festning.

- Etter fem års okkupasjon blir Norge igjen fritt 8. mai 1945 – frigjøringsdagen.

ETTERKRIGSTIDA
1945–1970

- Etter krigen var mye ødelagt, og landet måtte bygges opp igjen.

- Det var stor mangel på varer, og det var heller ikke nok boliger til folk. Det var rasjonering på skotøy, tekstiler og matvarer. Biler ble først fritt tilgjengelige i 1960. Privatbiler ble regnet for luksus.

- USA ga tilbud om økonomisk hjelp til land i Europa etter krigen – kjent som Marshall-planen, og Norge mottok 3 milliarder kroner i gaver og lån.

- Samarbeid og solidaritet ble viktig for å arbeide for fred i verden. Mange internasjonale organisasjoner blir stiftet i denne perioden, bl.a. de forente nasjoner (FN), den nordatlantiske forsvarsorganisasjonen (NATO) og den europeiske union (EU).

- Store folkebevegelser som arbeiderbevegelsen og kvinnebevegelsen har også vært viktige for utviklingen av det moderne Norge. Sentrale tema var bedre arbeidsforhold, økonomisk støtte ved arbeidsledighet og likestilling mellom kvinner og menn.

å invadere, invaderte	å gå voldsomt inn i et land
å flykte, flyktet	å forlate et land ganske fort, når man er tvungen til å forlate et land
ei topplue	ei spesiell lue
et plagg	en frakk og ei bukse er eksempler på plagg
en rasjonering	det at man ikke kan kjøpe så mye man vil, men at staten begrenser hvor mye man kan kjøpe (f.eks. av matvarer, bensin osv.)
tilgjengelig	til disposisjon, som man kan bruke
(en) luksus	varer som man ikke nødvendigvis trenger
å motta, -tok, har -tatt	å få
(en) solidaritet	et sterkt samhold

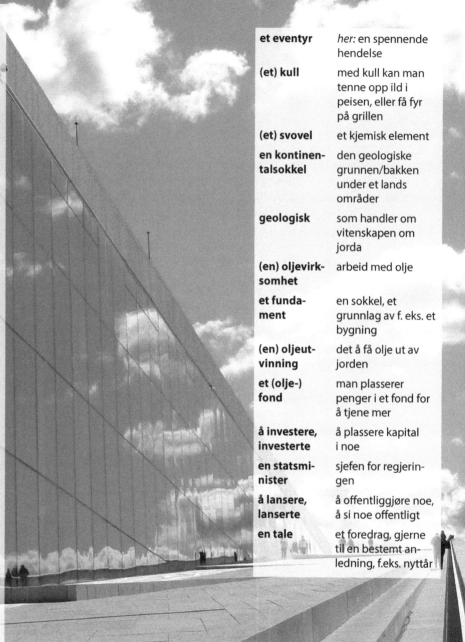

NYERE TID
1970–i dag

- Det norske oljeeventyret startet da man fant olje i Nordsjøen i 1969. Før den tid trodde man det ikke fantes olje utenfor kysten: «Man kan se bort fra mulighetene for at det skulle finnes kull, olje eller svovel på kontinentalsokkelen langs den norske kyst» skrev Norges Geologiske Undersøkelse i 1958. Så feil kan man altså ta!

- Oljevirksomheten har spilt en stor rolle for den økonomiske veksten i Norge, og for finansieringen av den norske velferdsstaten. Les mer om oljehistorien på Oljemuseet i Stavanger.

- Fundamentet i velferdsstaten er folketrygden som ble innført i 1967. Når vi får lønn, betaler vi en del av denne til folketrygden. Så gir trygden penger ut til dem som har behov og rett til støtte.

- Inntektene fra oljeutvinningen er blitt plassert i et oljefond som blir brukt til å investere i utlandet for å finansiere fremtidige pensjonsforpliktelser.

- Den første kvinnelige statsministeren i Norge var Gro Harlem Brundtland i 1981. Hun er også kjent for å ha lansert det omdiskuterte uttrykket: «Det er typisk norsk å være god!» i en nyttårstale.

et eventyr	*her:* en spennende hendelse
(et) kull	med kull kan man tenne opp ild i peisen, eller få fyr på grillen
(et) svovel	et kjemisk element
en kontinentalsokkel	den geologiske grunnen/bakken under et lands områder
geologisk	som handler om vitenskapen om jorda
(en) oljevirksomhet	arbeid med olje
et fundament	en sokkel, et grunnlag av f. eks. et bygning
(en) oljeutvinning	det å få olje ut av jorden
et (olje-)fond	man plasserer penger i et fond for å tjene mer
å investere, investerte	å plassere kapital i noe
en statsminister	sjefen for regjeringen
å lansere, lanserte	å offentliggjøre noe, å si noe offentligt
en tale	et foredrag, gjerne til en bestemt anledning, f.eks. nyttår

Norge før og nå

Nils vil lære mer om norsk histore. Han har snakket om det med Emil. Men han har forvekslet mye. Derfor er mye av det han sier ikke riktig. Kan du hjelpe Nils?

Jeg er ganske sikker på at Norge er et ganske gammelt land. Jeg tror at Norge har eksistert som nasjon i minst 1000 år. Den første kongen het Harald Hårbørste, tror jeg. Det er et merkelig navn, synes jeg.

Da nordmenn var vikinger, altså omtrent på Harald Hårbørstes tid, reiste de mye rundt i verden, men i utlandet var de ikke så populære fordi de drakk så mye. Etter hvert ble nordmenn kristne, og da reiste de ikke så mye lenger.

På 1300-tallet døde det mange nordmenn på grunn av en sykdom som heter hesten. Det er ganske trist, synes jeg. Men Emil har fortalt at dette har hatt store konsekvenser for Norge. I motsetning til andre land, der adelen var ganske mektig lenge, måtte adelen i Norge gi mye av makten til bøndene etter hesten. Ellers kunne de ikke ha styrt landet, for det var så mange som hadde dødd. Emil mener at det har ført til at Norge ble til et såpass egalitært land. Jeg vet ikke hva egalitært egentlig betyr, men han har sikkert rett.

Fra 1397 til 1814 var Norge dansk. Plutselig måtte alle lære seg å skrive dansk, men siden nesten ingen kunne skrive uansett på den tida, gjorde det ikke så mye.

Jeg tror at det var en ganske kjedelig tid stort sett. På 1500-tallet ble den dansk-norske kongen lei av den katolske paven og begynte derfor å lage sin egen kirke, men ellers skjedde det ikke så mye.

I 1814 slet den danske kongen med økonomien og solgte Norge til Sverige. Nordmenn sa at det var ok hvis de kunne få en egen grunnlov. Emil har forklart meg hva en grunnlov er, men det har jeg også glemt.

I hvert fall hadde Sverige ikke bruk for Norge lenger etter en stund, og derfor ble Norge selvstendig i 1905.

Den gang var det to viktige strømninger i samfunnet: arbeiderbevegelsen og kvinnebevegelsen. Arbeiderne slet med å finne jobb og prøvde å bo på landet for å være bønder der, for det var mye lettere. Kvinnebevegelsen vet jeg ikke hva kjempet for, men mange nordmenn emigrerte til Amerika når de ikke kunne finne seg ei kone. Det er helt annerledes enn i dag, nå som det er mange innvandrere som kommer til Norge – kanskje for å finne seg ei kone her.

Norge deltok ikke i 1. verdenskrig, men under 2. verdenskrig ble Norge okkupert av et nasjonalsosialistisk Tyskland. Det må også ha vært ganske trist, for mange av dem som kjempet mot nasjonalsosialistene, ble drept av tyskerne.

Etter krigen følte mange nordmenn seg litt ensomme, så da valge de å bli med i noen internasjonale organisasjoner, nemlig i NATO, FN og EU. Jeg er litt usikker på hva FN betyr, jeg tror det må være «Forente nisser» eller noe sånt.

Det ble også viktigere med velferdsstaten, men etter hvert visste man ikke hvordan man skulle finansiere den, og da begynte man å lete etter olje. Heldigvis fant man det! Det var i 1969 i en hage midt i Stavanger.

å eksistere, eksisterte	å finnes
merkelig	rar, uvanlig
kristen	som tilhører til kristendommen
mektig	som har makt
(en) adel	personer som tilhører den øverste samfunnsklassen (i middelalderen)
å styre noe, styrte	å lede noe
å føre til at, førte	å ha som resultat
egalitær	med mye likhet
en pave	den romerske biskopen, «sjefen» for den katolske kirken
en strømning	*her*: en (kulturell) bevegelse
å emigrere, emigrerte	å flytte til et annet land
en innvandrer	en person som kommer til et land for å bo der
nasjonalsosialistisk	nazistisk

227

Artikkel – uvanlig bruk

Gjennom hele boken har jeg sagt til deg at vi alltid bruker enten bestemt eller ubestemt form.

Nå har du lært norsk så lenge at du vet at man aldri bør kan si «alltid». Så her lærer du litt om når vi gjør ting litt «feil».

1. Ingen artikkel når vi ikke kan telle:
> Jeg trenger vann.

(Vi kan jo ikke ha to eller tre vann.)

2. Ingen artikkel når vi snakker om ting som vi vanligvis bare har/gjør 1x samtidig
> Vi har kjøpt ny bil.

Men: Jeg har kjøpt en ny genser.

Forskjellen mellom bilen og genseren er at man vanligvis kjøper bare én ny bil, men evt. kan man kjøpe to eller tre nye gensere.

Denne regelen er litt vanskelig. Se på noen flere eksempler:
> Hans bygger hus.

Hvis han er arkitekt, bygger han jo ofte flere hus, så da kan man kanskje si Hans bygger et hus. Men folk flest bygger jo ikke to eller tre hus samtidig.

> Turid venter barn.

Teoretisk kan hun vente tvillinger (altså to barn samtidig), men det skjer ikke ofte.

> Per skriver brev.

Han skriver ikke to brev samtidig.

> Jeg reiser med tog.

Du reiser ikke med to tog samtidig. Ikke sant? Aldri.

> Vi skal gå på kino.

Selvfølgelig går dere bare på én kino, ikke på to forskjellige.

3. Bestemt adjektiv, ubestemt substantiv
Jeg sa til deg at hvis vi velger bestemt form, så må alt være bestemt:
> den gamle mannen

For mange år siden kunne man også skrive:
> den gamle mann

Hvis du skriver det i dag, høres det veldig formelt ut, og også litt gammeldags (dvs. du snakker slik som bestefaren din). Det vil du kanskje ikke, men hvis det passer å være litt elegant og gammeldags, kan du jo bruke det.
Siden man brukte det mye før, står det fortsatt i noen uttrykk som ikke har forandret seg:
> De forente stater
> det daglige brød
> det svake kjønn
> Den hellige ånd

Her høres det helt normalt ut å bruke ubestemt form av substantivet, også i dag.

4. Ingen adjektivartikkel
Noen ganger behøver vi ikke å bruke adjektivartikkel. Det gjelder adjektiv som uttrykker en klar motsetning (f.eks. **første/siste, venstre/høyre**):

> Det er første gang(en) jeg spiser i dag.
> Kan du gå på venstre side?

Til sist gjør vi dette med uttrykkene **halv** og **hel**, som du kjenner fra kap. 35:
> Han skal ha fri hele sommeren.
> Halve klassen er syk.

5. **Alle** med bestemt eller ubestemt artikkel
> Alle guttene i klassen har problemer med engelsk. → bare guttene i klassen!
> Alle gutter kommer i stemmeskiftet. → virkelig alle gutter!

6. Adjektiv + eiendomsord
Når vi kombinerer adjektiv med eiendomsord, må adjektivet stå i bestemt form:
> min nye bil – mitt nye hus – mine nye møbler

Dette er annerledes ved adjektivet **egen**, som brukes i ubestemt form:
> min egen bil – mitt eget hus – mine egne møbler

1 Sett inn et modalverb (å måtte, å kunne, å skulle, å ville, å burde, evt. også å tørre) i riktig form.

I 1940 ... den norske kongefamilien og regjeringen flykte til Storbritannia.

Ved hjelp av Marshall-planen ... USA støtte Norge etter krigen.

Kvinnebevegelsen kjempet for at menn og kvinner ... bli likestilt.

Siv ... bli statsminister.

Han ... ikke spørre.

I partiet Høyre synes mange at Norge ... ha vært medlem av EU.

Har du sett Turid? Hun ... være gravid – men jeg tror at hun bare har spist litt for mye i det siste.

I morgen ... det bli regn om ettermiddagen.

Espen ... ikke forlate senga, for han er veldig syk.

2 Trenger du (adjektiv-) artikkel?

Siv og Turid reiser med ... tog til Frankrike.

Det er ... ganske raskt tog.

De er i Frankrike ... hele sommeren.

Det kan bli ... fineste sommeren de har opplevd sammen.

Nils kjøper ... sukker og ... flaske vann i ... liten butikk.

Lars og Siv vil kjøpe ... TV.

Lasse har kjøpt ... bukse.

Kristin er gravid – hun venter ... barn.

Nils, skal vi gå på ... teater i kveld?

Pål skriver ... e-post til Wenche.

Wenche svarer bare med ... kort e-post.

Restauranten ligger på ... venstre side i Kirkeveien.

Det er ... første gang jeg ser bildet.

3 Sett inn riktig preposisjon.

Vi skal gå ... på neste stasjon.

Siv går ... ... at alt blir bra.

Lars, kan du hilse ... broren din?

Merethe, hva holder du ... ... ?

Legen kjenner ... magen hennes.

Den blå genseren passer ... den røde buksa.

Hunden passer ... huset.

Hun ser ... bildet.

Han utdanner seg ... lege.

De er enige ... spørsmålet om hvorvidt naturen bør fredes.

Jeg er enig... Nils.

Vi må bli enige ... vi skal reise til Italia eller til Frankrike.

4 *Alle* med bestemt eller ubestemt artikkel?

Alle studenter/studentene må ta eksamen før eller senere.
Alle studenter/studentene i Norge må kunne engelsk.
Alle barn/barna liker bamser.
Alle barn/barna jeg kjenner er glade i belgiske tegneserier.
Etter at jeg veltet kaffekoppen, måtte jeg kaste alle bøker/bøkene.
Kirsti er glad i alle bøker/bøkene.

TYPISK NORSK: HYTTE

Når du tar toget fra Oslo til Bergen eller en båt ut i Oslofjorden, ser du små trehus overalt på fjellet / ved sjøen. Disse hyttene har gjerne utedo (altså toalett utenfor huset) og verken strøm eller vann, og for mange nordmenn er hytta det perfekte stedet for å tilbringe både helgene og ferien, om vinteren og om sommeren.

Kanskje lurer du på hva man egentlig gjør på ei hytte? Vel, stort sett ... ingenting. Det vil si, du kan fiske, gå på jakt, gå på fjelltur ... men poenget med å være på hytta er rett og slett å *være* der. Å være ett med naturen. Å slappe av. Og kanskje lese *påskekrim* ...

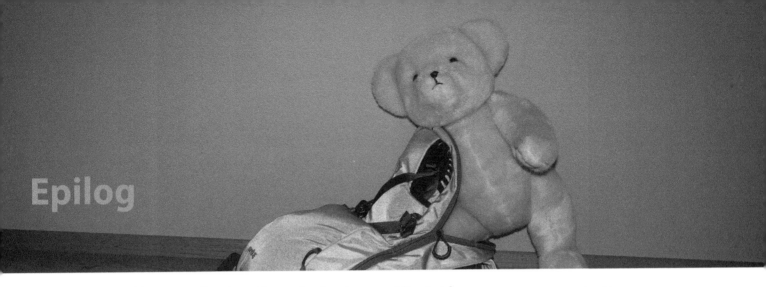

Epilog

Nils har vært veldig trøtt i det siste. Det er for første gang i livet at han opplever mørketida. Nå har han bodd i Tromsø i over fem måneder – etter den korte sommeren kom det en høst full av regn og storm, og nå har vinteren begynt. Han liker vinteren og gleder seg til jul, men han synes samtidig at det er veldig rart når det ikke er sol. Han mister oversikten over dagens tider. Når er det kveld, og når er det natt? Det er nesten ingen forskjell på dag og natt. Alt føles så likt.

Men han vil ikke klage. Han synes de siste månedene har vært kjempeinteressante. For det første kom han tilbake til Hanne og Martha, og det gledet ham mye – selv om han i begynnelsen hadde tenkt å rømme derfra så fort som mulig. Men etter hvert ble han klar over at det var deilig å bo sammen med barn som var glade i ham. Barna tar ham ofte med på skolen eller til og med til Kristians arbeidsplass – de er veldig nysgjerrige på hva storebroren gjør. Han savner ikke Oslo så veldig mye – men han savner Emil. De ringer hverandre ofte, men han har også lyst til å se ham.

I dag har Kristians mor bakt julekaker i flere timer. Hele huset lukter kanel. Nils synes det er trivelig, men han har også hørt at noen mennesker blir stresset før jul. Kristian for eksempel har klaget mye til Karina over at han sliter med å finne julegaver til familien.

Nå har hele familien lagt seg, og huset begynner å bli stille. I det Nils også legger seg, hører han en lyd som kommer fra gangen. Hva kan det være? Han står opp og går forsiktig ut. Da ser han at ryggsekken til Kristian beveger seg! Nils er forvirret. Kan det være et dyr som Kristian har tatt med fra byen? Men han ville jo aldri glemt det i ryggsekken.

Nå kommer det et brunt hode ut av ryggsekken. Plutselig skjønner

(en) kanel	et krydder som man bruker i jula, f. eks. i julekaker
rar	merkelig
stresset	når man har for mye å gjøre, blir man iblant stresset

Nils hva – eller hvem – det er.

«Emil!» roper han og glemmer helt at han ikke må vekke resten av familien.

«Hei Nils. Takk for sist. Det er kjempehyggelig å se deg igjen!»

«I like måte, Emil. Men hvordan har du klart å komme opp hit?»

«På samme måte som du, Nils. Jeg har reist med Erna. Hun er på besøk hos Jørgen. Og fra Jørgen og hit har jeg benyttet meg av Kristian. Måtte bare vente til nå som alle sover.»

«Så bra! Emil, jeg har savnet deg veldig. Kan du ikke komme oftere?»

«Jeg skal prøve. Nå som Lise endelig vil bli kjent med broren sin, kommer de til å reise mye mellom Oslo og Tromsø. Da kan jeg komme ofte.»

«Vil hun endelig møte Jørgen? Det er jo på tide. Jeg synes mennesker kan være rare. Hun fikk høre at hun har en bror, og så tar det fem måneder før hun vil bli kjent med ham?»

«Ja, for Lise har det vært litt vanskelig. Hun var helt sjokkert i begynnelsen, men nå gleder hun seg – selv om hun sliter litt med å vise det. Men tenk, hun vil til og med invitere Jørgen hjem til jul og møte barna hans.»

«Det er jo gode nyheter, Emil. Vet du, hele denne historien – den har vært litt vanskelig for meg også. Jeg har jo ikke vært klar over at jeg spiller en så stor rolle i Ernas liv. Men det er godt å vite hvor man kommer fra, ikke sant?»

«Det er det, ja. Forresten, har det vært vanskelig for Erna å gi deg tilbake til barna?»

«Neida. Hun er veldig generøs og nølte ikke ett sekund da barna spurte om de kunne få beholde meg.»

«Og trives du her?»

«Absolutt. Barna er veldig glade i meg. Men jeg vil gjerne se deg oftere.»

«Det lar seg gjøre, som sagt. Jeg vil også reise oftere. Livet er kjedelig når man bare sitter hjemme hele tida.»

«Det har jeg egentlig også lyst til. Forresten, Emil – du har aldri fortalt meg hvor du kommer fra.»

«Tja, det er et godt spørsmål. Jeg vet ikke hvem som har laget meg. Men jeg har kommet inn i familien gjennom Lises mann, Lars. Han fikk meg i bursdagsgave da han fylte seks år. Jeg husker ingenting før det.»

«Javel, så du er virkelig gammel allerede?»

Emil må smile. Han har savnet denne forfriskende åpenheten som han liker så godt ved Nils.

generøs	som gjerne gir
å la seg gjøre, lot, har latt	å være mulig
å fylle 20 år, fylte	å ha sin tjuende fødselsdag
forfriskende	*her*: noe som er hyggelig, noe nytt og inspirerende
(en) åpenhet	det å være direkte og åpen
jada/joda	«ja, men»/jo
en helligdag	en dag som religiøse folk feirer
en opprinnelse	der man kommer fra

«Jada, jeg begynner å bli gammel, Nils. Men vi bamser og nisser kan leve lenge, vet du. Og jeg føler meg sprekere enn noen gang.»

«Det er sant, Emil. Man er så gammel som man føler seg. Men du, kom inn i stua nå. Vi har så mye å fortelle hverandre. Vi kan ikke sitte i gangen hele natta.»

«Ja takk, det vil jeg gjerne.» Emil står opp fra gulvet og går langsomt mot stua.

«Du går så sakte, Emil. Er du sliten etter reisen?»

«Nei, jeg vet ikke, jeg har hatt det lenge. Det er en sånn rar følelse i ryggen.»

«I ryggen? Hva tror du det er?»

«Jeg vet ikke hva det er. Det føles som om det er noe der. En papirlapp kanskje?»

Spørsmål til teksten

Hvordan klarer Nils seg med mørketida?

Hvorfor er han glad for å bo i Tromsø nå?

Hvorfor er Kristian stresset?

Hvordan har Emil kommet seg helt fra huset i Oslo til Nils?

Hva har vært vanskelig for Lise?

Hvorfor vil Emil komme til Tromsø oftere fra nå av?

Hva forteller Emil om opphavet sitt?

Hvorfor går Emil sakte?

Alfabetisk ordliste

abstrakt	som ikke er konkret	29
adel, (en)	personer som tilhører den øverste samfunnsklassen (i middelalderen)	43
adoptere, adopterte	å ta som sin egen, f.eks. å adoptere et barn eller en idé	36
adresse, en	gate, postnummer og sted	Intr.
advare, advarte	informere om noe farlig	Intr.
aggressiv	voldsom	28
aksept, (en)	*her*: det å akseptere noe	36
akseptere, aksepterte	å godkjenne	29
aksjespeku-lasjon, en	når man prøver å tjene penger ved å kjøpe og selge aksjer	38
aktuell	som skjer nå	27
alder, alde-ren, aldre, aldrene	hvis du er 30 år gammel, så er 30 din alder	30
alfabet, et	a, b, c, ...	29
alkohol, (en)	etanol (som er f.eks. i vin, øl osv.)	32
alternativ, et	noe man kan velge isteden	Intr.
altfor	altfor mye = mye mer enn det som er bra	32

alvor, (et)	når situasjonen eller noe er alvorlig, når man mener noe seri-øst eller oppriktig	34
alvorlig [alvårli]	veldig seriøs	Intr.
an: gå an	å være mulig	37
anbefaling, ei	noe man anbefaler, et tips	34
andakt, en	en religiøs seremoni	36
andel, en	en del	30
andpusten	når noe er an-strengende eller opprørende, blir man andpusten, dvs. man puster tungt og fort	37
anelse, en	når man tror at man vet noe, men ikke kan være sikker, da har man en anelse	37
anerkjen-nende	på en måte som viser at man synes at noe er positivt eller bra	34
angst, en	følelsen man har når man er redd	36
angå, -gikk, har -gått	å være av interesse for	36
ankomme, ankom, har ankommet [å]	å komme frem, f.eks. toget ankommer kl. 17.35	27

anledning, en	et passende tids-punkt	42
anlegg, et	noe som er bygd	40
anmeldelse, en	en melding om en kriminell handling	40
annenhver	ikke hver eneste, men den første, den tredje, den femte osv.	38
annerledes	på et annet vis enn forventet eller vanlig	36
annonse, en	kort tekst hvor man f.eks. leter etter bolig, jobb ...	30
anrop, et	når telefonen ringer får man et anrop	39
anse, anså, har ansett (som)	å regne som	29
ansette, ansatte, har ansatt	å avtale at noen skal jobbe for en	33
anstrengen-de	slitsom	29
ansvar, et	det å måtte ta seg av noe(n)	30
ansvarlig	som må ta seg av noe(n)	30
anta, antok, har antatt	å formode	40
antakelig	sannsynligvis	33

anvisning, en	tekst som forklarer hva man må gjøre	29
arbeide, arbeidet	å jobbe	31
arbeidsgiver, en	en arbeidsgiver har arbeidstakere	40
arbeidskontrakt, en	offisiell avtale mellom arbeidsgiver og arbeidstaker	40
arbeidsledig	når man ikke har jobb	38
arbeidsledighet, (en)	det å ikke ha jobb	40
arbeidsløs	arbeidsledig	38
arbeidsplass, en	plass som man arbeider på	40
arbeidstaker, en	noen som ikke jobber selvstendig men er anstatt av en arbeidsgiver	38
arbeidstilllatelse, en	dokument som bekrefter at man kan arbeide i et land	40
areal, et	område, land	29
argument, et	grunn; tanke eller faktum som bekrefter en idé	30
argumentere, argumenterte	å legge fram sine synspunkter i en diskusjon	38
arkiv, et	rom hvor man har gamle dokumenter	33
Arktis	den nordligste delen av verden	29
artikkel, en	bidrag i en avis, et ukeblad eller et tidsskrift	34
arve, arvet	å ta over noe (fra en avdød person)	41
asjett, en	en liten tallerken	41
attraksjon, en	noe turister vil se	29

au pair, en	ung jente (sjelden gutt) som lever med en familie i utlandet i ca. ett år	30
automatisk	av seg selv, uten at man må gjøre noe	38
autorisasjon, en	en offisiell godkjenningn f.eks. av kvalifikasjoner	38
av gangen	på én gang	37
avfall, et	søppel; noe man kaster	33
avgift, en	et gebyr	38
avgjørelse, en	noe man har bestemt	37
avgjørende	når noe er viktig og bestemmer utfallet av f.eks. en situasjon eller samtale	34
avhenge, avhang, har avhengt	å behøve noe, f.eks. bestemte omstendigheter eller ting, for å fungere	35
avhengighet, en	det å ikke klare seg alene	30
avhør, et	når politiet forhører noen	40
avisbud, et	en person som leverer aviser	42
avslutte, avsluttet	bli ferdig med	Intr.
avsløre, avsløret	å gjøre synlig eller kjent hvordan noe er	36
avslå, -slo, har -slått	å si nei til noe	41
avsnitt, et	del av en tekst	37
avstand, en	distansen mellom to ting	29
avventende	f.eks. når man ikke vil gjøre noe med en gang, men heller venter litt for å se hva som skjer	34
avvise, avviste	å nekte adgang, å vise noen bort	34

bachelornivå, (et)	når man studerer på universitetet begynner man vanligvis på bachelornivået, dvs. man studerer for å få en bachelorgrad	38
bade, badet	å svømme	33
badekar, et	«beholder» hvor man kan sitte og bade	30
bagasje, en	de tingene man tar med på ferie	27
bake, bakte	man baker brød eller kaker	29
bakke, en	en del av terrenget som ikke er flatt	37
balkong, en	veranda, men i 2. etasje eller høyere	30
bankkonto, en	«elektronisk pengebok» i en bank	30
barnsben: fra barnsben av	helt fra man var barn	34
batteri, et	akkumulator; instrument for å «oppbevare» strøm	33
be noen å gjøre noe, ba, har bedt	invitere noen til å gjøre noe	42
bedehus, et	en bygning hvor kristelige organisasjoner holder til med møter og aktiviteter	36
befinne, befant, har befunnet seg i	å være i	29
befolkning, en [å]	menneskene som bor i et land / i en by	28
begrep, et	et uttrykk	40
behandling, en	*her*: terapi man får når man er syk for å bli frisk igjen	38
beherske, behersket	å ha evne til, å være i stand til	34

beholde, beholdt	å ikke gi fra seg	28		**biltyveri, et**	når noen stjeler en bil	40	**borger, en [å]**	en person som er medlem av en nasjon	28

beholde, beholdt	å ikke gi fra seg	28
behov, et	noe man trenger	27
behøve, behøvde	å trenge	34
bein, et	kroppsdel (mellom foten og «resten» av kroppen)	32
bekymring, ei	en engstelse	39
belastning, en	noe som er tungt, vanskelig	33
beliggenhet, en	plassen hvor man finner noe	29
beløp, et	en sum penger	30
benytte seg av, benyttet	å bruke noe	39
beruset	å være full (på alkohol)	40
beskrive, beskrev, har beskrevet	forklare hvordan noe er	Intr.
beskytte, beskyttet	å passe på	43
beslutte, besluttet	å avgjøre	28
bestå, -sto(d), har bestått	å være laget av	Intr.
bestå, -sto(d), har bestått	*her*: å ha klart	34
besvare, besvarte	å gi svar på	Intr.
betingelse, en	en forutsetning, noe som må være oppfylt	34
betydning, en	det noe betyr	27
bevissthet, en	det at man kan tenke, føle osv.	31
bevisstløs	som ikke kan tenke eller føle	32
bidra, bidro, har bidratt	å hjelpe aktivt til med noe	38

biltyveri, et	når noen stjeler en bil	40
bit, en	et stykke	29
bitter	noe som smaker skarpt; *her*: hard	41
blad, et	et magasin som kommer ut regelmessig, f.eks. hver uke eller måned	36
blakk	når man ikke har noen penger, er man blakk	38
blande, blandet	å mikse	28
blant	*her*: i en gruppe mennesker	28
blek	(nesten) uten farge	37
bli dumpet	når en person forlater kjæresten sin, blir kjæresten dumpet	42
blikk, et	et øyekast	40
blind	når man ikke kan se	38
blod, (et)	det som flyter gjennom kroppen	41
blodtrykk, et	hvor «kraftig» hjertet pumper blodet gjennom kroppen	32
blogg, en [å]	norsk for **blog**, en type internettside	34
blokk, en [å]	*her*: stort, høyt hus	30
blyant, en	noe man skriver med på papir, som man kan viske ut etterpå	31
blåse i noe, blåste	å ikke bry seg om noe (uformelt)	42
bokstav, en	del av et ord, f.eks. a, b, c	28
bokstavelig	å ha ordrett samme betydning, ikke noen overført betydning	36
bolig, en	en leilighet eller et hus	30
bolle, en [å]	rund bakst	27
borettslag, et	organisasjon som eier leiligheter	30

borger, en [å]	en person som er medlem av en nasjon	28
bortsett fra ...	annet enn ...	41
botfor, en [båtfår]	en slags støvel som er utenpå skoene man har på	37
bre, en	fjell som er dekket av is året rundt	29
bred	som strekker seg ut til siden	37
bredbånd, et	rask Internett-forbindelse	30
brekke, brakk, har brukket	å bryte	33
brenne, brant, har brent	å stå i flammer	29
brett, et	*her*: en flat gjenstand man bruker for å bære noe på	37
brille, ei (vanligvis i flertall)	gjenstand med glass som hjelper en med å se ting bedre	34
bringe, brakte, har brakt	å ha med seg	42
brunost, en	en særnorsk type ost som har brun farge og smaker litt søtt	38
brutal	hard (*om personer*)	43
brystkasse, en	skjelettet i brystet	41
bryte, brøt, har brutt	å ødelegge, å knuse	33
brått	*her*: plutselig	41
bukseløs	uten bukse	43
bunn, en	det nederste punktet, f.eks. når man faller, så lander man på bunnen	37
bunn: i bunn og grunn	egentlig	38

bygd, ei	sted hvor det ikke bor mange menneser (f.eks. 500 eller 1000)	30
bygge, bygget	å «lage» et hus, en vei ...	29
bygård, en	stort hus med mange boliger i en by	30
bønn, en	når man ber til Gud	41
bøye, bøyde	å forandre et ord etter grammatiske regler	27
båtferie, en	når man tilbringer ferien med å ta en båttur	37
CV, en	forkortelse for «curriculum vitae»; en oversikt over det man har gjort i livet	34
daglig	hver dag	37
dagligtale, en	muntlig, vanlig språk	29
dagpenger (bare i flertall)	*her*: pengene man får i støtte per dag når man er syk eller arbeidsledig	38
danne, dannet	å lage	29
danse, danset	å bevege kroppen til musikken	34
danser, en	person som danser	34
database, en	en mengde av samlet data som hjelper å finne noe	40
degradere, degraterte	å gjør noe mindre, å nedverdige noe eller noen	36
dekk, et	etasje på en båt	27
dele, delte	*her*: å ha sammen	30
delta, deltok, har deltatt i	å være med på	31

deltidsjobb, en	en jobb med et begrenset antall arbeidstimer, f.eks. når man ikke jobber en hel arbeidsdag eller ikke fra mandag til fredag	34
depositum, et	penger man betaler når man flytter inn, og som man får tilbake hvis man ikke har ødelagt noe når man flytter ut	30
deprimert	når man føler seg tung, trøtt og trist	34
derifra	fra dette punktet	28
derimot	i motsetning til dette	27
dermed	med dette	28
dessuten	utover det	29
desto: jo ... desto	jo eldre han ble, desto viktigere ble fortida hans = mens han ble eldre, ble fortida viktigere og viktigere	41
destinasjon, en	mål for en reise	29
det er bare å ...	man må bare ...	42
det hadde bare manglet	*her*: uttrykk for at man er totalt imot noe	38
det slo meg	jeg skjønte plutselig	37
detalj, en	en veldig spesifikk enkeltdel av noe større	34
diktatur, et	når én person har all politisk makt	43
dilemma, et	et problem man ikke klarer å løse	29
diplomatisk	*her*: på en måte som ikke skaper debatt men prøver å være vennlig eller nøytral	38
dirre, dirret	å skjelve	37

diskrimine-re, diskriminerte	å gi færre rettigheter til	28
diskusjon, en	en samtale hvor folk har forskjellige argumenter	28
diskutere, diskuterte	snakke om	30
divisjon, (en)	9 delt på 3 er 3 – dette er divisjon	31
dobbel	to deler av noe; noe man har to ganger	41
dokumen-tavgift, en	gebyr man betaler ved salg av bolig	30
dram, dram-men	et lite glass brennevin	40
dramatisk	som er veldig alvorlig	33
drepe, drepte	å gjøre noe slik at noen dør, å ta livet av noen	43
droppe, droppet [å]	å la være, å ta ut, å ikke bruke	27
drøfte, drøftet	å tenke over hvilken mulighet man skal bestemme seg for, å vurdere	36
dukke opp, dukket	å komme til syne	37
dumpe: bli dumpet	når en person forlater kjæresten sin, blir kjæresten dumpet	42
dvs.	det vil si	30
dykke, dykket	å svømme under vann	39
dytte, dyttet	å bevege noe(n)	37
død	når noe ikke lever	34
dødsens	*her*: brukt som forsterkelse, dvs. veldig alvorlig	41
døgn, et	tidsrom som varer i 24 timer	35
døgnvill	når man ikke vet om det er dag eller natt	36
edru	ikke påvirket av alkohol	37

effekt, en	konsekvens	33	**endre, endret**	å forandre	29	**fagforening, en**	sammenslutning av personer som representerer interessene til arbeidstakerne i en bransje	40
effektiv	når noe er gjort på en måte som er så rask og nøyaktig som mulig	34	**enebolig, en**	et hus hvor det bare bor én familie	30			
egalitær	med mye likhet	43	**enestående**	som er så fin at man tror det bare finnes én	28	**falle, falt, har falt**	å bevege seg fort ned	28
egenandel, en	det man må betale selv	32	**enkemann, en**	en gift mann blir til enkemann når kona hans dør	37	**fare, en**	en risiko, muligheten for at noe kan gå galt	35
egenskap, en	kvalitet; noe som kjennetegner en ting/person	29				**farge, en**	f.eks. grønn/blå/ rød ...	Intr.
egne seg, egnet	å ha de riktige forutsetninge eller egenskapene til å gjøre noe	37	**Enn med deg?**	Og med deg?	43	**farvel**	ha det (bra)	42
			ensomhet, (en)	når man føler seg dårlig eller trist fordi man er alene	37	**fasilitet, en**	*her*: ting som er med i leiligheten, inkludert i husleia	30
eie, eide	ha	Intr.	**entré, en**	en inngang	37	**fasit, en**	riktig svar på oppgaver	Intr.
ekkel	når man føler ubehag eller avsky for noe, er det ekkelt	36	**erfaring, en**	noe man har sett/ vært gjennom	30	**fastland, et**	det som ikke er på ei øy	29
eksamen, en	skriftlig eller muntlig prøve (ofte ved en skole)	27	**erklære, erklærte**	å deklarere	43	**fastlege, en**	lege som man går til regelmessig	32
			erstatte, erstattet med	ta ut og sette inn noe annet	Intr.	**fastsatt**	definert	30
eksamensangst, en	når du er veldig redd for eksamen, har du eksamensangst	27	**etternavn, et**	familienavn	33	**fatte seg i korthet, fattet**	å ta seg sammen, *her*: å uttrykke seg kort	34
eksistere, eksisterte	å finnes	43	**eventuell**	mulig	30	**fattig**	som ikke har mye penger	28
			eventuelt	kanskje	Intr.	**feber, (en)**	høy temperatur, f.eks. 39 grader	31
ekspandere, ekspanderte	å bli større, vokse i størrelse	34	**eventyr, et**	*her*: en spennende hendelse	43	**feil, en**	noe som ikke er riktig	Intr.
ekspedisjon, en	komplisert reise	29	**evighet, en**	uendelig lang tid	29	**feile, feilte**	Hva feiler det deg? = Hva (slags sykdom) har du?	32
eksportartikkel, en	noe man selger til et annet land	29	**fabrikk, en**	en produksjonsbedrift	40			
ektefelle, en	mann eller kone	30	**faen**	banneord som kan brukes i mange forskjellige situasjoner	38	**fellesferie, en**	tre uker i juli når mange norske bedrifter stenger	40
elegant	veldig pen, fin	Intr.						
emigrere, emigrerte	å flytte til et annet land	43	**fag: teknisk fag, et**	f.eks. fysikk, mekanikk, elektronikk	27	**fellesgjeld, en**	samlet gjeld et borettslag har	30
emne, et	et tema	38	**fagbrev, et**	et sertifikat man får når man har fullført lærlingutdannelsen	38	**fellesskap, et**	det å leve sammen med andre	30
en eller annen ...	noen ...	43						
ende, endte	å slutte	Intr.	**fagemne, et**	et tema innenfor et spesielt vitenskapelig fag	34	**fengselsstraff, en**	når en person blir straffet ved at han/ hun ikke får frihet i en lengre periode	43
endelse, en	ende av et ord som kan forandres	Intr.						
endeløs	som aldri tar slutt	37						

241

ferdigmat, (en)	en rett man ikke må lage selv, men som man bare må varme opp	37	**flykte, flyktet**	å forlate et land ganske fort, når man er tvunget til å forlate et land	43	**fordel, en**	noe som gjør at et alternativ er bedre enn et annet	38
ferie, en	tid da man har fri	27	**flyte over, fløt/fløyt, har flytt**	*her*: for mye av noe	34	**fordele, fordelte**	å dele ut (blant flere mennesker)	30
fersk	ikke lenge siden det ble skapt/laget/var ferdig; f.eks. fersk frukt	29				**forelesning, en**	foredrag på et universitet	27
			flytende	*her*: å beherske et språk slik at man kan ha en samtale uten problemer eller mange pauser mellom ordene	35	**foreløpig**	som skal erstattes senere	31
fest, en	når man feirer sammen	30				**foreslå, -slo, har -slått**	å presentere en idé som et alternativ man kan bli enig om	39
festning, en	bygning fra middelalderen som er veldig godt beskyttet	29				**forestille, forestilte seg**	å tenke seg	30
fetter, en	sønnen til tanta/ onkelen	31	**folkeav- stemning, en**	et referendum	40	**forfatter, en**	en person som skriver bøker	28
filosofisk	som har med filosofi å gjøre	29	**folkens [å]**	uformell måte å henvende seg til en ubestemt gruppe på, som «alle sammen»	34	**forfriskende**	*her*: noe som er hyggelig, noe nytt og inspirerende	Ep.
finansiere, finansierte	å gjøre det nødvendige for å betale noe	38	**Folkeregis- teret**	myndighet som registrerer adresser i Norge	33	**forhindre, forhindret**	å gjøre umulig	31
finger, en	del av hånda (man har fem fingrer på hver hånd)	31	**fond, et**	man plasserer penger i et fond for å tjene mer	43	**forhold, et [fårhåll]**	*her*: en forbindelse mellom personer	39
finne seg i	å klare seg med, å akseptere at det ikke finnes et alternativ	37	**font, en**	en skrifttype	34	**forkjølet**	når du hoster, har vondt i halsen og er tett i nesen, er du forkjølet	28
finnes, fin- nes, fantes, har funnes	å eksistere	30	**for ... skyld**	på grunn av en sak	42			
			for tiden	nå	42			
fisker, en	person som jobber med å hente ut fisk fra havet	31	**forbanna**	elendig	38	**forkle, et; mange forklær**	noe man har på som pynter eller beskytter andre klær man har på	37
			forberede, forberedte	å tilrettelegge, å gjøre klart	41			
fjelltopp, en	spissen på et fjell	29	**forbi [fårbi]**	å gå forbi = å passere, å gå videre	Intr.	**forkorte, forkortet**	å gjøre kortere	37
flak, et	*her*: en slags krystall som danner seg i kulda, f.eks. et snøflak	37	**forbilde, et**	et idol	30	**forlange, forlangte**	å kreve	41
			forbinde	å knytte sammen	Intr.			
flat	ikke veldig høy, lav	31	**forbindelse, en**	kontakt	29	**forlate, forlot, har forlatt**	å gå fra	28
fleksibel	når man kan tilpasse noe (eller seg selv) til forskjellige om- stendigheter	34	**forbruk, et**	det man konsumerer av noe	35	**formell**	offisiell	Intr.
			forbrytelse, en	noe som ikke er lov, som man kan bli straffet for	34	**formu- esskatt, en**	skatt man betaler for å eie noe, f.eks. penger, hus osv.	30
flink	når man kan noe godt	37						
flis, en	plate av sten	30	**forbud, et**	når man forbyr noe	38	**fornorske**	å gjøre mer norsk	28
flislegge	legge fliser	30	**forbudt**	ikke lov	28	**forpakning, en**	det noe er pakket inn i	33

forpliktelse, en	noe man må gjøre	34
forrest	lengst fram, først	37
forretning, en	en bedrift, et firma	33
forrige	den som var før	32
forsamling, en	en samling av mange personer	41
forskjell, en (mellom)	det som er annerledes	28
forslag, et	en anbefalt mulighet eller idé	36
forstyrre, forstyrret	å gjøre noe som kan være upassende for en annen person i dette øyeblikket, f.eks. å snakke med noen når personen egentlig er opptatt med noe annet	35
forsvare seg, forsvarte	å sette seg til motverge	40
forsøk, et	det å prøve noe	32
forsøke, forsøkte	å prøve	40
fortid, ei	preteritum / presens perfektum / preteritum perfektum	27
fortjene, fortjente	å gjøre nok til å ha krav på	27
forutsetning, en	en betingelse	41
forvaltningsspråk, et	språket staten bruker	28
forårsake, forårsaket	å føre til et resultat	43
fotballkamp, en	når to lag spiller fotball mot hverandre	37
fotografi, et	et bilde tatt med et kamera	41
fra barnsben av	helt fra man var barn	34
frakk, en	ei litt lengre jakke, vanligvis for menn	37

frase, en	en fast måte å si noe på	39
fravær, (et)	det å ikke møte (særlig til undervisning)	31
fred	det motsatte av krig; *her*: ro	33
fremheve, fremhevet	å legge vekt på, å sette aksent på	31
fremmed	en person man ikke kjenner	30
fremste	*her*: mest viktige	29
fremtid, ei	tida som kommer	29
Fretex	organisasjon som driver med distribusjon av brukte klær	33
frilans	fra engelsk **freelance**: å jobbe selvstendig, uten fast arbeidskontrakt	37
friminutt, et	en pause mellom to skoletimer	35
frossen, flertall: frosne [å]	når noe har blitt fryst er det frossent	37
FrP	forkortelse for **Fremskrittspartiet**, et politisk parti i Norge som står på høyre siden av det politiske spektret	38
frukthage, en	hage med trær for å dyrke frukt, f.eks. epler, pærer ...	29
fryd og gammen	uttrykk for å beskrive at alt er i orden, i en tilstand av fornøyelse	36
fryde, frydet	å føle glede	37
frykte, fryktet	å være redd for	32
fryktelig	skremmende, her: veldig, svært	34
fryse, frøs/frøys, har frosset	å bli til is, å bli veldig kaldt	37
fugl, en	dyr som kan fly, f.eks. papegøyer	33

full: være full	å være beruset fordi man har drukket for mye alkohol	40
fullføre, -førte	å gjøre ferdig	41
fundament, et	en sokkel, et grunnlag av f. eks. et bygning	43
fungere, fungerte	å funksjonere	28
fylle 20 år, fylte	å ha sin tjuende fødselsdag	Ep.
fylle, fylte	å gjøre full	40
fyring, (en)	varme	30
fysisk	det som angår kroppen	36
fødselsdag, en	bursdag	35
følge, fulgte, har fulgt	å gå etter	27
følgende	det som kommer	Intr.
føre til at, førte	å ha som resultat	43
få klump i halsen	en følelse som man har når man er nervøs	41
få sparken	å miste jobben	28
fånyttes	uten (positivt) resultat	36
fårikål, (en)	en tradisjonell norsk matrett med sauekjøtt og kål	34
gaffel, en	*her*: delen av telefonen hvor telefonrøret ligger når man ikke bruker den	37
gamlehjem, gamlehjemmet	et sykehjem, aldershjem	30
gammeldags	ikke lenger aktuelt, som tilhører en annen tid	34
gang: av gangen	på én gang	37

243

gass, en	luft er en gass; *her*: gass man kan brenne	33	greie, greide	å klare	30	hage, en	et lite grøntområde med gress, trær, blomster f.eks. rundt et hus	39
gelender, et	noe man kan holde seg fast i, f.eks. langs ei trapp	37	grense, en	*her*: barriere	Intr.			
			gripe, grep, har grepet	å ta i hånda slik at det ikke kan falle ned	31	hakke, hakket	å slå	41
generasjon, en	alle som er født i et visst tidsavsnitt	42	grov	ufin, alvorlig	36	hale, halte/ halet	å trekke noe tungt	37
generøs	som gjerne gir	Ep.	grovbrød, et	brød som er bakt av grovt mel	33	hallo	et ord man bruker når man svarer på telefonen eller presenterer seg selv	39
geologisk	som handler om vitenskapen om jorda	43	grue seg, gruet	å ikke se fram til med glede, men med frykt eller sterk ulyst	37			
gi blaffen i noe	(muntlig) å ikke bry seg om noe	41	grundig	nøyaktig, ordentlig	35	halvpart, en	50 %	28
gi seg over	*her*: å le ganske mye	37	grunn, en	*her*: årsak	Intr.	handel, (en)	det å selge og kjøpe som yrke	29
gigantisk	veldig stor	38	grunnlag, et; mange grunnlag	basis	28	handelsvirk-somhet, en	det å drive handel	29
gjelde, gjaldt, har gjeldt	være aktuelt for	Intr.				handling, en	noe som man gjør, eller som skjer	34
gjennom-snitt, et	gjennomsnittet av 2, 3 og 4 er 3	31	grunnlegge, -la, har -lagt	å begynne på noe, å bygge opp noe nytt	38	hanseatisk	som gjelder Hansa-en, en gammel handelsforening	29
gjerde, et	noe man bruker for å stenge noe av, f.eks. en hage er ofte inngjerdet	37	grunnlov, en	en konstitusjon; grunnleggende prinsipper som er samlet i en lov som et politisk system er basert på; Norge fikk sin egen grunnlov i 1814	35	hard	fast, kraftig	31
						havne i noe, havnet	å komme, å lande	41
gjernings-mann, en	person som begår en kriminell handling	40				hefte, et	som ei bok, bare tynnere og gjerne for å skrive i	31
gjest, en	noen som kommer på besøk eller en kunde f.eks. på en restaurant	38	gründer-hjelp, (en)	støtte til personer som bygger opp en ny bedrift	38	heis, en	«maskin» for å heve mennesker/ting fra én etasje til en annen; når man ikke vil gå i trappa, bruker man heisen	30
gjøre: ha noe å gjøre med	å ha sammenheng med	39	Grønland	ei stor øy i Nordatlanterhavet, men også en bydel i Oslo	37			
gjøre: la seg gjøre, lot, har latt	å være mulig	Ep.	gulvvarme, (en)	varme som er integrert i gulvet	30	heisann!	hei! (uformelt)	42
			gummistø-vel, en	vanntett sko	32	hel	fullstendig	30
godkjenne, -kjente, har -kjent	å anerkjenne som gyldig	38	gå an	å være mulig	37	hel: ikke i det hele tatt	absolutt ikke	Intr.
gratis	som ikke koster noe	Intr.	gå i søvne	når man går mens man sover uten å merke det	37	heldig	lykkelig	29
gravid	når ei kvinne kommer til å få barn er hun gravid	35	gård, en	*her*: land og bygninger som drives av en bonde for landbruk	38	helligdag, en	en dag som religiøse folk feirer	Ep.
gravlegge, gravla, har gravlagt	en død person gravlegger man	29	ha fri	ikke måtte arbeide	30	helsevesen, (et)	organisasjoner eller bedrifter som er tilknyttet helsetjenester	38
			ha noe å gjøre med	å ha sammenheng med	39			

helvete, (et)	det motsatte av himmel; ifølge noen trosretninger et grusomt sted som syndere skal frykte de skal komme til når de dør	36	**hjørne, et**	f.eks. ved et gate-kryss: Huset som ligger i begge gatene, ligger på hjørnet	31	**høstse-mester, et**	ved et universitet: tida fra august til desember	27

helvete, (et) — det motsatte av himmel; ifølge noen trosretninger et grusomt sted som syndere skal frykte de skal komme til når de dør — 36

hjørne, et — f.eks. ved et gate-kryss: Huset som ligger i begge gatene, ligger på hjørnet — 31

høstse-mester, et — ved et universitet: tida fra august til desember — 27

hensyn — av hensyn til = på grunn av — 33

homofil — seksuelt tiltrukket av personer av samme kjønn — 36

høyblokk, ei — en høy bygning med mange leiligheter — 39

heretter — fra nå av — 41

homofili, (en) — det å være homofil — 36

høyde-skrekk, (en) — å bli redd når man er i store høyder, f.eks. på et fjell eller et hustak — 34

herlig [æ] — fantastisk — 27

hoppbakke, en — bakke hvor man hopper på ski — 29

herregud — interjeksjon: uttryk-ker utålmodighet, irritasjon — 32

høytidelig — formelt, med alvor — 40

horn, et — noe som f.eks. kyr, sauer og rein har på hodet — 43

håndkle, et; mange håndklær — noe man bruker for å tørke hendene — 32

heterofil — seksuelt tiltrukket av personer av motsatt kjønn — 36

hugge, hugget — å hugge ved: «hakke» med en øks, slik at trebiter blir mindre — 32

håndlage, -laget/-lag-de — noe som det ikke er produsert mange av, men som er laget med hendene og derfor mer unikt — 37

hevde, hevdet — å mene bestemt — 39

hundrevis — flere hundre — 28

heve, hevet — å løfte — 28

husleie-forskudd-sinnbeta-ling, en — det å betale husleien før den egentlige datoen — 30

hår, et — det de fleste men-nesker har på hodet — 31

hilse på noen — å si «hei» til noen — 42

i bunn og grunn — egentlig — 38

himmel, en — det du ser når du er ute og ser opp: Himmelen er blå om dagen — 31

hval, en — et stort dyr som lever i sjøen; ser ut som en fisk men er et pattedyr — 37

i morges — i dag, om morgenen — 31

i siste liten — i siste øyeblikk — 37

hittil — til nå — 37

hverandre — de savnet hverandre = Kristian savnet Karina, og Karina savnet Kristian — 27

i stedet — til erstatning — 41

hjelm, en — beskyttelsesutstyr for hodet — 43

i: ikke i det hele tatt — absolutt ikke — Intr.

hjemmefra — bort fra plassen hvor man bor — 42

ideell — perfekt — 31

hverdag, en — en vanlig dag — 30

hjemmesi-de, ei — en side på Internett, norsk for **homepage** — 34

identifisere, identifiserte — å gjenkjenne — 40

hverdagsliv, et — det vanlige livet — 29

idet — i øyeblikket da, mens — 37

hjemmevæ-rende — som er hjemme, som ikke arbeider utenfor huset — 31

hvitevare, en — kjøleskap, vaskemas-kin, komfyr — 30

ifølge — etter denne menin-gen — 39

hybel, en — en liten og enkel lei-lighet for studenter — 27

ignorere noe eller noen, ignorerte — å ikke bry seg om noe eller noen — 40

hjernerystel-se, en — hjerneskade — 32

hyggelig — snill — 30

hjerte, et [jærte] — muskelen som pumper blodet rundt i kroppen; også et symbol på kjærlighet — 34

hypotetisk — som bare er mulig, ikke virkelig — 30

ikke i det hele tatt — absolutt ikke — Intr.

ille — veldig dårlig — 32

hyssing, en — et slags tau — 37

imellom — mellom to ting — 29

hjerteinfarkt, et — alvorlig sykdom som begynner med veldig sterke smerter i hjertet — 32

hysterisk — her: på en måte som er veldig utagerende og lager mye bråk — 38

imponere, imponerte — å gjøre et dypt inn-trykk på — 29

indirekte — ikke direkte — 30

individ, et — en person — 30

245

industri, en	bransje som produserer varer (i fabrikk)	29
influensa, en	sykdom som er knyttet til feber og smerter	32
info	informasjon	30
informasjonsbit	et stykke informasjon	Intr.
inkl.	inkludert	30
inndra, -dro, -dratt	å dra inn, ta fra	34
inneha, innehadde	*her*: å ha	29
innflytelse, en	et preg; påvirkning	31
innføre, innførte	å introdusere	28
innføring, en	det å innføre (etablere) noe	29
inngang, en	dør der en går inn	40
innom	*her*: når man kommer innom noen, besøker man denne personen spontant og uformelt	34
innrømme, innrømte	å si ærlig	Intr.
inntekt, en	penger man tjener	30
inntil	ved siden av, helt til	30
inntrykk, et	en idé, en forestilling	30
innvandrer, en	en person som kommer til et land for å bo der	43
innvending, en	et argument mot noe	34
installere, installerte	å etablere	29
institusjon, en	en organisasjon	28
integrerende	som ikke vil utelukke noen	28
intelligent	klok, smart, som vet mye	27
interesse, en	oppmerksomhet	28

interessert i	når man vil vite mer om noe, er man interessert i noe	27
internasjonal	fra forskjellige land	Intr.
intervju, et	fra engelsk **interview**: en type samtale	34
introduksjon, en	første del (i en bok)	Intr.
introvert	innadvent, når man har vanskeligheter med å være åpen og snakke med folk man ikke kjenner	39
invadere, invaderte	å gå voldsomt inn i et land	43
investere, investerte	å plassere kapital i noe	43
investering, en	det å investere; spare penger og håpe at man får mer tilbake senere	30
invitasjon, en	når man inviterer personer, får de en invitasjon	41
involvere, involverte	å få noen med, aktivere	Intr.
is, (en)	vann blir til is når temperaturen er (mindre enn) 0 grad celsius	36
is, (en)	frosset vann	41
isbit, en	en bit av is, f. eks. i et glass for å kjøle ned det man drikker	36
isbjørn, en	et stort hvitt dyr som lever i Arktis	42
Ishavskatedralen	stor kirke i Tromsø	29
iskrem, en	en frosset blanding av melk, fløte, egg, sukker og annet	36
ismasse, en	mye is	29
istedenfor	for å erstatte	Intr.
jada/joda	«ja, men»/jo	Ep.

jamen/ja men	sannelig	41
javel	ok	34
jo ... desto	jo eldre han ble, desto viktigere ble fortida hans = mens han ble eldre, ble fortida viktigere og viktigere	41
Jostedalsbreen	bre på Vestlandet	29
Jotunheimen	fjellområde på Vestlandet	29
jul, (ei)	kristelig fest man feirer den 24. og 25. desember	37
jævla	banneord for veldig, veldig dårlig, forferdelig	38
jævlig	forferdelig	38
jøde, en	en person av den jødiske religionen (som ofte kommer fra Israel)	43
kafeteria, en	restaurant med enkel mat	27
kaffekanne, ei	en beholder man serverer kaffe av	41
kalle, kalte	å få et navn	Intr.
kamp, en	krig, konflikt	28
kanarifugl, en	spesiell fugl som kan synge veldig fint	33
kandidat, en	person som stiller til valg f.eks. for å få et (politisk) verv	38
kanel, (en)	et krydder som man bruker i jula, f. eks. i julekaker	Ep.
kantine, en	kafeteria på et universitet eller i en bedrift	27
kapittel, et; mange kapitler	avsnitt i en bok	Intr.
kaptein, en	«sjef» på en båt	33

kaste, kastet	f.eks. å kaste en sten	28
katastrofe, en	noe veldig dårlig	28
kausjon, en	en sikkerhet, en garanti (som man betaler)	40
kikke, kikket	å se (fort)	30
kildesortere, kildesorterte	å sortere avfall	33
kilo, et	en vekt (kilogram)	42
kirke, en	stort hus som i kristendommen brukes til gudstjeneste; her: kirken som institusjon, dvs. prester og munker	28
kirsebærtre, et	kirsebær = små søte, røde frukter	29
kjapp	rask	31
kjeks, en	liten bakst	32
kjelke, en	et lite fartøy uten motor som man bruker for å forflytte seg eller dra en last på snø	37
kjempe, kjempet for	å slåss for	29
kjempebra	veldig bra	Intr.
kjip	dum, negativ, ubehagelig (muntlig)	28
klage, klaget/klagde	å uttrykke at man ikke er fornøyd	37
klappe, klappet	å slå hendene sammen for å lage en lyd, f.eks. til applaus	37
klar: være klar til å gjøre noe	å være parat til å gjøre noe	40
klasse, en	gruppe elever på samme alder som lærer sammen	30
kle på, kledde, har kledd	å ta på klær	37

klima- endring, en	det at klimaet forandrer seg	33
klump: få klump i halsen	en følelse som man har når man er nervøs	41
knapp	nesten ikke; begrenset	37
knele, knelte	å stå på knærne, å gå ned på kne	36
knutepunkt, et	hvor mange veier/ sjøveier/jernbaner ... møtes	29
knytte, knyttet	å forbinde, bringe sammen	29
kollektiv, et [å]	flere mennesker som deler en leilighet	30
kollektiv- transport, (en)	T-bane, trikk, buss ...	30
kombinere, kombinerte	å sette to (eller flere) ting sammen	29
kommunika- sjon, en	her: buss/trikk	30
kongedøm- me, et	land en konge har	29
konkret	som man kan se/ berøre	29
konkurs	når en person eller bedrift ikke har noen penger lenger	38
konsekvens, en	noe som følger av en annen ting; effekt	33
konsekvent	når man bruker samme system hele veien	39
konsentrere, konsentrerte (seg om)	å fokusere på	27
konstruk- sjon, en	her: kombinasjon	Intr.
konsulent, en	en profesjonell rådgiver innenfor et visst fagområde	38

konteeksa- men, en [å]	eksamen man tar igjen når man ikke klarer det på første forsøket	38
kontinental- sokkel, en	den geologiske grunnen/bakken under et lands områder	43
kontrast, en	noe som er helt annerledes	29
kontrover- siell	når noe skaper stor diskusjon, noe folk kan være veldig uenige om	34
konversa- sjon, en	en samtale	36
konvolutt, en	det man sender brev i	33
korridor, en	en gang	29
kort [kårt]	ikke lang	Intr.
korthet, (en)	det å være kort (ikke lang)	34
kostbar	dyr	29
kostnad, en	pengene noe koster	32
kraft, en; mange krefter	styrke	30
krapp	her: skarp	37
kreft, (en)	alvorlig sykdom hvor deler av kroppen vokser uten kontroll	32
kreve, krevde	å forvente (av noen)	30
KrF	forkortelse for Kristelig Folkeparti», et kristelig konservativt parti i Norge	38
krim, en	historie om en kriminell hendelse	40
krimi- nalvakt, ei	en gruppe i politiet som etterforsker kriminelle handlinger	40
krise, en	en vanskelig situasjon	40
kristen	som tilhører til kristendommen	43

247

kristendom-men	religionen stiftet av Jesus Kristus	29
kronglete	uoversiktlig, (for) komplisert, vanskelig	34
ku, ei	dyr som gir melk og kjøtt	31
kulepenn, en	noe man skriver med på papir, vanligvis i blå eller svart	31
kull, (et)	med kull kan man tenne opp ild i peisen, eller få fyr på grillen	43
kun	bare	27
kutte, kuttet	fra engelsk **cut**: å ikke ta med, å fjerne	34
kvarter, et	15 minutter	27
kvinne, ei	ei dame	28
kø, en	ventende personer danner en kø når de står etter hverandre	40
kølapp, en	papir som viser hvilket nummer man har i kø	40
kåpe, en	en frakk for damer	41
la seg gjøre, lot, har latt	å være mulig	Ep.
la, lot, har latt	å gi tillatelse, å ikke hindre	33
laken, et	det som ligger på toppen av senga, mellom kroppen og madrassen	37
landbruk, et	jordbruk; en bonde driver med landbruk	29
landskap, et	natur	29
langs	parallelt med	Intr.
langtidsleie, (ei)	når man leier i en lengre periode, f.eks. 2-3 år	30
lansere, lanserte	å offentliggjøre noe, å si noe offentligt	43

lass: på lasset	i bagasjen; her: info som ikke er viktig, men som bare følger med	34
laste ned, lastet	man kan laste ned filer på Internett (**download**)	39
legevakt, en	døgnåpent legekontor, hvor man kan gå ved akutte helseproblemer	32
legge vekt på	å synes at noe er viktig	30
legitimasjon, en	et papir som viser hvem man er	34
legning, ei	noe som er anlagt i en, som man har en tendens til	36
lei: være lei	å få nok av / for mye av	27
lene, lente/ lenet, ha lent/lenet	å støtte seg på noe når man står eller sitter	37
lenestol, en	en veldig komfortabel stol	27
lengsel, en	en følelse av å ønske seg noe veldig sterkt eller å savne noe veldig mye	36
lesesal, en	rom hvor studenter kan lese	27
levealder, en	tiden fra man blir født, til man dør	35
lide, led, har lidt	å gjennomgå smerter, nød, angst	32
ligge an, lå, har ligget	hvordan ligger det an = hvordan er mulighetene	42
ligne, lignet	å være omtrent lik	33
lignende	som ligner på, som er omtrent som	29
lik	som er nøyaktig slik som	28
likestille, likestilte	å gi like rettigheter til	28

liksom [å]	*egentlig*: på samme måte, som om, nesten; et uttrykk man bruker ofte uten spesifikk betydning, som **like** på engelsk	37
lingvist, en	person som forsker på språk	Intr.
linje, en	strek mellom to punkter	30
liste seg, listet	å gå uten å lage en lyd	37
lit: i siste liten	i siste øyeblikk	37
livnære seg, -næret/-nærte	det man gjør for å ha inntekt og for å kunne betale for alle utgifter man har	39
loff, en	hvitt brød	33
loftsleilighet, en [å]	leilighet rett under taket	30
logikk, en	en tankegang	36
logisk/ulogisk	som man kan forklare / ikke forklare	Intr.
lokaltog, et	tog som også stopper på små steder	27
lomme, ei	«pose» i en bukse	30
lov: være lov	å være mulig ifølge lover og forskrifter; ikke være forbudt	29
love, lovet [å]	*her*: å si at man garantert skal gjøre noe	39
lovlig	å være offisielt mulig ved lov, tillatt	36
lovregule-ring, en	når man tillpasser en lov	40
lufthavn, en	plass hvor fly avgår og ankommer	35
luksus, (en)	varer som man ikke nødvendigvis trenger	43
lukte, luktet [o]	med hjelp av nesen kan man lukte	40
lure, lurte på	å ville vite	27

lurt	når en idé er bra, smart	34	**løsning, ei**	en måte å løse noe på	34	**med det samme**	med én gang	37
lus, ei	veldig lite dyr som man kan ha i håret	32	**løv, (et)**	bladene som henger på trær	37	**medarbeider, en**	en person man jobber sammen med	30
lyd, en	det man kan høre	37	**lås, en**	en lukkemekanisme	40	**medlemskontingent, en**	avgift som medlemmer må betale	40
lydfil, en	et audioklipp	Intr.	**låse, låste**	å stenge med nøkkel	27			
lykke, en	det å være glad, fornøyd	29	**madrass, en**	den myke delen på toppen av senga man sover på	34	**medvirke, medvirket**	å hjelpe / arbeide med	28
lykkelig	veldig fornøyd	27				**meget**	veldig	30
lykkes, lykkes, lyktes, har lyktes	å fungere, å føre til et godt resultat	40	**mager, magre**	(veldig) tynn	37	**megler, en**	en person som formidler salg av boliger	30
			magesår, et	sykdom i magen	32	**meglerhonorar, et**	penger man betaler til megleren (personen som har formidlet boligkjøpet)	30
lyktestolpe, en [å]	lampa i en gatelykt er på toppen av lyktestolpen	37	**majestetisk**	veldig stor og imponerende	29			
lyst, en	noe man har lyst til eller føler seg tiltrukket av	36	**male, malte**	*her*: å lage et bilde	30	**mektig**	som har makt	43
			male, malte	*her*: å dekke med maling eller farge	37	**mel, (et)**	pulver laget av korn, det man trenger for å lage brød	37
lyve, løy, har løyet	å si noe som ikke er sant	35	**mangel, en**	det at man har for lite av noe	32	**melde seg inn, meldte, har meldt**	når man offisielt blir med f.eks. i en organisasjon	38
lærervikar, en	en lærer som ikke har fast stilling	27	**mangfold, et**	stort utvalg av forskjellige alternativer	38			
lærling, en	en person som jobber i en bedrift og blir utdannet der på samme tid	38	**mangle, manglet**	som ikke er der selv om det er nødvendig	Intr.	**melkekartong, en [å]**	forpakning for melk	33
			mangle: det hadde bare manglet	*her*: uttrykk for at man er totalt imot noe	38	**mellomstor**	ikke helt stor, middelstor	40
lærlingplass, en	en stilling f.eks. i en håndverksbedrift hvor man får lite lønn, men praktisk erfaring og dermed en utdannelse i denne jobben	38	**markere, markerte**	gjøre synlig, f.eks. ved å sette strek under eller ved å gi en bestemt farge	Intr.	**menighet, en**	gruppe av folk som går til gudstjeneste og engasjerer seg i aktiviteter organisert av kirken	38
			maskin, en	et apparat	40			
løfte, løftet	*her*: å heve eller bevege opp i lufta	37	**masse**	*her*: mye	41	**mening, en**	noe man kan forstå	Intr.
lønn, en	pengene man får for arbeidet man gjør	35	**mastergrad, en**	en akademisk grad man får etter at man har fullført en utdannelse, f.eks. på universitetet	34	**merke, merket**	*her*: å skjønne	27
lønne, lønte seg	å være finansielt interessant	30				**merkelig**	rar, uvanlig	43
			materiale, et	et emne, et råstoff	41	**metall, et**	f.eks. jern	33
løpe, løpte	å springe, å gå veldig fort	27	**matpakke, ei**	mat man tar med på tur eller spiser i en lunsjpause, f.eks. i et papiromslag eller i en boks	34	**metode, en**	hvordan man gjør noe	31
løse, løste	*her*: å gjøre	Intr.				**middelalderen**	tida mellom 500 og 1500	29
løslate, -lot, har -latt	å sette noen fri	40				**midnattssol, ei**	når sola også skinner om natta	29
			matte	matematikk	30			

migrene, en	sterk hodepine, vanligvis på én side av hodet	32
miljø, et	natur; omgivelsene	33
miljøbevisst	når man tar hensyn til miljøet	38
minibank, en	maskin hvor man kan ta ut penger	34
minus	9 minus 4 er 5	31
misforstå, misforsto, har misforstått	å forstå feil	29
mistenke noen	å formode at noen har gjort noe	40
morgenkåpe, en	klesplagg for kvinner, noe man har på om morgenen	37
morsom	som kan få en til å le	Intr.
moské, en	et islamsk gudshus	41
motivasjon, (en)	det som gjør at man har lyst til noe	31
motivere, motiverte	å gi en grunn til å gjøre noe	38
motsatt	som er helt annerledes; f.eks. er svart det motsatte av hvit	Intr.
motsetning, en	kontrast; f.eks. er hvit motsetningen til svart	27
motstand, en	det å prøve å forhindre noe	33
motta, -tok, har -tatt	å få	43
muligens	kanskje	34
multiplikasjon, (en)	3 ganger 3 er 9 – dette er multiplikasjon	31
munk, en [o]	mann som lever i et kloster	28
muntlig	noe som ikke er skrevet ned	34
mus, ei	lite dyr som jages av katter	32
museum, museet, museer, museene	en bygning med en samling av f. eks. malerier	40
muslim, en	en tilhenger av islam	41
myndighet, en	en offentlig institusjon	28
mysterium, et	hemmelighet, noe man ikke kan forklare	Intr.
mystisk	merkelig, på en hemmelighetsfull måte	34
møbel, (et)	skap, stoler, bord ...	30
mønster, mønstret, mønstre, mønstrene	forbilde, eksempel	41
mørketid, ei	tida når sola ikke skinner i det hele tatt (om vinteren)	29
møte, et	en konferanse	42
måke, måket	å få vekk snø	35
måne, en	om natta ser man ikke sola men månen; et himmellegeme som sirkler rundt en planet	37
måned, en	28-31 dager	Intr.
måte, en	slik man gjør noe	28
nasjon, en	et land	28
nasjonalhelligdom, en	noe som er veldig viktig for hele nasjonen	29
nasjonalsosialistisk	nazistisk	43
naturlig	som er slik man finner det i naturen	29
naturressurs, en	noe som man henter fra naturen	33
NAV	en statlig organisasjon i Norge som formidler arbeidsplasser	38
navn, et	det du heter, er ditt navn	27
nedbør, en	snø, regn osv.	29
nede	på et sted som ligger lavere enn noe annet	36
nederst	lengst nede	37
nedlagt	som ikke er i drift lenger	33
nedlatende	på en måte som ikke er respektfull	36
nedover	når veien fører ned, går man nedover	34
nerve, en	«forbindelse» i kroppen for å føle smerter osv.	30
nestleder, en	personen som kommer etter lederen i en hierarkisk struktur	39
nettside, en	en side på Internett	27
nikke, nikket	å gjøre en bevegelse med hodet som betyr «ja»	37
nokså [nåkså]	ganske	Intr.
nordlig	i nord	28
nordlys, et	lys på himmelen som man kun ser om natta i de nordlige delene av verden	33
nordmann, en	person fra Norge	Intr.
nordpol, (en)	det geografiske punktet som ligger lengst nord på jorda	37
norrøn	som tilhører til den gamle nordiske kulturen	43
NTNU	Norges teknisk-naturvitenskapelige universitet	27
nu	gammeldags form for «nå»	37
nybegynner, en	en person som ikke har lært mye ennå	Intr.
nydelig	fin, velsmakende	34
nyoppusset	som nettopp har blitt renovert	30

nysgjerrig [nysjærri]	som alltid vil lære/ høre noe nytt	32
nytte, (en)	det positive man kan få ut av noe	39
nyttig	som man kan bruke på en bra måte	27
nær: være nær ved å gjøre noe	å nesten gjøre noe	42
næring, en	industri, bransje	29
næringsliv, et	industri, handel og tjenester	33
nødt: være nødt til å gjøre noe	å være tvunget til å gjøre noe	40
nødvendig	som man må ha/ gjøre	Intr.
nødvendig- vis	med nødvendighet	36
nølende	når man venter litt før man gjør noe fordi man er usikker	40
nøye	nøyaktig, med fokus på detaljer	27
nøytral	*her*: uten trykk	33
nåtid, ei	presens	27
nåværende	som er nå, som er aktuell	31
offisiell	formell	40
offisiell [å]	som staten bruker	28
okkupert	et sted er okkupert når man på ulovlig vis besetter det; f.eks. Norge ble okkupert av Tyskland under andre verdenskrig	43
olje, en	bensin består av olje	29
oljeboring, en	det å lete etter olje	33
oljefond, et	man plasserer penger i et fond for å tjene mer	43
oljefri	som er uten olje; *her*: uten oljeboring	33

oljeutslipp, et	det at olje kommer ut i naturen og ska- der naturen	33
oljeutvin- ning, (en)	det å få olje ut av jorden	43
oljevirksom- het, (en)	arbeid med olje	43
om bord	på skipet	29
omformule- re, omfor- mulerte [åm-]	å si på en annen måte	27
omgjøre, -gjorde, -gjort	å forandre til noe annet	38
omkring	rundt	28
omsette, omsatte, har omsatt [å]	å faktisk gjøre noe, f.eks. noe man har snakket eller lest om	34
omsorg, en [åmsårg]	det å sørge for	30
omtenksom [åmtenk- såm]	som tar seg av andre / tenker på andre og hvordan de har det	33
onkel, en	broren til faren/mora eller mannen til tanta	27
operere, opererte	det en lege gjør når hun/han skjærer opp deler av kroppen	31
oppdage, oppdaget [å]	å finne (for første gang, uten å ha vært sikker på at det over- hodet eksisterte)	29
oppdra, oppdro, har oppdratt [å]	å lære opp; å ta an- svar (for et barn)	30
oppdrett, et	stell av dyr (i land- bruk)	28
oppfatte, -fattet	å forstå, her: å legge merke til, å tolke	34
oppfordren- de	f.eks. når man sier noe på en måte som skal motivere noen til å gjøre noe	34

oppføre, oppførte [å]	å oppføre seg dårlig = å gjøre ufine ting, ting man egentlig ikke burde gjøre	31
oppgave, en [åppgave]	øvelse, noe du må gjøre	Intr.
opphisset	irritert	40
oppholdstill- latelse, en	dokument som bekrefter at man kan bo i et land	40
oppkalle, oppkalte	å nevne	43
oppleve, opplevde [åppleve]	*her*: å se	27
opplysning, en	en informasjon	33
oppmerk- som [å]	som følger med	29
oppmerk- som: bli oppmerk- som på	å legge merke til, å bli klar over at det finnes	29
opprette, opprettet [å]	å organisere, å stifte (en organisasjon)	28
oppriktig [å]	ærlig	36
opprinnelse, en	der man kommer fra	Ep.
opprørt	sint/fortvilet	40
oppstå, oppsto, har oppstått	å begynne	28
oppsumme- re, oppsum- merte	å komme til en kon- klusjon	28
oppsumme- ring, en	et sammendrag, en konklusjon	34
opptatt	*her*: ikke ledig	42
opptil	ikke mer enn, den høyeste grensa	35
ordbok, ei; mange ordbøker	bok som oversetter ord fra ett språk til et annet	Intr.
ordenstall, et [å]	første, andre, tredje ...	30

ordentlig [å]	god, skikkelig	27
ordning, en [å]	et system; hvordan noe er ordnet	38
ordtak, et	fast uttrykk, sitat	30
organisa-sjon, en	forening, institusjon	30
organisere, organiserte	å tilrettelegge	28
orke, orket [å]	å tåle, å klare	32
overalt [å]	alle steder	34
overbevise, -viste	å få noen til å innse noe	41
overdreven [å]	som er for mye/for stor ...	40
overhodet [åverhode]	i det hele tatt	28
overleve, overlevde [å]	å leve videre	32
overnatte, overnattet [å]	å tilbringe natta	29
oversette, oversatte, har oversatt [å]	å skrive en tekst på et annet språk; f.eks. oversette fra engelsk til norsk	28
overstått [å]	som heldigvis er over	33
oversvøm-melse, en [å]	når gater eller hus blir fylt med vann, f.eks. etter mye regn eller når vannet i havet eller i ei elv stiger for høyt	37
pakke, pakket	det å legge noe f.eks. i ei eske for å ta det med på reise eller en lengre tur	35
panikk, en	angst; det å være veldig redd	28
paraply, en	en gjenstand man holder i hånda når det regner, for å ikke bli våt	34
parentes, en	dette er parentes: ()	Intr.

park, en	område i en by med trær hvor man kan slappe av	31
parkere, parkerte (en bil)	å la en bil stå	29
parti, et	*her*: en politisk bevegelse som kan velges f.eks. i stortingsvalgene	38
pasient, en	«kunde» på et sykehus eller hos en lege	33
passe, passet	å være på riktig plass	29
passiv	som ikke gjør noe	Intr.
passord, et	en kombinasjon av bokstaver eller tall man trenger for å melde seg på f.eks. en nettside	39
pave, en	den romerske biskopen, «sjefen» for den katolske kirken	43
peiling	anelse, kunnskap (muntlig)	32
peke, pekte	å rette fingeren på noe, f.eks. for å vise det	37
pendle, pendlet	å dra langt til/fra jobb	30
pensjonat, et	et sted hvor man kan overnatte, billigere enn et hotell	29
pensumliste, en	oversikt over bøker en student må lese	27
per [æ]	en pakke per dag = en pakke hver dag, altså sju pakker per uke	32
personell, et [pær-]	de ansatte i en bedrift	38
personlig [pær-]	som er for en konkret person	Intr.
pest, en	sykdom mange mennesker døde av i Europa for 400-700 år siden	28

pils, en	(en type) øl	38
plagg, et	en frakk og ei bukse er eksempler på plagg	43
plan, en	en idé, et prosjekt	30
plassere, plasserte	å legge/sette	29
plast, (en)	kunststoff som ligner på gummi, som man f.eks. bruker for å lage poser	33
plate, ei	ei «skive» med musikk (før man hadde CD)	41
platå, et	fra fransk **plateau**: flatt terreng som ligger høyt oppe	37
pleie, pleide	å hjelpe gamle/syke mennesker med ting de ikke kan gjøre alene	30
pleie, pleide	*her*: å bruke, å ha for vane, gjøre ofte	41
plen, en	område med gress, i en hage eller park	31
plikt, en	noe man må gjøre	30
pluss	og (særlig i matematikk)	31
plystre, plystret	å lage en lyd ved å blåse luft gjennom spissede lepper	37
poeng, et	det viktige, det man må forstå	31
polfarer, en	noen som er med i en ekspedisjon til nord- eller sydpolen	37
politiker, en	en person som driver med politikk	29
politimester, en	sjef i politiet	40
politiover-betjent, en	en ansatt i politiet med lederansvar	40
populær	som folk liker	28
port, en	en inngang	37

252

postkasse, en [å]	boks for brev	30		**påbudt**	som man må bruke	28		**rektor, en**	«sjefen» på en skole eller på universitetet	36
potetskall, et	det som er rundt en potet	33		**pågrepet**	når politiet fører bort en person	40		**relativt**	ganske	27
potetstappe, (en)	puré eller mos laget av poteter	34		**påske, (ei)**	høytiden når kristne minnes hvordan Jesus døde og gjen-oppstod	37		**relevant**	betydningsfull	42
praksis, (en)	*her*: realitet	Intr.						**ren**	vasket/pusset	29
praktisk	enkelt å bruke	Intr.						**rengjørings-middel, et**	noe som en såpe, gjerne flytende, for å vaske/pusse	33
prate, pratet	å snakke, å samtale	36		**påstand, en**	noe man forteller, f.eks. om seg selv, som man ofte ikke kan bevise	34		**renne, rant, har rent**	å flyte, strømme	29
pratsom	som liker å snakke	42						**renovere, renoverte**	å fornye, f.eks. et hus	37
prege, preget	å forme	28		**ramme, rammet**	å treffe hardt	40		**renske, rensket**	å gjøre ren/ordentlig	34
presentere, presenterte [-angtere]	forestille, vise	Intr.		**rappe seg, rappet**	å skynde seg	37		**rente, ei**	penger man får hvis man låner til noen; f.eks. låner du ut 100 kr og får 105 kr tilbake – da har du fått 5 kr i rente	30
				rar	merkelig	Ep.				
presisere, presiserte	å bli mer nøyaktig, å gå i detalj	34		**rasistisk**	som ikke behandler alle mennesker likt	28				
prest, en	«ansatt» i kirken	28		**rasjonering, en**	det at man ikke kan kjøpe så mye man vil, men at staten begrenser hvor mye man kan kjøpe (f.eks. av matvarer, bensin osv.)	43		**reparere, reparerte**	å sette i stand noe som er ødelagt	30
prikk, en	et skrifttegn: et punktum («.»)	37						**repetere, repeterte**	gjenta, gjøre en gang til	Intr.
prikke, prikket	*her*: å berøre kort	34						**repetisjon, en**	når man gjør noe igjen er det en repetisjon	37
prinsipp, et	en fast regel	27								
pris: sette pris på, satte, har satt	å anerkjenne noe som positivt, å være takknemlig for noe	37		**redsel, en**	en angst	41		**resultat, et**	det som følger av noe	Intr.
				redskap, et	et verktøy	30		**rett og slett**	bare, enkelt og greit	41
prolaps, en	ryggskade som er knyttet til sterke smerter i ryggen	32		**redusere, reduserte**	å gjøre mindre	38		**rette, rettet**	korrigere	Intr.
				reell	som virkelig finnes	33		**rettferdig-het, (en)**	når noe er rettferdig, dvs. at det er like fair ovenfor så mange mennesker som mulig; Lovsystemet har som mål å være så rettferdig som mulig	38
pubertet, (en)	perioden når barn blir til voksne	36		**referanse, en**	et sted hvor man kan lete etter noe hvis man trenger det	28				
publisere, publiserte	å gi ut (en bok, tids-skrift osv.)	28		**regelmessig**	som følger regelen	Intr.				
pugge, pugget	å lære utenat	32		**regnskap, (et) [ræjn-]**	(kunnskapen om å føre) en liste over inntekter og utgifter	34				
purregebyr, et	pengebeløp man må betale i tillegg når man ikke betaler regningen innenfor en avtalt frist	37		**rein, en / reinsdyr, et**	dyr som lever i Norden	28		**rettighet, en**	det man har rett til/ på ved lov	38
				rekkefølge, en	struktur (hva som kommer først, og hva som kommer etterpå)	Intr.		**rettskri-vingsreform, en**	reform hvor man forandrer reglene for å skrive	28
pussig	rar	28								
på lasset	i bagasjen; *her*: info som ikke er viktig, men som bare følger med	34		**rekkehus, et**	hus som står ved siden av hverandre, og som er helt like	30		**rev, en**	et rovdyr som er rød–oransje i fargen	39

253

rik	som har mye penger; *her*: hvor det skjer mye	27
rike, et	land (som en konge har)	29
riktignok	dette er riktignok en særegen attraksjon, men ... = selv om dette er en særegen attraksjon ...	29
ringe etter	å bestille (gjennom telefon)	37
risikere, risikerte	å akseptere en risiko	30
riste på hodet	å bevege hodet for å si «nei»	40
riste, ristet	å bevege fra venstre til høyre og tilbake	32
ro, en	det at man ikke beveger seg	33
roman, en	ei bok som består av en lengre fortelling	37
rot, (et)	uorden	41
rot, ei; mange røtter	den delen av en plante som er under jorden	32
rot, en; mange røtter	*her*: grunnlag	28
rusle, ruslet	å gå sakte	29
ryddig	hvor det ikke er rot; ordentlig	30
rygg, en	baksiden av overkroppen	27
ryggsekk, en	sekk (pose) man bærer på ryggen	27
ryke, røk/røyk, har røket	*her*: å bli tatt bort eller utelatt	34
rykte, et	noe man har hørt, men ikke vet sikkert	29
rødme, rødmet	å bli rød i ansiktet, f.eks. når noe er pinlig	36
rømme, (en)	sur fløte	32

rørende	søt, snill; som får en til å gråte	30
røyke, røykte	en sigarett røyker man	28
råde, rådet/rådde	*her*: å gi et råd	34
rådgiver, en	person som har som jobb å gi råd	40
råtten	ødelagt (om mat)	33
sak, en	en ting, et forhold	29
salg, et	det å selge	30
salgs: til salgs	som man kan kjøpe	33
salong, en	rom hvor man kan sitte og slappe av	27
salt, (et)	hvitt stoff man har i maten (natriumklorid)	28
samarbeidsvillig	som gjerne vil hjelpe andre	33
same, en	person fra Nord-Norge, Nord-Sverige eller Nord-Finland som har samisk som morsmål	28
samfunn, et	gruppe av mennesker, gjerne f.eks. i et land	30
samle, samlet	bringe sammen, knytte sammen	29
samme: med det samme	med én gang	37
sammendrag, et	en kort tekst som forklarer hva en annen tekst handler om	Intr.
sammenheng, en	kontekst; noe som hører sammen på en eller annen måte	29
sammenslutning, en	forening	30
samt	og, i tillegg	30
samtale, en	det at to eller flere personer snakker sammen	Intr.

sann, sant	riktig, overenstemmende med sannheten	36
sannsynligvis	ganske sikkert	30
satse på, satset	å gå inn for noe, å stole på noe	34
sau, en	dyr som gir melk, kjøtt og ull	31
savn, et	det som man savner, det som man gjerne vil ha	41
segne, segnet	å kollapse, å falle sammen	37
seile, seilte	å reise med båt	31
seksjon, en	et avsnitt	34
sekund, et	ett minutt består av 60 sekunder	28
selger, en	person som selger artikler	42
selskap, et	*her*: et firma	29
selvsikker	når man føler seg trygg fordi man vet hva man kan	34
sentimental	full av følelser, gjerne melankolsk	33
sentral	som ligger i sentrum	29
sentrum, et	midten (av en by)	29
seriøs	*her*: tillitsvekkende	39
sertifikat, et	et skriftlig bevis, f.eks. på en kvalifikasjon	34
servere, serverte	å gi mat/drikke til (på restaurant)	29
sette pris på, satte, har satt	å anerkjenne noe som positivt, å være takknemlig for noe	37
show, et	en oppvisning som skal underholde	37
side, en	et stykke papir har to sider	Intr.
sigen	trett, sliten	37
sikkerhet, en	trygghet	29

sikre, sikret	å gjøre noe sikkert/trygt	Intr.
sikring, en	innretning i elektriske ledningssystemer som bryter strømmen når den blir for sterk	36
sinne, et	en aggresjon eller opphissende fortvilelse	36
sist: i siste liten	i siste øyeblikk	37
situasjon, en	i denne situasjonen = her	27
sivil-ingeniørstudium, et	studier for tekniske fag	27
sivilstatus, (en)	informasjon om man er (eller har vært) gift og har barn	34
sjarmerende	noe eller noen som har sjarm, er tiltrekkende	34
sjef, en	person som leder flere ansatte i et firma	31
sjokk, et [sjåkk]	en sterk psykisk og fysisk tilstand, ofte når noe som er alvorlig skjer uventet	37
sjøsyk	når man blir kvalm på en båt	37
skade, en	det som oppstår når noe blir skadet eller ødelagt	36
skadelig	som ødelegger, påfører skade	37
skam, skammen	en følelse man har f.eks. når man har en egenskap man føler man ikke skal ha, ofte noe som føles pinlig, feil eller uakseptabelt	36
skamme seg, skammet	å føle skam, f.eks. når noe er pinlig eller når man har gjort noe galt	37
skatt, en	offisiell avgift	38

skeptisk	kritisk, tvilende	27
ski, en	med ski kan man gå på snø	27
skifte, skiftet	å bytte	35
skilt, et	en tavle som viser noe	40
skimte, skimtet	når man knapt kan se noe, når man aner det mer enn man ser det tydelig	37
skinnsko, (en)	sko laget av fell/pels	41
skitten	ikke ren	38
skittentøy, (et)	klær som må vaskes	30
skjelve, skalv, har skjelvet	å dirre	41
skjema, et	noe skriftlig man må fylle ut med informasjon	34
skjenke noe i noe, skjenket	å fylle f. eks. en kopp med kaffe	41
skjev	ikke som en rett linje	37
skjul, et	et sted hvor man kan skjule eller gjemme seg	36
skoleår, et	perioden man går i en klasse, fra august til juni	27
skriftlig	som man skriver	29
skriftspråk, et	språket slik man skriver det	28
skrike, skrek/skreik, har skreket	å rope høyt	36
skritt, et	når du går, setter du én fot foran den andre – det er et skritt	Intr.
skulder, en	forbindelsen mellom overkroppen og armen	34

skulke, skulket	å ikke delta på undervisningen selv om man egentlig skulle vært der	31
skum, (et) [o]	*her*: det hvite øverst i et ølglass	37
skumlese, -leste	å lese fort og unøyaktig, uten å ta inn all informasjon	34
sky, en	når det regner, er det skyer på himmelen	31
skygge, en	når lyset treffer noe så lager det en skygge, f.eks. kan man se sin egen skygge på veggen eller gulvet når man står i lyset	37
skyld: for ... skyld	på grunn av en sak	42
skyldes, skyldtes	å ha til grunn	29
skyve, skjøv, har skjøvet	bevege, dytte	30
skøyte, ei	*her i flertall*: en spesiell type sko man kan gå, løpe eller danse på is med; i entall: også en type båt	36
slag, et	en kamp, en krig	29
slagord, et	et slogan, en kort setning som kan brukes f.eks. til reklame	38
slenge, slengte	å kaste	36
slippe unna	å bli fri fra noe ubehagelig	41
slippe, slapp, har sluppet	*her*: å slutte å holde fast, å gi fra seg	37
slite, slet, har slitt med	å ha problemer med	27
sliten	som vil hvile, som vil slappe av	29
slott, et [å]	en bygning hvor dronninger og konger bor	34

slurk, en	når man svelger noe flytende, tar man en slurk	38
slutt, en	det som kommer sist	34
sløyfe, sløyfet	å ikke bruke, å droppe	31
slå: det slo meg	jeg skjønte plutselig	37
slåbrok, en	en slags jakke for menn som man bruker over pysjen når man står opp om morgenen	37
smekke, smekket	å slå kraftig, her: å lukke døra så det gir en høy lyd	37
smelte, smeltet	når snøen blir til vann, smelter den	35
smykke, et	noe for å pynte seg, f.eks. en ring	33
småord	korte ord	33
småprate, -pratet	å snakke avslappet	41
småting	alle mulige små gjenstander	34
snakk, (et)	når man snakker om noe	36
snekker, en	en håndverker som lager møbler og andre gjenstander av tre	34
snodig	rar, pussig	37
snøfnugg, et	en enkel partikkel av snø; kan sammenlignes med en regndråpe	34
soldat, en	en person i militæret som kjemper for et land når det er krig	43
sole, solte seg	å ligge i sola for å bli brun	27
solidaritet, (en)	et sterkt samhold	43
sorg, en	stor bekymring, dyp tristhet	32

sort	svart (farge)	37
sortere, sorterte	å ordne	33
sosial	som gjelder andre mennesker	30
sosialisme, (en)	samfunnssystem med sentralisert økonomi	32
sosialist, en	person som støtter sosialismen	32
spak	svak, uttrykker i liten grad hva man selv mener	37
sparkebukse, ei	ei lita bukse som også dekker føttene for babyer og små barn	37
spasere, spaserte	å gå, ikke for fort og ofte uten mål	37
spre, spredde	å vokse fra midten utover	29
sprek	i god fysisk form, sterk	41
sprekk, en	en smal åpning	31
sprekke, sprakk, har sprukket	når noe ikke lenger holder sammen; å revne; f.eks. is kan sprekke	37
springe, sprang, har sprunget	å løpe fort	31
språklig	som gjelder språket	28
språkstrid, en	«krig» om språk	28
spøke, spøkte	å tulle, å si ting for spøk (dvs. for å få noen til å le)	32
squash, (en)	*her*: en form for tennis man spiller i et rom hvor ballen blir slengt mot en vegg; *men også*: en type grønnsak	36
stand: være i stand til å gjøre noe	å kunne gjøre noe, å greie noe	41

stanse, stanset	å slutte å gå	37
starte, startet	å begynne, å etablere	28
stat, en	nasjon; *her*: nasjonale myndigheter	30
statsborgerskap, et	nasjonalitet; det å «høre» til et bestemt land	41
statskirke, en	offisiell kirke i et land	29
statsminister, en	sjefen for regjeringen	43
stavelse, en	del av et ord som har én vokal	Intr.
stavkirke, en	typisk norsk kirke av tre	29
stemmeskifte, et	det at gutter får lavere stemme når de er omtrent 13/14 år gamle	32
stige opp, steg, har steget	å bevege seg oppover fra bunnen	37
stigning, en	en vei som fører oppover	37
stikk, et	insekter stikker, med en kniv kan man også stikke	36
stikke innom	å besøke	40
Stiklestad	by i nærheten av Trondheim	29
stilig	elegant, flott	30
stille opp, stilte	*her*: å være villig til å gjøre noe	34
stilling, en	en (arbeids-) plass	42
stilrent	når noe er stilistisk bra, oppfyller estetiske forventninger	34
stipend, et	penger man får av staten eller andre institusjoner for å betale studiet og som man ikke må betale tilbake	38

Ord	Forklaring	Side
stirre, stirret	å se på noe intenst	37
stiv	som (nesten) ikke lar seg bøye	41
Stortinget	det norske parlamentet	28
strand, ei; mange strender	sand ved havet	27
strekke, strakk, har strukket	å rette ut, å gjøre lengre	37
strengt	alvorlig, seriøst	34
stresset	når man har for mye å gjøre, blir man iblant stresset	Ep.
streve, strevde	å ha problemer med å få til noe	38
struktur, en	form	Intr.
stryke, strøk, har strøket	her: å ikke bestå en eksamen	38
strøm, strømmen	elektrisk energi	30
strømning, en	her: en (kulturell) bevegelse	43
studielån, et	et lån til å leve av mens man studerer, som man må betale tilbake når man har avsluttet studiet	38
studieår, et	delen av året hvor kursene holdes på universitetet, vanligvis delt i 2 semestre	36
stum	som ikke lager en lyd eller som ikke er i stand til å snakke	37
styre noe, styrte	å lede noe	43
styrke, styrket	å gjøre sterkere	38
størrelse, en	hvor stort noe er	30
støtte, ei	noe som støtter noe(n)	37
støtte, støttet	her: å hjelpe noen til å holde seg på bena	37
støttelærer, en	en lærer som hjelper elever med spesielle behov	34
sur	her: sint, ufornøyd	38
surre (fast)	å binde fast med tau	37
suvenir, en	en gjenstand man knytter minner til, f.eks. ting man tar med fra reiser eller ting som har personlig verdi	37
svakhet, en	det å være svak	30
svette, (en)	når man beveger seg mye, begynner man å svette, dvs. å transpirere, å miste vann gjennom huden	37
svimle, svimlet	ikke se bra lenger	31
svoger, en	broren til personen man gifter seg med	36
svorsk [å]	blanding av svensk og norsk	28
svovel, (et)	et kjemisk element	43
svømme, svømte	å bevege seg i vannet	29
Syden	Spania, Italia, Hellas …	30
sykehjem, -hjemmet	et sted hvor (ofte gamle) mennesker som trenger hjelp og pleie bor	36
sykkelheis, en	«maskin» for å heve sykler	29
sykle, syklet	å «reise» med sykkel	30
sympatisk	hyggelig	32
symptom, et	hvordan en sykdom vises: f.eks. visse smerter	32
syn, et	her: et perspektiv på eller innstilling til et tema	36
syndelig	når man gjør noe som regnes som synd	36
synge, sang, har sunget	lage musikk med stemmen	Intr.
synke, sank, har sunket	her: å falle nedover sakte; å bli lavere, f.eks.: Kaster du en stein i vannet, så synker den før den når bunnen	37
synlig	det som man kan se, er synlig	34
synsforstyrrelse, en	det at man ser dårlig pga. en sykdom	32
systematisk	nøye gjennomtenkt, med fokus på detaljer, uten å glemme noe	28
særdeles	spesielt	33
særegen	spesiell	29
særs	usedvanlig, spesielt egnet til	36
søkeord, et	et ord som man kan søke på i en database	40
sør	det motsatte av nord	29
sørge for, sørget	å ta seg av	30
sørover	mot sør	31
søt	alt som er av sukker, er søtt; personer: veldig snill eller pen	30
søvne: gå i søvne	når man går mens man sover uten å merke det	37
søvnig	veldig trett, når man nesten sover	37
såkalt	som man kaller	Intr.
såre, såret	å gjøre noe som gjør fysisk eller psykisk vondt	36
T-banefører, en	personen som kjører T-banen	29
ta kontakt med	å ringe / skrive e-post til	30

257

ta vare på	å ikke kaste	37
tak, et	øverste del av et rom/hus	30
takknemlig	som vil takke	30
tale, en	et foredrag, gjerne til en bestemt anledning, f.eks. nyttår	43
tale, talte	å snakke	30
tall, et	1, 2, 3 … er tall	Intr.
tallord, et	en, to, tre …	31
tank, en	en lukket beholder for bensin	40
tante, ei	søstera til mora/faren eller kona til onkelen	31
tape, tapte	å ikke vinne	43
taus	helt stille	43
tegning, en	et bilde, ofte uten farge og gjort med blyant	42
teknisk fag, et	f.eks. fysikk, mekanikk, elektronikk	27
telefonrør, et	den delen av telefonen man holder til ansiktet for å snakke	37
tema, et	noe man kan snakke om	32
tenne, tente	å få noe til å brenne eller å slå på et elektrisk lys	37
tenåring, en	en ung person i alderen mellom (ikke nødvendigvis nøyaktig) 13 og 19 år	36
teoretisk	ikke praktisk	27
teori, en	en idé, hypotese	33
tepose, en	liten papirpose man henger i en kopp for å lage te	27
tid: for tiden	nå	42
tidligere	allerede på et tidspunkt før i tida	34
tidspunkt, et [o]	en tid, f.eks. kl. 17.35	27

tidsrom, tidsrommet	en periode, tid mellom to tidspunkt	35
tie, tidde	ikke å si noe	37
til salgs	som man kan kjøpe	33
til sjøs	på havet	31
tilbringe, tilbrakte, har tilbrakt	å være; han tilbringer ferien i Tromsø = han skal være i Tromsø i ferien	27
tilby, -bød, har -budt	å ville gi noe til noen	42
tilfeldig	ikke planlagt	27
tilfeldighet, et	noe som man ikke har planlagt	31
tilgi noen	å «glemme bevisst» at noen har gjort en feil	42
tilgjengelig	til disposisjon, som man kan bruke	43
tilhøre, tilhørte	å være en del av	29
tillitsvalgt	person som skal representere interessene til de ansatte i en bedrift	38
tilpasse, tilpasset	forandre slik at det passer	Intr.
tilstand, en	situasjon	29
tilsvare, -svarte	å stemme overens med	34
tilsvarende	som er lik	30
tiltale, en	en anklage	40
timevis	en periode som varer over flere timer	38
tips	*her*: når man betaler litt mer enn man må, f.eks. til servitøren i en restaurant	34
tips, et	et råd, litt hjelp	29
tittel, en	et navn på noe man skriver (f.eks. ei bok), en overskrift	34
tiår, et	en periode på ti år (f.eks. 2000-2010)	39

tjenesteytende	som selger tjenester, f.eks. advokater, frisører …	29
tolerant [å]	som aksepterer andre, også når de har f.eks. en annen religion, andre meninger osv.	28
tolk, en [å]	en person som oversetter muntlig fra et språk til et annet språk	40
tollkontroll, en [tåll-]	ved ei grense kontrolleres om man forsøker å importere mer av en vare (f.eks. alkohol eller tobakk) enn man har lov til	38
tomatsaus, (en)	(tykt)flytende blanding med forskjellige ingredienser (i dette tilfellet tomater) som serveres til mange matretter	37
tommelfingerregel, en	en grov, ikke altfor nøyaktig regel	34
topp, en [å]	øverste del av et fjell	33
topplue, ei	ei spesiell lue	43
torg, et	plass midt i en by	29
tosk, en	dumt menneske, idiot	38
total	fullstendig	27
tradisjonell	slik det har vært lenge	28
tragisk	veldig trist	43
tran	fett av fisk	32
tre, et; mange trær	stor plante	32
trekke i trådene	å kontrollere, evt. uten at andre skjønner det	43
trekke, trakk, har trukket	å dra; *her*: å ta betalt	40
trinn, et	ei trapp består av flere trinn	37

trivelig	hyggelig	36
trussel, en	noe som kan ødelegge noe; en fare	33
trygghet, (en)	når man føler seg sikker og trygg	37
trykk, et	aksent, det å legge vekt på	33
tryne, et	et ansikt eller en munn, *her*: på et menneske, men vanligvis uttrykk for ansiktet på en gris	37
trøtt	som vil sove	29
tråd: trekke i trådene	å kontrollere, evt. uten at andre skjønner det	43
tuberkulose, (en)	alvorlig sykdom mange døde av før; gjerne knyttet til kronisk hoste	32
tull, (et)	noe som ikke gir mening, som er dumt	38
tur, (en)	*her*: plass i en rekkefølge	40
tur, en	en reise	40
turbulent	i bevegelse, kaotisk	43
turistforening, en	«klubb» for turister	29
tvers	som går vinkelrett på lengderetningen	41
tvil, en	når man ikke er sikker på noe	34
tvile, tvilte på	å være usikker på	27
tvilling, en	bror/søster som er nøyaktig like gammel	30
tvinge, tvang, har tvunget noen til	å kreve noe av noen (uten å gi ham/henne et valg)	30
tydelig	klar	28
tydeligvis	åpenbart	31
tynn	mager	41
tyv, en	person som stjeler noe	40

tøff	fra engelsk **tough**: hard, modig, slitsom	34
tømrer, en	person som feller/ skjærer ned trær i skogen	40
tørke, tørket	å gjøre tørr	28
tørketrommel, en	maskin for å tørke klær etter vask	30
tørre; jeg tør/turte/har turt	å ikke være redd for eller å ha mot til å gjøre noe	34
tørst	når du vil drikke	28
tøye, tøyde	gjøre lengre/større	Intr.
tå, ei; mange tær	del av foten (man har fem tær på hver fot)	31
ubehagelig	som ikke er fint, som man ikke liker	32
uendelig	som ikke slutter	28
uenig	som mener noe annet	Intr.
ufaglært	som ikke har en yrkesutdannelse	40
uforklarlig	når man ikke har noen forklaring på noe	37
uheldig	ikke lykkelig	29
uhøflig	ikke høflig	31
ukritisk	uten å tenke nøye over noe	34
ulempe, ei	noe som gjør at et alternativ er verre enn et annet	38
ulik	som er annerledes, som ikke er lik	40
ulovlig	å ikke være offisielt mulig ved lov	40
umiddelbar	straks, nå	30
underskrive, -skrev, har -skrevet	å skrive sitt navn f. eks. under teksten på et dokument	43
understreke, understrekte	å sette strek under	28

undersøke, undersøkte	å granske	29
undervise, underviste	gi opplæring i	Intr.
undervisning, en	kurs, skole	28
undre, undret	å lure på	30
ungdom, en; ungdommen	*her*: et ungt menneske	36
ungdom, en; ungdommen	det å være ung	29
union, en	en forening, et forbund	40
unna	bort fra	29
unna: slippe unna	å bli fri fra noe ubehagelig	41
unntak, et	noe som ikke følger regelen	Intr.
unødvendig	som man ikke trenger	Intr.
upopulær	som folk ikke liker	28
uregelmessig	som ikke følger regelen	Intr.
urolig	ikke rolig	32
utallig	veldig mange	36
utdannelse, en	det man lærer for å være i stand til å utføre en jobb	38
utdanning, ei	se «en utdannelse»	38
utdrag, et	en liten del av en lengre tekst	36
ute: være ute etter	å ville ha noe, å prøve å få noe	38
utelivsby, en	en by hvor man har mange muligheter for å gå ut om kvelden	29
utenat	som man kan så godt at man ikke behøver å lese det	Intr.

utenlandsk	som er fra andre land enn det man bor i	38
utenom	utenfor, ikke en del av det som er innenfor	36
utested, et	en restaurant, en bar, en klubb osv.	27
utestenge, -stengte	å holde utenfor	36
utfordring, en [å]	en vanskelig oppgave som kan hjelpe deg å lære noe	Intr.
utgang, en	dør hvor man går ut	29
utgangspunkt, et	plassen hvor noe begynner	29
utgave, en	en versjon av en bok	Intr.
utgift, en	noe man betaler	30
utgjøre	å danne	33
utleier, en	person som eier en leilighet, og som leier den ut til en annen	30
utlending, en	noen som er statsborger i et annet land	38
utlyse noe, utlyste	å informere om at noe er ledig, f. eks. en stilling	42
utmerket	veldig bra, bemerkelsesverdig	34
utover	*her*: mer eller lenger enn noe, f.eks. mer enn det som er vanlig	34
utstyr, et	maskiner eller andre ting man bruker for å gjøre eller lage noe	35
utstøte noen, utstøtte, har utstøtt	å utelukke noen; f.eks. fra et samfunn der vedkommende hadde vært medlem	43
uttrykk, et	to eller flere ord som man gjerne benytter sammen	Intr.
uttrykke, uttrykte	å si	29

utvikle seg, utviklet	å endre seg, å bli til noe annet; f.eks. barn utvikler seg når de blir store, eller en situasjon kan utvikle seg fra morsom til alvorlig	34
utvikling, en	måten ting forandrer seg på	38
vaffel, en	bakst man steker	27
vakker	pen, fin	28
valg, et	noe man velger	27
vandre, vandret	å gå (på fjellet)	29
vanlig	normal	27
vanne, vannet	å gi vann	36
vannrett	horisontal	37
vare, en	noe man kan kjøpe	39
vare: ta vare på	å ikke kaste	37
variant, en	en alternativ mulighet	36
variere, varierte	å bli mindre og større	30
ved, (en)	*her*: tre som man brenner for å varme opp huset	
vedlagt	som følger med (ved brev, pakke eller e-post)	42
vedlikehold, et	det å opprettholde, reparere	30
vedta, -tok, har -tatt	å akseptere	40
vegansk	når man ikke spiser, drikker eller bruker produkter som er laget av dyr	38
vekk	bort	40
vekke, vekket	få til å våkne	41
vekst, en	det å bli større	29
vekt, en	det man veier, f.eks. 65 kg	30

vekter, en	person som jobber i sikkerhetstjeneste	40
velferdsstat, en	en stat som sørger for den sosiale velferden til innbyggerne, som betaler f. eks. for utdannelse eller helse	40
velge, valgte, har valgt	bestemme seg for	Intr.
velkjent	som mange kjenner	29
velkomst, en	hilsen man får når man ankommer	30
velmøblert	med gode møbler	30
velte, veltet	falle til en side	30
vende seg (tilbake), vendte	å snu seg (tilbake) til noen eller noe	40
vennlig hilsen	avslutning av et formelt brev eller e-post	42
veranda, en	et tilbygg på et hus, et sted hvor man kan sitte ute	39
verden, (en)	planeten vi bor på	Intr.
verdenskrig, en	krig 1914–1918 eller 1939–1945	30
verdt: være verdt noe	å ha en viss verdi	36
verksted, et	stort rom med verktøy hvor man kan reparere/bygge ting, f.eks. hos en bilmekaniker eller snekker	33
vern, et	en beskyttelse	39
verneplikt, en	obligatorisk tjeneste i militæret	29
vernisasje, en	en åpning til en utstilling	38
vers, et	en strofe	41
versjon, en	variant	Intr.
vertsforeldre	foreldre i familien hvor au pair bor	30
verv, et	en oppgave	34

Fasit

Øvelser som ikke har fasit, kan du få rettet av en av våre lærere.
For mer informasjon ta kontakt med info@skapago.eu.

1-4

Erna har laget en bursdagsgave til Susanne. Det er en nisse. Men Susanne liker ikke nissen. Hun er skuffet, for hun vil heller ha en smarttelefon. Hun leker litt med nissen – som heter Nils – men slutter fort igjen.

5

Hun bor ikke sammen med dem.
«Jeg vet ikke.»
«Vil du ikke lete ett er han/ham?»
«Nei, egentlig ikke. Jeg er ikke glad i ham/han.»
«Det er synd. Jeg liker Nils.»
«Du kan gjerne ha Nils. Jeg vil heller ha en smarttelefon.»
«Susanne, du må ikke være frekk. Erna har ikke penger til den. Det er hyggelig av henne å gi deg en nisse. Men han kan være på kjøkkenet sammen med meg.»
Susanne henter Nils og gir han/ham til mora.
«Bra. Nå vil jeg se på TV med dere. Per, vil du se på TV med oss?»

6

Klokka er seks. Familien **spiser** frokost.
«Mamma! Nils beveger seg!» roper Susanne.
Nils er skremt. Han sitter helt rolig nå.
«Susanne, **nå** tuller du.»

«Nei, jeg ser det!»
«Susanne, nå er det nok. Jeg vil ikke **høre** en dum historie», **sier** faren.
En dum historie? Nils er sjokkert.
Han lever ikke? **Hvorfor** tenker Lars, Lise og Per det? Det er bare i Susannes fantasi, tror **de**.
Men det stemmer ikke. **Selvfølgelig** lever han.
Endelig er familien ferdig med frokosten. Nå kan han **slappe** av og bevege seg igjen.

7

for eksempel:
arbeid → jobb, ønsker → vil, skremt → redd, svært → veldig, beklager → unnskyld, er → heter, møte → treffe, er → kommer, forstår → skjønner.

8-9

a) den hyggelige mannen
b) det korte livet
c) den røde genseren
d) det alvorlige problemet
e) de varme dagene
f) den store boka/boken
g) de tjukke skjerfene
h) den viktige tingen
i) den varme koppen
j) de dårlige grønnsakene
k) det gode brødet
l) de grønne jakkene
m) den unge læreren
n) den gamle jakka/jakken

en viktig ting – menneskene* – barn – en viktig avtale – bamser, nisser og dukker – en bursdag*** – en bursdag*** – en bursdagsgave** – en nisse – nissen – en gave.
***Mennesker** er også mulig hvis du mener absolutt alle mennesker.
****Bursdagsgaven** er også mulig hvis det er klart at Erna bare gir én gave til Susanne og ikke flere.
***** **Bursdagen** kan være riktig hvis det er klart hvilken bursdag du mener.

10

senga si – brystet hans – magen min

11-12

var – smilte – bodde – dro – møtte – sto – spurte

13

har nettopp drukket – var – var – var – la – har aldri snakket – har alltid ventet – har aldri snakket – var – har aldri stilt – var – har hun levd – har snødd

14

Natten har vært tung. Nils har følt seg

veldig syk. Men nå er han mye bedre.

Det er ganske sent. Nils hører verken Lars eller barna, de har gått på skolen og på jobb. Bare Lise er hjemme. Hun kommer inn i rommet og ser på Nils.

Med et fast grep tar Lise ham, går inn i stua, setter seg på sofaen sammen med Nils og slår på TV-en.

15-17

fantastisk – høyt – lang – små – lang – stor – fantastisk – slikt – fine – god – fantastisk – fint – kort – trang – lange – små – røde – typisk – lange – høye – små

18-19

Erna er stolt. Hun har ringt Hege. Nå vet Hege alt. Hun har alltid gjettet noe, men nå har de snakket om det. Erna gråt i telefonen, men Hege forsto henne veldig godt. Hege har invitert Erna til Tromsø med en gang. Etterpå ringer Erna sin datter Lise. Emil sitter ikke langt fra telefonen og hører hele samtalen. Om kvelden, når hele familien allerede sover, går han inn på kjøkkenet for å snakke med Nils.

«Nils! Jeg vet hvordan du kan komme deg til Tromsø.»

«Aha? Har du fått en idé?»

«Nei, ikke direkte. Men tenk deg, Erna har ringt. Hun har snakket med Lise, og hun skal reise til Tromsø om ei uke. Det er sikkert en god idé å bli med henne. Da er det heller ikke så farlig. Dersom hun finner deg på reisen, kan du være sikker på at hun tar deg med tilbake igjen.»

«Det høres bra ut. Men Emil, hva gjør jeg hvis jeg har et spørsmål på reisen? Jeg kommer til å være helt alene!»

Emil sitter og tenker et lite øyeblikk. Men så står han opp, går ut av kjøkkenet og åpner veldig, veldig forsiktig døra til Pers rom. Han går inn i det mørke rommet. Etter en stund kommer han ut igjen med to små grå apparater i hånda. Han gir ett av dem til Nils.

«Hva er dette, Emil?»

«Dette er en mobiltelefon. Når du tryk-

ker på denne knappen, tar jeg telefonen med en gang, og så kan du snakke med meg uansett hvor du er.»

«Ja, men Emil, dette er jo Pers mobiltelefoner. Vi kan ikke bare ta dem.»

«Jo, det kan vi. Han har hele skapet fullt av mobiltelefoner. Han må jo stadig ha den nyeste telefonen. Så han savner sikkert ikke disse to gamle telefonene.»

«Det betyr at jeg alltid kan snakke med deg når jeg vil? Det er jo helt fantastisk.»

20

- Før Erna reiser til Tromsø, vil hun besøke Lise.
- Erna ser Susanne som allerede sitter ved bordet.
- På kjøkkenet står Lars og tar en kasserolle fra komfyren. / Lars står på kjøkkenet og tar en kasserolle fra komfyren.
- Erna vil spørre Lise om Nils mens Susanne ikke hører henne.
- Men hun kan ikke finne Nils.
- Etter en stund kommer hun tilbake og sier lavt:

21

den tåpelige papirlappen – den første lappen – denne boka – en liten papirlapp – familien – idiotiske papirlapper – familie – arbeid – en hyggelig overraskelse – leiligheten

22

var – spiste – klatret – sto - ble – kunne – dro – åpnet – tok – gikk – kom – hørte – begynte – syntes – la – gikk – la – hørte – sov – klatret – skjulte – sovnet

23

kjører – seg – av – tar/varer – av – vil – i/inni – er – han

24

Erna har sovet veldig **godt**. Hun tar bort

gardinen fra det **lille** vinduet sitt og ser ut. Sola skinner. Det må være **varmt** ute. En fantastisk dag! Hun står opp, pusser tennene og vasker **seg**. Så banker det på døra igjen. Konduktøren gir henne frokosten **hennes**.

Hun er akkurat ferdig med frokosten da toget stopper. Erna og Nils er **i** Trondheim.

25

legger – til – enn – spør – lang – til – sin – Den – over – før – inn – for – av

26

Endelig er klokka 12, og Hurtigruta er klar for avgang. Langsomt beveger den store båten seg fra kaia og ut fjorden. Erna er begeistret.

Nils er imidlertid ikke begeistret. Han har sittet ved lugarvinduet hele formiddagen. Men båten lå ved kaia, så han så bare det stygge kaiområdet. Da Erna kom tilbake, måtte han selvfølgelig klatre inn i kofferten, så han ser ingenting nå som båten går fra Trondheim. Nå er han alene igjen, for Erna spiser lunsj.

Nils har en idé. Han vet at det er farlig, men idéen er likevel fristende: Burde han kanskje prøve å komme seg ut av lugaren? Hva er det verste som kan skje? Hva skal han gjøre hvis noen ser ham?

Skipet er stort. Det er sikkert mange muligheter for å skjule seg.

Han åpner døra forsiktig. Gangen er helt tom. Han kan ikke se noen. Nils nøler litt – men så tar han sjansen.

27

Høyskole og Universitet

forelesningen – Høyskolen – biblioteket – pensumslisten – fagene – klassen – kantina – eksamen – lesesalen – studentliv – hybelen

Kristian har glemt to ting: På biblioteket ville han ikke bare levere bøker, men også hente nye bøker, og han må registrere seg for å kunne gå opp til eksamen.

1
nye – eget – egne – nye, dyre – viktige – eget – nye – egne – egen – store – gode – egen, dumme

a) Den nye kjæresten til Kristian heter Karina.
d) Martin vil sikkert vise frem det nye dyre huset sitt.
e) Er du ikke interessert i det viktige arbeidet vårt?

2
Del 1
ser – funnet – slått – satt – sitter – får – vil – gjør – skriver – vil (*eventuelt* skal) – kommer – kan – må – treffer – sitter – lurer – driver – spør – sier – vet – skal – forstått – foretrekker – er – tar – bærer – går – bedt – skal

DEL 2
så – hadde nettopp funnet – hadde slått – hadde satt – satt – fikk – ville – gjorde – skrev – ville (*eventuelt* skulle) – kom – kunne – (var) – måtte – traff – satt – lurte – drev – spurte – sa – (chattet) – visste – skulle – hadde aldri forstått – gjorde – foretrakk – var – tok – bar – gikk – hadde hun bedt – skulle

3
I år – i fjor sommer – i sommer – i vår – i fjor – til høsten / i høst

4
For ti minutter siden – for fem år siden – siden (dette / den gang / da) – ved siden av jernbanestasjonen – siden – siden kl. 14.00.

5
Per vil gjerne reise til Paris, men han har dessverre ikke råd til det.
Fordi det er dårlig vær, har vi ikke lyst til å gå på fjelltur.
Mens Kristian venter på bussen, leser han avisa.
Hvis du går til butikken, må du ikke glemme å kjøpe melk og smør.
Før jeg drar til bursdagsfesten, må jeg kjøpe en gave.
Du kan ta Hurtigruten for å reise til Tromsø, eller du kan også ta fly.
Selv om det alltid er mye snø om vinteren, har vi aldri gått på ski.
Da jeg endelig kom hjem, hadde du allerede lagt deg.
Siden alle er på ferie, har jeg ikke så veldig mye å gjøre på jobben.
Når vennene mine kommer på besøk, får de alltid vafler og kaffe.
Jeg har besøk av bestemora mi, så jeg kan dessverre ikke være med på hytteturen.
Lise har løpt til jernbanestasjonen, så hun rekker toget.
Barna må ta på seg tjukke jakker så de ikke fryser.
At Anne faktisk er veldig glad i ham, merket han fort.
Martin kom for sent til norsktimen for han stod ikke opp da klokka ringte.
Du husker vel ikke om huset hele tida har vært rødt.
I går lå vi på stranda hele dagen, og i dag skal vi gjøre akkurat det samme.

28
Bokmål, nynorsk og dialekter
- Ivar Aasen døde i 1896, men ikke fordi han hadde falt over ordboka si.
- Det er ikke riktig at skolene bare bruker nynorsk. Skolene i Norge bruker både bokmål og nynorsk.

2
Kl. 12.00: Anne og Hilde snakker i telefonen.
Kl. 15.00: Hilde er hos tannlegen.
Kl. 16.40: Anne ankommer med toget.
Kl. 16.50: Hilde er på kaféen og bestiller en cappuccino.
Kl. 17.00: Anne er også på kaféen.
Kl. 18.00: De betaler og går.
Kl. 18.35: Annes tog går.
Kl. 18.45: Hilde er hjemme.

3
for eksempel:
a Du må ikke miste billettene.
b god.
c så/deretter/etter det
d Denne dagen er så vakker!
e fortsatt/ennå
f Jeg har ganske mye å gjøre./Jeg har ganske lite tid.
g Kan du sende meg saltet?
h Har du nok penger til å kjøpe denne bilen?
i Mellom kl. 15 og kl. 16 spiser jeg middag.
j Jeg har smerter i magen.
k Kan du si det en gang til?
l ikke mange
m Det bor færre mennesker i Stavanger enn i Trondheim.
n Ei lett jakke er nok når du reiser til Italia.

4
for eksempel (det finnes mange andre muligheter også):
I en lugar kan man sove.
En kaffe kan man drikke.
Man kan ta på seg en skjorte.
Man kan åpne et vindu.
På et kjøkken kan man lage mat.
Med en mobiltelefon kan man skrive SMS.
Man kan lære noe på en skole.
Man kan sitte ved et bord.
En koffert kan man pakke.
Man kan leke med en bamse.
Man kan spise med ei gaffel.
Man kan søke en jobb.
En regning kan/bør/skal man betale.
Man kan henge klær i et skap.
Et spørsmål kan man besvare.

29
Geografi og økonomi
1 riktig
2 galt, bare 1,2 millioner mennesker bor i Oslo og Akershus, men omtrent halv-

parten av den norske befolkningen bor
   på Østlandet

3 riktig

4 galt; det finnes jernbane til Narvik, men
   den har bare forbindelse til Sverige.

5 galt; olje er den viktigste eksportartik-
   kelen for Norge, men fisk er fortsatt
   meget viktig.

6 riktig

7 galt, bare omtrent 5%

8 riktig, nesten 75%

9 galt; det er verken midnattsol eller
   mørketid sør for Bodø. Men i Tromsø er
   det midnattsol to måneder per år og
   mørketid to måneder per år.

10 galt; ved kysten blir det sjelden veldig
   kaldt. I Tromsø er det sjelden kaldere
   enn -10 grader, men inne i landet (f.eks.
   på Hamar) kan det bli meget kaldt om
   vinteren.

11 galt; men fram til 2012 var det riktig

12 galt; det er motsatt: bare 10% går i
   kirken minst én gang per måned, men
   nesten 90% er medlem i Den norske
   kirken.

13 riktig

14 riktig

15 galt; et fylke består av flere kommuner
   (med unntak av Oslo, som er både fylke
   og kommune)

16 riktig

17 galt; det tar 27 timer hvis man kjører
   gjennom Sverige og Finland og 36
   timer hvis man kjører gjennom Norge.

18 riktig

19 riktig

20 riktig

21 riktig

Hvilken norsk by er dette?

1 – Stavanger

2 – Tromsø

3 – Oslo

4 – Bergen

5 – Trondheim

1a

Det drikkes gjerne et glass vin til maten.
Det blir gjerne drukket et glass vin til
   maten.
Bagasjen hentes ved utgangen.
Bagasjen blir hentet ved utgangen.
Derfor selges den gamle bilen.
Derfor blir den gamle bilen solgt.
Pengene gjemmes under senga.
Pengene blir gjemt under senga.
De fleste bøkene leses om vinteren.
De fleste bøkene blir lest om vinteren.
Erna vises hotellrommet.
Erna blir vist hotellrommet.
Kofferten bæres opp til rommet.
Kofferten blir båret opp til rommet.

1b

Ishavskatedralen kan sees allerede en halv
   time før ankomst.
Bøkene ble lagt på bordet.
Rommet måtte ryddes.
En papirlapp har blitt sydd inn i ryggen til
   Nils.
Siden buksa er for lita, må den byttes i
   butikken.
Fra fjellet nytes den flotte utsikten mot
   havet.
En kake ble bakt til bursdagsfesten.
Frokost ble spist på en liten kafé.
Brevet fra banken har ennå ikke blitt
   åpnet.
Kjøkkengulvet måtte vaskes etter maten.
Lommeboka hennes har blitt stjålet.
Koppene ble satt på kjøkkenbenken.
Den kalde vinden kjennes i ansiktet.
Trafikken burde passes på når gata
   krysses.

2

hørsel
galskap
følelse
håp
flytting
bedring
bærbar
kunnskap, matlaging
kjennskap, brødbaking
ølsmaking
Mating
åpning

bestillingen, bekreftelsen, bestemmelsene
tidlig
barndom, sykdom
landskap
livlig

3

ei ulykke
misfornøyd
misforstår
umulig
mislykket, uspiselig

4

skriflig, skrift → å skrive
leder, ledelse → å lede
lek → å leke
tjeneste → å tjene
søknad, søker → å søke

5

legge, la, lå, sovnet, sov

30
Viktige uttrykk for deg som vil bo i Norge

1 bokollektiv

2 depositum

3 borettslag

4 bygård

5 enebolig

6 dokumentavgift

7 rekkehus

8 sokkelleilighet

9 megler

10 hvitevarer

11 offentlig kommunikasjon

Familieliv

Du må alltid jobbe om kvelden. / Du er
   alltid forpliktet til å jobbe om kvelden.
Jeg synes at / Jeg får inntrykk av at / Det
   virker som om foreldrene ikke ønsker å
   bruke tid og krefter på omsorg for sine
   eldre.
Det moderne samfunnet forventer jo mye
   av et individ.
   Det betyr mye for deg å ha kontakt

med familien din.

Jeg synes at det å bli dratt mellom jobben og familien er vanskelig.

De sørget for meg da jeg var liten / under barndommen / under oppveksten.

1
a) lenger
b) lengre
c) lengre
d) lenger
e) lenger
f) lengre
g) lengre
h) lenger

2
Jeg vet ikke ..., Jeg lurer på ...
a) ... hvem som jobber her.
b) ... hva han spiser.
c) ... hva det er.
d) ... hvem som eier dette huset.
e) ... hva du driver med.
f) ... hvem du har invitert.
g) ... hva som skjer i Bergen.
h) ... hva tomatene koster.
i) ... hvem som kjører bilen
j) ... hvem som er forelsket i deg.
k) ... hva som er dyrest.
l) ... hvem jeg kan spørre om hjelp.
m) ... hva du sier.
n) ... hvem vi kan stole på.

3
a) Jeg vet ikke når festen begynner – kanskje kl. 20.
b) Kari var fem år da broren hennes ble født.
c) Hvis vårt fotballag vinner, blir det fest.
d) Hvis det blir dårlig vær i morgen, tar jeg bussen til jobben.
e) Jeg tar alltid bussen når det regner.
f) Men jeg vet ikke om det kommer til å regne i morgen.
g) Hvis/når du ikke tar på deg lue, kan du bli forkjølet.
   (Avhengig av hva du vil si: hvis du ikke tar på deg lue – men kanskje tar du på deg lue / når du ikke tar på deg lue – for jeg

vet at du kommer til å glemme å ta på deg lue før eller senere)
h) Når jeg begynner å male, forsvinner jeg i min egen verden.
i) Kan du spørre Per om han kommer i kveld eller ikke?
j) Hvis han kommer, må vi ha et større bord.
k) Da Kari kom inn, ble alle plutselig stille.
l) Når jeg blir voksen, vil jeg ha en stor bil.
m) Hvis bilen er for dyr, kan jeg ikke kjøpe den.
n) Det er usikkert om jeg kommer til å tjene så mye.
o) Jeg vil også reise mye hvis/når jeg har tid.
p) Da jeg gikk på barneskolen, bodde vi i Nord-Trøndelag.
q) Når vi hadde sommerferie, dro vi alltid til Syden.
r) Når vi kom tilbake, måtte jeg alltid på skolen igjen.
s) Når jeg har ferie neste gang, skal jeg ikke reise med familien.
t) Jeg vil nemlig reise med vennene mine hvis de har råd.

4
andre – fjerde, sjuende/syvende – femte, sjette – åttende – attende – tiende – ellevte

31
1
a) Det er vi som skal dra til Italia i sommer.
b) Det er i sommer vi skal dra til Italia.
c) Det er du som må bake ei kake i morgen.
d) Det er Ola som har kjøpt seg ny bil.
e) Det var Hanne som flyttet til Kristiansand.
f) Det er denne øvelsen jeg har gjort.
g) Det var i går det snødde.
h) Det er de gode elevene som klarer denne oppgaven.
i) Det var det jeg så på TV.
j) Det var en hund som ødela skoene mine.

2
Jeg har en ganske stor familie. Du kjenner sikkert mine to søstre, Hanne og Martha. De går på den skolen hvor kjæresten min underviser. Det er en morsom tilfeldighet.

I dag har mange foreldre bare ett eller to barn, men for noen år siden var det helt vanlig å ha flere barn. I 1960 hadde norske kvinner tre barn – i gjennomsnitt! Faren min har for eksempel fire søsken - to brødre og to søstre. Min mor har to brødre, men ingen søster/søstre.

Mange nordmenn flytter i dag til de store byene. Min familie er et godt eksempel: Besteforeldrene mine bodde på små øyer i Nord-Troms. De arbeidet som fiskere og bønder. Dette var ganske typisk i Norge for mange år siden – man sier også at de var fiskerbønder. De hadde en liten åker, noen trær, kanskje to eller tre kuer/kyr, noen sauer og selvfølgelig en båt.

Dette livet var ganske hardt. Arbeidet til sjøs var farlig. Den ene bestefaren min, altså min morfar, skadet f.eks. begge knærne og mistet to tær og tre fingre. Den andre bestefaren, altså farfaren min, var litt heldigere. Han mistet noen av tennene sine og hadde litt vondt i føttene sine da han ble gammel, men ellers gikk det bra med ham. Bestemødrene hadde begge litt problemer med øynene sine.

I dag bor foreldrene og søstrene mine i Tromsø, men alle mine onkler og tanter har flyttet sørover. De har fått helt andre jobber – neste alle arbeider på moderne kontorer/kontor i Oslo, Bergen eller Trondheim.

Før i tida var det heller ikke normalt at kvinnene arbeidet utenfor huset. Da foreldrene mine var små, jobbet mødrene deres hjemme. I dag er det jo mer normalt at barna går i barnehage(n). Når de derimot er veldig små, er det gjerne faren/fedrene som er hjemme med dem i noen måneder. Mine to fettere fikk for eksempel ei datter hver i fjor, og da valgte de begge å være hjemme hos døtrene sine, mens konene deres gikk ut i arbeid.

3

for eksempel:

Mange nordmenn ble sjokkert da de leste om Utøya-attentatet på Internett.

Erna har gitt Nils i bursdagsgave til Susanne.

Sjefen sier at jeg må ta meg av alle kundene i Sør-Trøndelag, Hedmark og Oppland.

Kan jeg låne et par bøker?

Jeg må operere på kneet mitt – jeg kan nesten ikke gå lenger.

I dag klarte jeg å løse alle oppgavene i dette kapitlet.

4

a) Det venter en kvinne på perrongen.
b) Det ble bygget et hus på øya.
c) Det står en mann på balkongen.
d) Det seiler en båt på fjorden.
e) Det ligger en butikk rundt hjørnet.
f) Det står en bil parkert bak huset.
g) Det sitter en mann i bilen og røyker.
h) Det arbeider noen menn på plenen.
i) Det har akkurat stoppet en buss ved holdeplassen.
j) Det kommer en ung mann og spør etter veien.

5

Kommer ikke Erna på besøk i kveld?
Kommer hun ikke på besøk i kveld?
Arbeider du ikke i dag?
Når arbeider ikke Erna?
Bor du ikke i Oslo?
Bor ikke kjæresten din i Oslo?
Er du ikke norsk?
Er ikke Marthe norsk?
Liker ikke Christine bananer?
Står ikke dette huset i Kristiansand?

32

1

en ungdom, ungdommen, mange ungdommer, ungdommene
en bensinstasjon, bensinstasjonen, mange bensinstasjoner, bensinstasjonene
et vennskap, vennskapet, mange vennskap, vennskapene
en opplæring, opplæringen, (mange opplæringer, opplæringene)
en informasjon, informasjonen (mange informasjoner, informasjonene)
en teknikk, teknikken, mange teknikker, teknikkene
en resepsjon, resepsjonen, mange resepsjoner, resepsjonene
en kostnad, kostnaden, mange kostnader, kostnadene
en grammatikk, grammatikken, mange grammatikker, grammatikkene
en barndom, barndommen, mange barndommer, barndommene
et svangerskap, svangerskapet, mange svangerskap, svangerskapene

3

Han er lei av å prøve å gå på ski.
Hun er lei av å krangle med kjæresten sin.
Barna er lei seg fordi ferien snart er over.
Jeg er lei av å se på den dumme TV-serien. / Jeg er lei av den dumme Tv-serien.
Kristian er lei av å skrive søknader.
Du var lei av å lese til eksamenene.
Nå er du lei deg fordi du tror at du kommer til å stryke på eksamenene.

4

a) Jeg vil ha begge deler.
b) Jeg møtte begge to.
c) Anne kjøpte begge deler.
d) Det var begge to som fikk Nils i gave.
e) Dattera mi drikker begge deler.
f) Jeg liker å gjøre begge deler når jeg er på ferie.
g) Erik vasket begge to.
h) Erna lagde begge deler.
i) Jeg liker begge deler.
j) Han gjorde begge deler.

5

Har du besøkt alle land i verden?
Nå begynner jeg å bli gammel – jeg glemmer virkelig alt.
Til tross for den digitale kommunikasjonen kommer nok ikke alt papir til å forsvinne.

All melken i kjøleskapet er gått ut på dato!
Hvor er det blitt av alle de gode sjokoladekjeksene?
Jeg synes at alle vennene dine er så sympatiske.
Stemmer det at alle barna i Norge blir født med ski på beina?
Jeg er glad i all den fine naturen man kan oppleve på Vestlandet.
Jeg er glad i alt det fine man kan oppleve på Vestlandet.

6

Hver sommer drar vi til Sørlandet.
Hvert år tjener jeg mindre og mindre.
Det er i hvert fall et stort problem.
Jeg kan ikke snakke lenge med hver eneste kunde.
Elevene fikk hvert sitt vitnemål.
Nordmenn bruker rundt 10 000 kroner på julegaver hver.

33

Kildesortering

- en tepose, et batteri, gammel salat, potetskall, et råttent eple → matavfall, men ikke batteriet (farlige stoffer)
- en melkekartong, to aviser, ei grammatikkbok, ei klokke som ikke fungerer → papir, men ikke klokka (restavfall)
- en pose, en plastforpakning, en konvolutt, en flaske (ikke av glass) → plast, men ikke konvolutten (papir)
- et par sko, en t-skjorte, fire underbukser, ei vinflaske → Fretex, men ikke vinflaska (restavfall)
- et batteri, rester av rengjøringsmidler for toalett og bad, et brev fra eks-kjæresten → farlige stoffer, men ikke brevet (papir - ok, kanskje det kan tenkes at et brev fra eks-kjæresten må regnes som ganske farlig ...)
- sigaretter, et lite stykke metall, ei skje, en forpakning av tre, to sokker→ restavfall, men ikke sokkene (Fretex, så lenge de ikke har hull)

1

I sommer skal jeg reise til Tromsø og bli der i fem dager. Jeg vil dra dit for å se midnattsola. Om sommeren går sola aldri ned der.

Jeg har hørt at man har den beste utsikten fra Storsteinen. Det tar en time å gå opp, men det er veldig anstrengende. Når man først er oppe kan man se ned på hele byen og utover fjorden. Det kommer sikkert til å være mange mennesker der oppe siden det er ganske vanlig å være ute selv om det er sent. Om vinteren, derimot, blir de fleste hjemme. Det er koseligere å være inne fordi det er ganske kaldt ute. Men når nordlyset kan sees oppe på himmelen, er det mange som går ut.

2

Sjefen sier til sine ansatte: Jeg har aldri hatt så dumme ansatte som dere!
Men en av de ansatte svarer: Det er ikke sant. Jeg har også snakket med en annen ansatt, og vi synes at vi er ganske kloke ansatte. Den ansatte jeg snakket med, mener derimot at vi har en ganske dum sjef.

3

Hvor er de betalte regningene?
De ligger på det nymalte bordet.
De to fabrikkene på den andre siden av gata er nedlagt.
Jeg synes at håndskrevne brev er penere enn e-poster.
Skal jeg legge de vaskede buksene hit?
Er disse genserne vasket?
Er den stjålne bilen blitt funnet?
Nei, men den savnede gutten kom tilbake til foreldrene sine i går.

4

a) orkan
b) yr
c) kuling
d) tåke
e) minusgrader/kuldegrader
f) plussgrader/varmegrader
g) nedbør
h) oppholdsvær
i) regnbyger

5

Russland er jo et stort land.
Han har vel/nok ikke så mye å gjøre.
Du har vel/nok hørt at vi skal flytte til Stavanger?
Petra kan jo ringe meg når som helst.
Jeg var jo ikke hjemme.
Du kan nok/vel bare finne deg et sted å sitte.

6

Før du går til fjells, skal du sjekke værmeldinga.
Jeg er så trøtt at jeg snart må gå til sengs.
Arbeidet til sjøs kan være ganske slitsomt.
Dette huset er til salgs.
Bilen er på verksted, så vi må gå til fots.

7

Eier du dette huset? – Nei, jeg eier det ikke, jeg leier det.
Eier du dette huset? – Nei, jeg eier ikke det, jeg eier huset i Kirkeveien.
Dette kan ikke Morten hjelpe deg med. Men muligens kan Silje hjelpe deg.
Dette kan Morten ikke hjelpe deg med. Men han kan hjelpe deg med mange andre ting.
Liker du norsk grammatikk? – Nei, jeg liker ikke det, men jeg liker russisk grammatikk.
Liker du norsk grammatikk? – Nei, jeg liker det ikke, jeg hater det!
Skal du ikke ringe kjæresten din? Jeg trodde du hadde en viktig beskjed til ham.
Skal ikke du ringe kjæresten din? – Jeg synes du burde gjøre det selv.

34
1

Barna dro syngende gjennom skogen.
Bilen kom kjørende fra Ibsens gate.
Ei smilende dame sitter på kaféen.
Et stykke pizza ble liggende igjen.
Den gråtende gutten har slått seg i hodet.
Hun kom løpende mot meg.
Turistene ble stående for å ta bilder av slottet.
Vi står ventende ved krysset.
Mora ligger sovende på sofaen.
Du ser på meg med et spørrende blikk.
Hun går nølende mot døra.

2

for eksempel:
Kunne du komme til meg mellom kl. 8 og 9 for å hjelpe meg med flyttinga?
Jeg vil gjerne snakke med deg.
Et glass øl, takk.
Kunne du hjelpe meg med å fylle ut dette skjemaet?
Vennligst ring disse to kundene senest i morgen.
Vær så snill og rydd opp på bordet her.
Kan jeg få snakke med Erna?

3

Jeg ville dra til Hellas i ferien.
Du får ikke røyke her.
Hilde skal være syk.
Det kan være vanskelig å finne det riktige modalverbet.
Dere bør/burde prøve å finne en bedre tekst til hjemmesiden deres.
Du må (skal) vise legitimasjon når du kjøper alkohol.
I morgen skal jeg male kjøkkenet.
I morgen vil det regne.
Nevøen min vil gå på konserten, men han får ikke gå.
Kristian tør ikke ta fly.
Du kan/får ta med deg hjem noen av mine bøker.
Jan mente du burde trene litt oftere.
Jeg kunne ikke gjøre leksene i går.
Jeg skulle egentlig kjøpe dette huset, men jeg var for sent ute.
Denne jenta er så hyggelig, men jeg tør ikke snakke med henne.
Du bør/burde ikke spise så mye fett.
Du kan få ekstra feriedager hvis du arbeider hardt.
I går måtte jeg arbeide til kl. 23.

4

Hvis du ble ferdig med leksene i tide, kom du ikke for sent på trening.

Hvis det ikke var dårlig vær i Norge hele tida, ble jeg ikke deprimert.

Hvis livet på Hamar ikke var så kjedelig, søkte jeg jobb der.

Hvis Torleif drakk litt mindre, ble han ikke så full.

Hvis jeg hadde en hardere madrass, sov jeg litt bedre.

Hvis sønnen min skrev bedre, fikk han ikke så mange problemer på skolen.

Hvis du gikk litt raskere, rakk vi kanskje toget.

Hvis du sto opp litt tidligere hver dag, så du soloppgangen av og til.

Hvis denne nyheten sto i avisa, visste alle om den.

Hvis fetteren din spurte meg om råd, skrev jeg en e-post til ham.

Hvis han ba meg om hjelp, traff jeg ham så fort som mulig.

Hvis broren din solgte meg bilen, dro jeg til foreldrene mine minst én gang per uke.

Hvis jeg fant brillene mine, så jeg deg bedre.

5

Hvis du ble ferdig med leksene i tide, ville du ikke komme for sent på trening.

Hvis det ikke var dårlig vær i Norge hele tida, ville jeg ikke bli deprimert.

Hvis livet på Hamar ikke var så kjedelig, ville jeg søke jobb der.

Hvis Torleif drakk litt mindre, ville han ikke bli så full.

Hvis jeg hadde en hardere madrass, ville jeg sove litt bedre.

Hvis sønnen min skrev bedre, ville han ikke få så mange problemer på skolen.

Hvis du gikk litt raskere, ville vi kanskje rekke toget.

Hvis du sto opp litt tidligere hver dag, ville du se soloppgangen av og til.

Hvis denne nyheten sto i avisa, ville alle vite om den.

Hvis fetteren din spurte meg om råd, ville

jeg skrive en e-post til ham.

Hvis han ba meg om hjelp, ville jeg treffe ham så fort som mulig.

Hvis broren din solgte meg bilen, ville jeg dra til foreldrene mine minst én gang per uke.

Hvis jeg fant brillene mine, ville jeg se deg bedre.

6

Hvis du hadde blitt ferdig med leksene i tide, hadde du ikke kommet for sent på trening.

Hvis det ikke hadde vært dårlig vær i Norge hele tida, hadde jeg ikke blitt deprimert.

Hvis livet på Hamar ikke hadde vært så kjedelig, hadde jeg søkt jobb der.

Hvis Torleif hadde drukket litt mindre, hadde han ikke blitt så full.

Hvis jeg hadde hatt en hardere madrass, hadde jeg sovet litt bedre.

Hvis sønnen min hadde skrevet bedre, hadde han ikke fått så mange problemer på skolen.

Hvis du hadde gått litt raskere, hadde vi kanskje rukket toget.

Hvis du hadde stått opp litt tidligere hver dag, hadde du sett soloppgangen av og til.

Hvis denne nyheten hadde stått i avisa, hadde alle visst om den.

Hvis fetteren din hadde spurt meg om råd, hadde jeg skrevet en e-post til ham.

Hvis han hadde bedt meg om hjelp, hadde jeg truffet ham så fort som mulig.

Hvis broren din hadde solgt meg bilen, hadde jeg dratt til foreldrene mine minst én gang per uke.

Hvis jeg hadde funnet brillene mine, hadde jeg sett deg bedre.

7

Hvis jeg ble ferdig før i kveld, kunne vi besøke tante Astrid.

Hvis du hadde lært mer forrige uke, hadde du bestått eksamen.

Hvis øl ikke var så dyrt i Norge, drakk jeg mer.

Hvis Tromsø ikke lå så langt nord, dro vi dit oftere.

Hvis du hadde solgt leiligheten din i fjor, hadde du fått mindre penger enn nå.

Hvis du hadde slått koden riktig første gang, hadde ikke minibanken inndratt bankkortet ditt.

Hvis vi satt på balkongen, ble vi forkjølet.

Hvis du hadde tatt toget istedenfor Hurtigruten, hadde du ankommet i går allerede.

35

1

I denne ferien syklet jeg ganske langt, mye lenger enn i fjor. Den dagen jeg syklet lengst, var det mer enn 90 kilometer. Den siste dagen tok jeg bussen hjem. Jeg måtte vente på den veldig lenge. Men når jeg tar bussen til jobben, må jeg ofte vente enda lenger.

Vi skal kjøpe et bord til stua. Det har stått et langt bord der ganske lenge, men vi har tenkt å skifte det ut. Bordet vi skal kjøpe nå, er enda lengre.

2

Er du syk? Da burde du bli liggende i senga.

Vet du når flyet ankommer til Oslo lufthavn?

Hvis flyet ankommer i tide, rekker vi toget til Lillehammer kl. 10.

Jeg hadde akkurat begynt å spise da telefonen ringte.

Når skal vi møtes?

Da er det avgjort. Vi møtes på kaféen når du er ferdig med oppgavene dine.

Vet han om det er dyrt å spise på denne restauranten?

Hvis du ikke står opp nå, vil vi spise frokost uten deg.

Vi besøker alltid vennene våre i Bergen når vi reiser til Norge.

Hvis hun vil, kan hun gjerne bli med på hytteturen.

Jeg vet ikke om hun har lyst til det.

Vi ble veldig glade da vi fikk vite at Tove

var gravid.

Hvis det ikke slutter å snø snart, må jeg gå ut og måke fortauet.

Nils ville fortsatt ha sittet på Hurtigruten hvis Kristian ikke hadde tatt ham med seg.

Da Nils kom til bevissthet igjen, lå han i armene til Karina.

Har du ennå ikke vært på Munchmuseet? Da kan vi gå dit sammen på lørdag.

3

a) på – om – i – på
b) på – på – i – i – i
c) om — i – i – på

4

a) med – fra – til
b) med
c) på – med
d) på
e) på – på – med
f) fra – til

5

for eksempel:

a) Det er en veldig dårlig idé.
b) I morgen må jeg arbeide ganske mye.
c) ... men utover det skal jeg ta med ei varm jakke.
d) Det er mulig at toget hennes kommer for sent.
e) Greier du denne oppgaven? / Kan du løse denne oppgaven?
f) sterk vind/kuling
g) Denne radioen er dyr, synes jeg.
h) ... produserer elektronisk utstyr ...
i) Har du tenkt deg å kjøpe bolig?
j) Jeg har bodd i Norge i litt mer enn to år.
k) Er du glad i Norge?
l) Ja, selv om jeg kunne tenke meg å flytte sørover igjen.
m) Det er noe vann ...
n) – jeg må ofte si til ham at han må huske å kjøpe mat/jeg må sørge for at han husker ...
o) Jeg synes ikke det er særlig pent.

6

Kristian har studert i Trondheim i et halvt år.

Reisen fra Tromsø til Hammerfest med Hurtigruten varer i tolv timer, altså i en halv dag.

I Norge kan det være snø nesten hele året.

Jeg er så sulten – jeg tror jeg kan spise et helt brød.

Har du lest hele boka allerede? – Nei, jeg har bare lest halve boka.

36

1

Vi har ikke fått noen e-poster i dag.
Han er trist fordi han ikke har noe å gjøre.
Finn har ingen søsken.
Susanne vil ikke spise noen rundstykker.
De har ikke forandret noe her.
De har ingenting å snakke om.
Erna og Hege kommer ikke til å ha noe å snakke om.
Han sa at det ikke er noe snø på fjellet.
Vi har ikke lest noe om ulykken som skjedde i går.
Kjenner Anders ingen av naboene?
Anders sier at han ikke kjenner noen av naboene.
Jeg tror at han ikke hørte noe i natt.
Jeg skjønner ingenting.

2

Ja, det gjør jeg. / Nei, det gjør jeg ikke.
Ja, det gjør han. / Nei, det gjør han ikke.
Ja, det er han. / Nei, det er han ikke.
Ja, det var jeg. / Nei, det var jeg ikke.
Ja, det gjør de. / Nei, det gjør de ikke.
Ja, det skal jeg. / Nei, det skal jeg ikke.
Ja, det hadde hun. / Nei, det hadde hun ikke.
Ja, det ville hun(han). / Nei, det ville hun(-han) ikke.
Ja, det kan jeg. / Nei, det kan jeg ikke.
Ja, det har jeg. / Nei, det har jeg ikke.

3

Om morgenen drikker jeg alltid kaffe.
I morgen skal jeg møte Hanne.

Da jeg våknet i morges, var det ennå mørkt.

Egentlig står jeg opp kl. 7 om morgenen, men i morges sto jeg opp allerede kl. 4.

Det var ganske fint vær i morges. Så rart at det regner nå.

Vil du spille squash i morgen?

Da jeg jobbet som butikksjef, hadde jeg ofte mye å gjøre om morgenen.

Jeg har bursdag i dag, og telefonen har ringt hele tida siden i morges.

5

Kan du oversette denne teksten fra norsk til engelsk?

I fjor innførte Norge nye regler for import av alkohol.

Når farfar kommer, skal jeg føre ham inn i stua med en gang.

Har du allerede avgjort om du skal flytte eller ikke?

Går det an å be naboene om hjelp, eller synes du det er litt uhøflig?

Det angår ikke deg hvem jeg skriver e-post med.

Hun sa at hun også var på møtet i går, men da må jeg ha oversett henne, for jeg kan ikke huske at hun var der.

Kunne du være så snill å se over leksene mine?

Da telefonen ringte, slo hun av TV-en.

Jeg har sendt dem et godt tilbud, men dessverre har de avslått det.

Jeg må fylle opp denne flaska.

Har du endelig innsett at du må lære grammatikk for å bli god i norsk?

Toget ble innstilt på grunn av en skade på jernbanen.

7

lenger
flere
flest
villere
mest sannsynlig
høfligere
best
enklere
vanskeligere

større, dyrere
oftere

37

1

selv om, før
før
om
om, før
som om
før, selv om
om
om
som om
før

2

Han ble liggende og drømme om det fantastiske showet han hadde sett dagen før.
Inger og Ellen ville egentlig sykle hjem, men så ble de stående og diskutere politikk.
Odd ble sittende og lytte på radioen da fotballkampen begynte.

3

a) Jeg gruer meg til eksamen! Jeg drømmer allerede om den nesten hver natt. Jeg er virkelig redd for at jeg ikke består. Men jeg skal klage på resultatet hvis jeg finner ut at de har rettet for strengt.

b) Foreldrene mine har abonnert på avisa, men jeg tviler på at de leser den daglig. Jeg leter heller etter informasjon på Internett eller lytter på/til nyhetene på radio mens jeg kjører hjem fra jobben. På denne måten kan jeg også følge med på hva som skjer i verden.

c) Takk for at du alltid hjelper meg med problemene mine. Jeg setter pris på din mening og lytter alltid til dine råd. Du er en av de få vennene som jeg kan snakke med om alt.

d) Da Terje ble kjent med Tove, forelsket han seg i henne med en gang. Tre år senere giftet han seg med henne i kirka. Han er virkelig veldig glad i henne, og

det er sikkert riktig at han har bestemt seg for å dele livet sitt med henne.

e) Historien i denne boka handler om Nils og Erna. Den forteller om Ernas hemmelighet, og jeg lurer på hva denne hemmeligheten er. Hvorfor vil hun skjule den for familien sin? Det må være trist for henne, og jeg synes synd på henne. Kanskje reisen til Tromsø kan hjelpe henne. Var det en god idé at Nils ble med på denne reisen?

4

For hundre år siden giftet de fleste seg når de var omtrent 20 år gamle.
For hundre år siden bodde det vanligvis tre generasjoner sammen.
Bare faren tok viktige avgjørelser.
Stort sett menn arbeidet utenfor huset.
Veldig få par ble skilt for hundre år siden.
Foreldre oppdro barna gjerne nokså strengt.
De gamle som ikke kunne ta vare på seg selv, levde ofte hjemme.
Barna visste ganske mye om foreldrenes jobber.
De fleste jobbet i landbruk.
Barna lekte ofte i gata.
Man gikk alltid i kirka på søndager.
Unge voksne flyttet nesten aldri.

5

På grunn av at du glemte å betale regningen, må vi betale purregebyr.
På grunn av den høye husleia i Oslo flytter mange ut fra byen. / På grunn av at husleia er så høy i Oslo, flytter …
På grunn av dårlig økonomi kan ikke Jon dra på ferie. / På grunn av at Jon sliter med økonomien, kan han ikke dra på ferie.
På grunn av den forsinkede T-banen rakk hun ikke toget til Skien.
På grunn av at T-banen var forsinket, rakk hun ikke toget til Skien.

38

Skole/utdanning

nokut.no – her kan du søke om å få godkjent den utenlandske utdanningen din hvis du vil arbeide i Norge
samordnaopptak.no – hvis du vil studere i Norge på bachelornivå, må du søke om studieplass her
utdanning.no – hvis du ikke vet hva du vil bli, kan du få mer informasjon her

Partiene

En enklere hverdag for folk flest (FrP)
Vi tar hele Norge i bruk (Senterpartiet)
Ja til mangfold, nei til sortering (KrF)
Gründerhjelp i hele landet (Arbeiderpartiet)
Sats på kunnskap (Venstre)
Styrke det sosiale sikkerhetsnettet (Høyre)
Ja til fremtiden (Nils)
Vi kjemper for miljø og rettferdighet (SV)

1

for eksempel:

Denne øvelsen er ganske vanskelig.
Jeg synes det er synd at det regner så mye.
Kunne du eventuelt jobbe litt raskere?
Hvem er den eldre mannen der borte som har snakket ganske lenge?
Jeg vet at du har vasket gulvet, men det er dessverre ikke helt rent ennå.
Tror du ikke at det er best om du går på vernisasjen uten meg? Du vet at jeg ikke kan så mye om kunst, og jeg kan passe på barna mens du er der.
Skal jeg lære deg å danse enda bedre?
Kaka ser virkelig veldig bra ut, men det er en litt rar smak – kanskje det var noe galt med ingrediensene?
Jeg tror at vi ikke burde gå ut gjennom denne døra, for her står det "inngang".
Du har ikke ringt til Knut ennå? Da burde du gjøre det så fort som mulig, for det er virkelig viktig.

2

a) Kan jeg få låne litt mel? Jeg har veldig lite igjen og trenger litt mer for å bake et lite brød.

b) Kjell bor i et lite hus med for lite plass til gitarsamlinga si. Han vil gjerne flytte til et litt større hus, men det blir litt for dyrt siden han tjener veldig lite.

c) Når jeg blir ferdig med skolen vil jeg reise litt. Hittil har jeg sett lite av verden og ønsker å se litt mer. Jeg vil særlig reise litt i Asia for å bli litt bedre kjent med de forskjellige kulturene. Det finnes så mye å oppdage og jeg håper jeg rekker å se litt av hvert. Det kan fort bli litt kjedelig å reise alene. Derfor spurte jeg en venn om han ville være med, men det virker som han har lite lyst til det.

3

I Oslo bor det flere mennesker enn i Stavanger.
Stavanger er mindre enn Bergen.
Den minste byen i Norge er Kolvereid.
Norge har færre innbyggere enn Sverige.
En leilighet i de store byene koster ganske mye. Men en enebolig koster enda mer.
De færreste nordmenn er buddhister.
Ganske mange nordmenn er medlem i Den norske kirke.
Ved Norskekysten er det veldig mye regn.
Det er lite sannsynlig at Norge kommer til å bli medlem i EU.
Mange nordmenn reiser ofte med fly.
Nord for Bodø er det færre jernbanestasjoner enn flyplasser.
Det er bare få steder i Norge hvor det ikke er snø om vinteren.
Det bor flere folk ved kysten enn inne i landet.
De fleste nordmenn feirer jul selv om de ikke går i kirken.
Det er mindre populært å gifte seg tidlig i Norge enn det var før.
Om vinteren er det lite eller ingen sol i Nord-Norge.
Hvis man blir syk i Norge, betaler man veldig lite for behandlingen selv – det meste betales av staten.

6

Erna bar en tung koffert.
Jeg dro hjem.

Jeg traff Sivert.
Per brakk armen sin.
Susanne ba Lise om hjelp med leksene. Hun hjalp henne med dem i går også.
Jeg hørte så mye bråk mens jeg lå på sofaen. Hva drev du med?
I går la Kristian seg tidlig, men han sov dårlig.
Siv lo godt da hun så at jeg ikke fant vinflaska selv om den sto(d) midt på bordet.
Hege kom for sent og rakk ikke bussen.
Rune drakk en øl før han forsvant ut av døra.

39

1

Jeg synes at filmen er ganske kjedelig. – Jeg er enig med deg.
Bjørg snakket med kjæresten sin, og de ble enige om å gifte seg til våren.
Solveig er enig med Ida i at det er viktig for barn å lære mye om datamaskiner.
Morten snakket lenge med arbeidsgiveren sin, og til slutt ble de enige om at han skulle få høyere lønn fra neste år.
Arbeiderpartiet foreslo å øke skattene, og de fleste andre partiene var enige i forslaget.

2

Peter sier at han er glad i svenske romaner.
Jeg svarer at jeg ikke er enig.
Den portugisiske kollegaen min spurte meg om dette lille huset sto her i fjor også.
Han tenker at han må dra til Norge oftere fordi han synes at det er et såpass fint land.
Han tenker også at det egentlig ikke koster så mye å ta fly til Norge.
Jeg lurer på hvordan været i Portugal er om vinteren.
Jeg vil også vite hvem som er den nye presidenten i Portugal.
(Husk at du må ha som i leddsetningen her, se kap. 35.)
Jeg spør ham hva han vil gjøre i Norge

denne gang.
Han svarer at han faktisk ikke har så mange planer ennå.
Marthe fortalte i går at hun hadde sett en rev på fjellet dagen før.
Hun sa at hun aldri tok bussen.
Hun ville vite om det ikke var billigere å ta tog.
Hun tenkte at det sikkert var dyrest å kjøre med egen bil.
(Du kan ikke begynne leddsetningen med **dyrest**. Derfor må du forandre på rekkefølgen.)
Hun sa at hun egentlig kunne selge bilen sin fordi hun ikke hadde behov for den lenger.
Jeg svarte at jeg kanskje ville kjøpe bilen hennes.
Jeg spurte henne hvor mye den skulle koste.
Hun sa at hun måtte tenke seg om.
Jeg spurte om hun kunne ringe meg når hun visste det.
Hun svarte at hun skulle gjøre det.

3

Hammerfest er den nordligste byen i Norge.
Regjeringen i Sverige avslo forslaget om et forenklet skattesystem.
Du kan nok ikke hjelpe Marthe med å løse de store problemene hennes.
Liker du boka **Jonas** av Jens Bjørneboe?
Nestlederen for Arbeiderpartiet virker ganske sympatisk.
Dekkene på bilen må skiftes.
Har du sett den nye kjæresten til Turid?
Hvor får man den beste pizzaen i Oslo?
Jeg liker ikke gulvet på verandaen, selv om det sikkert var dyrt.
Papiret i boka er ganske tynt.
Er du glad i filmene av/til Steven Spielberg?
(Egentlig kan du ikke bruke **til** for du mener filmene Spielberg har laget, ikke filmene han har kjøpt. Men mange nordmenn gjør det likevel.)
Hva synes du om den grønne genseren til Siv?

Når har du tenkt å flytte inn i det nye huset ditt?

Sønnen til tanten min / tanta mi er fetteren min.

Broren til farfaren min er onkelen til faren min.

4

Mange unge mennesker sliter i dag med å finne det riktige yrket. De har gode karakterer fra videregående skole, er interessert i mange forskjellige ting, men sliter med å velge utdanningen som passer best for dem.

En av grunnene til dette kan være at man har flere muligheter i dag enn man hadde for 30 eller 40 år siden. Den gang var man fornøyd når man overhodet kunne tjene nok penger til å livnære seg selv og familien sin. Men i dag forventer de fleste unge voksne mer av livet: De vil finne mening i jobben sin, de vil bruke sine talenter, og de vil ha spennende oppgaver. Likevel synes mange at det fortsatt er viktig med sikkerhet og god lønn.

Det er ikke vanskelig å se at noen eldre i samfunnet synes at de unge har altfor høye forventninger. Samtidig sier de yngre at de på en måte har det vanskeligere enn sine mødre og fedre - når man har flere valg, har man også flere problemer med å velge det riktige.

40

Lovreguleringer av arbeidslivet
Følgende punkter som Gunnar har fortalt, er ulovlige:
- at han ikke har arbeidskontrakt
- at han offisielt jobber deltid, og det bare trekkes skatt for 25 timer per uke mens han faktisk jobber i 50 timer per uke
- at han ikke får lønn for alle timene han er på jobb
- at han bare har to uker ferie per år
- at han ikke får lønn når han er syk

Følgende ting er kanskje ikke det Gunnar drømmer om, men de er lovlige:
- Arbeidsgiveren kan kreve at arbeidstakeren tar ferie i fellesferien.
- Arbeidstakeren må dra på opplæring selv om han ikke vil.
- Man må betale medlemskontingent for å være med i fagforeningen.

Påskekrim
I Tromsø finnes det ikke jernbane, men det finnes et utested som heter **Tromsø jernbanestasjon**. Det ligger i Strandgata. Følgende må ha skjedd: de to fulle mennene gikk ned fra Pers hus, hvor bilen sto parkert. I **Tromsø jernbanestasjon** tok de seg flere dram eller pils til. De har kjent hverandre lenge og benytter frasen **å ta toget hjem** som synonym for å drikke noen pils på **Tromsø jernbanestasjon**.

Etter at de hadde drukket en del, husket de ikke lenger hvor bilen sto parkert – heldigvis, for da kunne de ikke kjøre i fylla. Og når de så den stakkars russeren som prøvde å åpne bilen sin, tenkte de at han holdt på med å stjele enda en bil. Bilen står fortsatt parkert ved Pers hus.

1
I
På
I
På
På
I
I

2
For å spise varm lunsj i kafeteriaen må du komme før kl. 13— ellers får du bare kalde retter.
Kristian sa at han så deg på festen i går.
Det nytter ikke å gå på fjelltur i tåke – da kan du ikke nyte utsikten.
Jeg har lyst til å lære å spille gitar og danse salsa.
Kan du bare hjelpe meg i fem minutter med å bære denne tunge esken til bilen

min?
Jeg liker champagne eller Baileys, men ellers drikker jeg ikke alkohol.
Du kan ikke fylle mer bensin på den fulle tanken.
Har legen vært her allerede?
Mens jeg dusjer, synger jeg ofte, men aldri om kvelden etter kl. 22.
Kan du minne meg på at jeg må ringe mine kolleger?
Neste gang vi ses, er det nesten jul.
Når skal vi snakke om Marokko-turen vår? Nå eller i kveld?
Jeg skal ikke pusse tennene med denne tannkremen igjen. Den lukter så vondt at jeg nesten ikke får puste.
Unnskyld, hvor er posten? – Det er bare å gå rett fram gjennom denne lille mørke gata.
Er det ikke farlig? – Neida, ikke vær redd.
Rekker vi å spise noen reker før bussen går?
Jeg har sendt deg en pakke, men jeg tror den kommer for sent til jul.
Tenk så uheldige vi er som må være ute i dette fryktelige været!
Ja, men dette regnet kan ikke vare lenge. Om det hadde blåst også, hadde det blitt mye verre.
Har du fortalt Lars at jeg er gravid? Han viste i hvert fall ikke til meg at han visste det.

4
Har du tid, kan vi gå på museet.
Har du ikke tid, kan vi dra hjem med en gang.
Hadde han jobbet mer, hadde han bestått eksamen.
Kommer han ikke før kl. 10.00, skal jeg dra alene.
Hadde elevene ikke bråket så mye, kunne læreren allerede ha avsluttet temaet.

41
1
museer, museet, museene

2

Jeg traff Eirik i byen og ble invitert på fest. Tone skrev at hun ikke kunne komme. Først var Eirik litt skuffet, men det ble en interessant kveld likevel. Helge satte på ei plate som ingen ville høre, men han nøt musikken likevel. Kjartan fortalte at han fikk sparken fra jobben fordi sjefen så at han stjal fra kassa. Men Kjartan sa at han ikke gjorde det. Han solgte huset sitt fordi han ikke hadde noen penger. Jeg spurte om han ville være med på turen neste helg, men han avslo invitasjonen så jeg trakk på skuldrene og ga blaffen i ham. Jeg trodde ikke at en fest kunne være så kjedelig. Jeg ville egentlig dra, men til slutt tok det helt av: Artur skar seg selv i hånda da han prøvde å åpne ei ølflaske uten flaskeåpner. Han strøk av blodet på sofaen, men han slapp å rydde opp etterpå fordi han var den første som gikk hjem. Alma kom hjem sent fordi hun ikke rakk den siste bussen så hun snek seg forbi stua hvor mora hennes satt og sov.

3

Hvor er Per? – Han har dratt hjem.
Sivert kan ikke arbeide, for han har brukket armen sin.
Har du gjort leksene alene, eller har mora di hjulpet deg igjen?
Du trenger ikke å lete etter brillene mine lenger – jeg har funnet dem.
Har du sett politibilen som har stått foran huset i to timer?
Har Karina kommet tilbake allerede?
Jeg kan ikke kjøre deg – jeg har drukket for mye.
Har Morten fortalt deg at han er blitt far?
Hvem har skrevet denne e-posten?
Jeg har aldri sagt at du har prøvd å stjele fra kassa. Det er sikkert en kunde som har stjålet pengene.
Nå har jeg solgt huset for jeg har fått jobb i Trondheim.
Har du gitt vekk alt du har tjent?
Jeg har spurt Torstein fire ganger om han vil være med, men han har alltid sagt nei.

Jeg har slått av TVen. Jeg har fått nok av disse dumme seriene.

42
1

a) I går kveld banket det **på** døra ganske sent. Jeg måtte finne **frem** nøkkelen for å åpne. Det var Asbjørn. Jeg la merke **til** at han var beruset og ba ham komme inn. Han tok **av** seg jakka og begynte å fortelle **om** det som hadde skjedd. Først skjønte jeg ikke så veldig mye, men etter hvert gikk det **opp for** meg at han hadde blitt dumpet **av** kjæresten.

b) Berit vil gjerne kjøpe et stort hus **på** kreditt. Hun går til banken for å be **om** lån. Hun gleder seg allerede veldig mye **til** det nye huset. Men mannen i banken sier at hun må nøye seg **med** et mindre hus siden hun ikke har råd **til** drømmehuset sitt.

c) Kristian vil søke **på** stillingene som står utlyst på nettet. Han har lett **etter** ny jobb i flere uker, men har ennå ikke blitt invitert **til** et jobbintervju. Kanskje må han finne **på** noe annet for å få seg jobb.

d) Jeg har lagt merke **til** at jeg har lagt **på** meg et par kilo i de siste månedene. Jeg må passe **på** å ikke bli for lat.

e) Kollegaen min går **av med** pensjon, men vi er blitt enige **om** at vi ikke skal miste kontakten.

2

Det gleder Arne seg allerede til.
At vi skal dra til Svalbard i sommer, er vi blitt enige om.
Akkurat det har han lyst til å utdanne seg til.
Den nye plata jeg kjøpte i går, må du gjerne høre på.
Det er sommerferiene barna ser fram til.
Det blåser jeg i.

3

Stavanger er større enn Trondheim, men Bergen er enda større. Aller størst av alle byene i Norge er Oslo.

Om vinteren er det kaldere i Norge enn i Danmark, men i Finnland er det enda kaldere. Aller kaldest er det i Russland.

4

for eksempel:
Stemmer det at det går isbjørner i gatene i Tromsø?
Jeg er ikke sikker på om jeg kan delta på møtet på torsdag, men det er klart at jeg skal gi beskjed til deg når jeg vet det.
Heldigvis røyker tanta mi ikke ofte.
Merethe er dessverre veldig forkjølet.
Jeg må fortelle deg hva som har hendt i byen siden du var her sist.
Forstår du ikke at det er vanskelig for Siv å tilgi Lars?
Vi må bli ferdig med denne oppgaven så snart som mulig.
Flere og flere elever strever med rettskriving.
Det er godt for helsen å spise grønnsaker hver dag.
Nå må jeg ringe en veldig viktig kunde.
Denne butikken er døgnåpen/åpen døgnet rundt.
Det er ikke melk i denne flaska lenger. Behøver du mer melk?
Jeg har bodd i Oslo i tre år og liker å bo her.
Det er vanskelig å flytte hjemmefra og si farvel til familien og vennene sine.
Det spiller ingen rolle om du kan kjøre meg eller ikke – jeg har tenkt å bruke min egen bil i alle fall.
Det er ganske normalt at det snør i Tromsø i mai.
Jeg så Lisbeth i morges – hun ser ut til å være deprimert.

5

Jeg har ennå ikke spist middag.
Erna må sove enda en gang på båten før hun ankommer Tromsø.
De hadde enda (ennå) ikke begynt å lage mat da han kom.
Ingen vil være med på fjelltur, enda det er deilig vær.
Enda filmen har fått dårlige anmeldelser,

vil jeg se den på kino i kveld.

Det står noen bøker i hylla som jeg ennå ikke har lest.

Vil du ha enda ei brødskive?

Enda Ole var syk, gikk han på jobb i går.

Du har ennå ikke sagt om du vil komme på festen til helga.

Enda medisinen smaker vondt, må du ta den for å bli frisk.

43

Norge før og nå

Den første norske kongen het ikke Harald Hårbørste (som du sikkert skjønte), men Harald Hårfagre.

Det er godt mulig at vikingerne var upopulære på grunn av sin tørste, men de var sikkert mye mindre populære fordi de ofte overfalt fremmede bosetninger. Det er derimot en myte at alle vikinger var krigere. Mange av dem var også fredelige handelsmenn.

Sykdommen som rammet Norge veldig hardt på 1300tallet, heter pesten.

Om Emil har rett med sin forklaring om hvorfor Norge er blitt et relativt egalitært land, må nok historikerne bedømme.

Det er riktig at Danmark mistet Norge i 1814, men Norge ble ikke solgt til Sverige. Sverige fikk Norge på grunn av sin posisjon i de napoleonske krigene. Initiativet for selvstendigheten i 1905 kom helt klart fra den norske siden. Det var sterk motstand mot dette i Sverige, og det var stor fare for krig mellom Sverige og Norge på grunn av dette.

Det med arbeiderne og kvinnene har Nils heller ikke skjønt helt. Allerede på 1800-tallet ble det vanskelig for mange bønder å livnære seg, og mange dro til byene for å jobbe i industrien, men arbeidsforholdene i de nye fabrikkene var ofte elendige. Arbeiderbevegelsen kjempet bl.a. for å bedre forhold på arbeidsplassen og for flere rettigheter for arbeiderne. På samme måte kjempet kvinnebevegelsen for at menn og kvin-

ner skulle bli likestilt.

Det var neppe på grunn av mangel på kvinner at flere hundretusen nordmenn emigrerte til USA, men på grunn av mangel på en trygg økonomisk fremtid. Den samme grunnen fører også mange innvandrere til Norge i dag.

Motivasjonen for internasjonal integrasjon etter krigen var nok ikke ensomhet, slik som Nils antar, men i hvert fall ble Norge aldri medlem i EU; Norge er derimot et ganske aktivt medlem både i NATO og i FN.

Til slutt er det selvfølgelig riktig at man fant olje i 1969, og det var til og med ikke langt fra Stavanger, men man fant den ikke i en hage, men i Nordsjøen. At idéen om å lete etter olje kom fra økonomiske vanskeligheter i den norske velferdsstaten, er også Nils sin tolkning av historien, men det stemmer at oljeinntektene bidrar en god del til finansieringen av velferdsstaten i dag.

1

I 1940 måtte den norske kongefamilien og regjeringen flykte til Storbritannia.

Ved hjelp av Marshall-planen kunne USA støtte Norge etter krigen.

Kvinnebevegelsen kjempet for at menn og kvinner skulle bli likestilt.

Siv vil bli statsminister.

Han tør (vil) ikke spørre.

I partiet Høyre synes mange at Norge skulle (burde) ha vært medlem av EU.

Har du sett Turid? Hun skal være gravid - men jeg tror at hun bare har spist litt for mye i det siste.

I morgen vil det bli regn om ettermiddagen.

Espen må (kan/skal/bør/burde) ikke forlate senga, for han er veldig syk.

Du ser at det av og til er flere muligheter – avhengig av nøyaktig hva du vil si.

2

Siv og Turid reiser med tog til Frankrike.

Det er et ganske raskt tog.

De er i Frankrike hele sommeren.

Det kan bli den fineste sommeren de har opplevd sammen.

Nils kjøper sukker og ei flaske vann i en liten butikk.

Lars og Siv vil kjøpe TV.

Lasse har kjøpt ei bukse.

Kristin er gravid – hun venter barn.

Nils, skal vi gå på teater i kveld?

Pål skriver e-post til Wenche.

Wenche svarer bare med en kort e-post.

Restauranten ligger på venstre side i Kirkeveien.

Det er første gang jeg ser bildet.

3

Vi skal gå av på neste stasjon.

Siv går ut fra at alt blir bra.

Lars, kan du hilse på broren din?

Merethe, hva holder du på med?

Legen kjenner på magen hennes.

Den blå genseren passer til den røde buksa.

Hunden passer på huset.

Hun ser på bildet.

Han utdanner seg til lege.

De er enige i spørsmålet om hvorvidt naturen bør fredes.

Jeg er enig med Nils.

Vi må bli enige om vi skal reise til Italia eller til Frankrike.

4

Alle studenter må ta eksamen før eller senere.

Alle studentene i Norge må kunne engelsk.

Alle barn liker bamser.

Alle barna jeg kjenner er glade i belgiske tegneserier.

Etter at jeg veltet kaffekoppen, måtte jeg kaste alle bøkene.

Kirsti er glad i alle bøker.

Sterke verb

å avbryte		avbrøt	har avbrutt
å bære		bar	har båret
å be		ba	har bedt
å befinne		befant	har befunnet
å bidra		bidro	har bidratt
å bli		ble	har blitt
å brekke		brakk	har brukket
å brenne		brant	har brent
å bringe		brakte	har brakt
å bryte		brøt	har brutt
å burde	bør	burde	har burdet
å (inn-/opp-) dra		dro(g)	har dratt
å drikke		drakk	har drukket
å (over-) drive		drev	har drevet
å få		fikk	har fått
å falle		falt	har falt
å finne		fant	har funnet
å flyte		fløt	har flytt
å følge		fulgte	har fulgt
å foreslå		foreslo	har foreslått
å foretrekke		foretrakk	har foretrukket
å forlate		forlot	har forlatt
å forstå		forsto(d)	har forstått
å forsvinne		forsvant	har forsvunnet
å fortelle		fortalte	har fortalt
å fortsette		fortsatte	har fortsatt
å fryse		frøs	har frosset
å (an-) gå		gikk	har gått
å gi		ga	har gitt
å gjelde		gjaldt	har gjeldt
å (av-/ut-)gjøre	gjør	gjorde	har gjort
å gripe		grep	har grepet
å (inne-) ha		hadde	har hatt
å hete		het	har hett
å hjelpe		hjalp	har hjulpet
å komme		kom	har kommet
å kunne	kan	kunne	har kunnet
å la		lot	har latt
å le		lo	har ledd
å legge		la	har lagt
å lide		led	har lidt
å ligge		lå	har ligget
å lyve		løy	har løyet
å måtte	må	måtte	har måttet
å nyte		nøt	har nytt
å oversette		oversatte	har oversatt
å planlegge		planla	har planlagt
å rekke		rakk	har rukket
å renne		rant	har rent
å ri		red	har ridd
å ryke		røyk	har røket
å (an-) se		så	har sett
å selge		solgte	har solgt
å (an-) sette		satte	har satt
å si	sier	sa	har sagt
å sitte		satt	har sittet
å skjære		skar	har skåret
å skjelve		skalv	har skjelvet
å skrike		skrek	har skreket
å skrive		skrev	har skrevet
å skulle	skal	skulle	har skullet
å skyldes	skyldes	skyldtes	har skyldes
å skyte		skjøt	har skutt
å skyve		skjøv	har skjøvet
å slå		slo	har slått
å slippe		slapp	har sluppet
å slite		slet	har slitt
å snike		snek	har sneket
å sove		sov	har sovet
å spørre	spør	spurte	har spurt
å sprekke		sprakk	har sprukket
å springe		sprang	har sprunget
å (be-/for-/misfor-/opp-) stå		stod	har stått
å stige		steg	har steget
å stikke		stakk	har stukket
å stjele		stjal	har stjålet
å strekke		strakk	har strukket
å stryke		strøk	har strøket
å synke		sank	har sunket
å (del-/gjen-/mot-) ta		tok	har tatt
å tilbringe		tilbrakte	har tilbrakt
å tilby		tilbøy	har tilbudt
å tørre	tør	turte	har turt
å treffe		traff	har truffet
å trekke		trakk	har trukket
å tvinge		tvang	har tvunget
å utstøte		utstøtte	har utstøtt
å være	er	var	har vært
å velge		valgte	har valgt
å ville	vil	ville	har villet
å vite	vet	visste	har visst

Grammatikkoversikt

Substantiv og adjektiv

en (stor) kopp	(den store) koppen	(store) kopper	(de store) koppene
ei (stor) dør	(den store) døra	(store) dører	(de store) dørene
et (stort) hus	(det store) huset	(store) hus	(de store) husene
et (stort) vindu	(det store) vinduet	(store) vinduer	(de store) vinduene

ingen **-t**-endelse:
* adjektiv som slutter på **-ig** og **-sk**
* mange adjektiv som slutter på **-t**
* lange adjektiv (f.eks. **moderne**)

100 kr	200 kr	300 kr
dyr	dyrere	dyrest
interessant	mer interessant	mest interessant

Susanne er rask. (adjektiv)
Susanne går raskt. (adverb)

Pronomen

min/din/hans/hennes/sin/dets/dens/vår/deres/deres kopp
dør

mitt/ditt/hans/hennes/sitt/dets/dens/vårt/deres/deres hus
mine/dine/hans/hennes/sine/dets/dens/vårt/deres/deres dører

jeg		meg	
du		deg	
han		ham (han)	
hun		henne (seg)	
den	liker	den (seg)	
det		det (seg)	
vi		oss	
dere		dere	
de		dem (seg)	

eller:

koppen min/din ...
døra mi/di...
huset mitt/ditt ...
dørene mine/dine ...

Verb

infinitiv	presens	preteritum	perfektum	imperativ
å spise	jeg spiser	jeg spiste	jeg har spist	spis!
		jeg våknet	jeg har våknet	
		jeg bodde	jeg har bodd	
		jeg levde	jeg har levd	

Modalverb:

å ville	jeg vil	jeg ville		!!! Jeg vil å̶ spise ...
å måtte	jeg må	jeg måtte		... må å̶ spise ...
å kunne	jeg kan	jeg kunne		...
å skulle	jeg skal	jeg skulle		
å burde	jeg bør	jeg burde		

Setninger

Helsetning

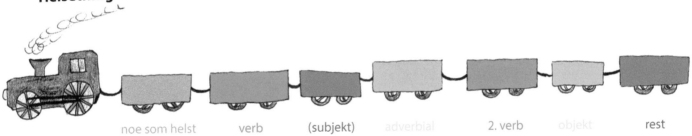

noe som helst — verb — (subjekt) — adverbial — 2. verb — objekt — rest

Helsetning med leddsetning

Hun — tror — at — det — ikke — holder — med de to skjortene.

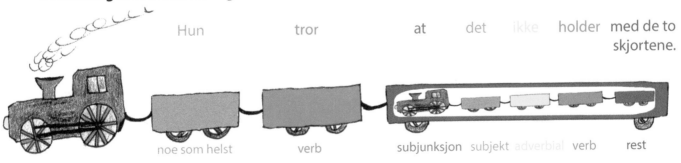

noe som helst — verb — subjunksjon — subjekt — adverbial — verb — rest

279

Temaindeks

Grammatikkindeks

281

PS!
Øvelser, lydklipp, uttalevideoer og mye mer finner du på
www.skapago.eu/nils

9 783945 174036